U0894275

宗教学概论

（修订版）

赖永海　编著

南京大学出版社

图书在版编目(CIP)数据

宗教学概论/赖永海主编.—南京:南京大学出版社,2004.6(2025.3 重印)

ISBN 978-7-305-00252-6

Ⅰ.宗… Ⅱ.赖… Ⅲ.宗教学—概论 Ⅳ.B920

中国版本图书馆 CIP 数据核字(2004)第 056887 号

出 版 者 南京大学出版社
社 址 南京市汉口路 22 号 邮 编 210093

书 名 宗教学概论
ZONGJIAO XUE GAILUN
编 著 者 赖永海
照 排 南京紫藤制版印务中心
印 刷 南京百花彩色印刷广告制作有限责任公司
开 本 850 mm×1168 mm 1/32 印张 10.875 字数 274 千
版 次 2004 年 6 月第 2 版 2025 年 3 月第 10 次印刷
ISBN 978-7-305-00252-6
定 价 28.00 元

发行热线 025-83594756
电子邮箱 Press@NjupCo.com
Sales@NjupCo.com(市场部)

修订版序言

本书原是为南京大学宗教学专业编写的教材，自 1989 年公开出版以来，受到学术界和社会各界的热情关注和爱护，前两次印刷很快销售一空。近几年来，全国许多兄弟院校及宗教部门的一些朋友又不断来信、来人索购此书。为了满足宗教学的教学、科研及其他方面的需要，南京大学出版社再次给予了极大的支持，决定再版此书，借此机会，谨向南京大学出版社致以真挚的谢意。

此修订版在体系结构方面一如初版，部分章节的内容作了一些调整和修改，使之更能体现时代的特点。

最后，想说明一点，在《宗教学概论》的编写过程中，曾得到海内外学术界许多老师和朋友的热情关心和帮助。借本书再版之机，谨向在《宗教学概论》编写过程中曾经给予直接或间接帮助的各位老师、学界同仁、海外朋友致以由衷的谢意。

赖永海

2004 年 4 月于南京大学

目　　录

导　言

作为一种社会现象，千百年来，宗教几乎无所不在，深刻地影响着人类生活的各个方面；作为一种意识形态，宗教则一直“高高在上”。较诸其他意识形态如法律、道德言，它表面上似乎离现实生活更远，实际上，宗教同所有意识形态一样，其根源深藏于现实条件之中，与现实有着极其密切的联系。宗教，既虚无缥缈，又触处皆是。特别自人类步入文明社会之后，那些标志着人类文明的哲学、科学、文学艺术、书法绘画、雕塑建筑等等，无不打上深刻的宗教印痕；就连那些作为时代上层建筑核心的政治制度、法律思想、道德规范等，也深受宗教的制约；至于宗教对于各个历史时期、各个民族的生活习俗、社会心理、文化特征的影响，更是无处不在，难以尽说。宗教在人类社会历史上的作用之大，影响之深，正如许多思想家所一再指出的：如果不了解宗教，不对历史上的各种宗教现象及其发展规律进行一番深入的研究，就很难写出科学的哲学史、文学史、艺术史乃至于民族史、世界史。

宗教的悠久历史使得谈论和评判宗教也成为一个古老的话题。历史上的许多时贤名哲，曾经站在不同的阶级立场，从不同的角度，用不同的方法，对宗教进行过认真的甚至是虔诚的研究，发表了许多机智的甚至是深刻的见解，但是，由于时代和阶级的局限，他们或者把宗教视作神物，认宗教为神灵的启示；或者谩骂痛斥，视宗教为洪水猛兽。但是，正如马克思主义经典作家所指出的，宗教本身既无王国，又无内容，它的根源不是在天上，而是在人间。因此，我们不应到宗教中去寻找宗教的秘密，更不应用宗教去解释历史，相反，我们应该把一切宗教都放到特定的历史环境中去考察，从特定的社会历史条件中去说明宗教的起源和演变，揭示宗教的本质和发展规律，只有这样，我们才能对宗教这一复杂而古老的社会现象，有一个科学的认识。

鉴于宗教的复杂性和历史性，在进行宗教研究时，我们除了将坚持以历史唯物主义的科学方法为指导原则外，丝毫不排斥古今中外哲学家、宗教学家的一些研究成果。对于现代西方的一些宗教学派的某些研究方法，诸如心理学的、社会学的、人类考古学的研究方法，我们将酌情采纳和引为借鉴；在必要的时候，我们还将参考和吸收某些信仰者和宗教徒的一些有价值的研究资料。我们所以在宗教研究上采取这种兼收并蓄的态度，是因为宗教本身是一个复杂的多面体，任何研究者都很难穷尽宗教的一切方面，任何研究方法都有其所长，也有其所短，只有尽可能多地吸取前人的研究成果，从尽可能多的方面和角度去剖析和研究它，才有可能获得对宗教的较全面的认识。

当然，正如宗教本身是一种历史现象一样，任何宗教研究都有其历史的局限性。尽管从愿望上说，《宗教学概论》力图采用一种较科学的方法，去对宗教这种社会历史现象进行客观、科学的说明，但由于作者的学识和水平，这种愿望究竟在多大程度上得到实现，无疑还是一个未知之数。为了共同把宗教的研究进一步引向深入，作者真挚甚至虔诚地期待着学术界、宗教学界对于《宗教学概论》的批评和教正。

第一章　宗教学的研究对象与方法

与宗教作为一种古老的社会现象相比，宗教学是一个十分年轻的学科。虽然人类对于宗教的研究很早就开始了，但在宗教研究史上，“宗教学”作为一个专门概念的出现，是在19世纪70年代。英籍德国学者麦克斯·缪勒（Max Muller 1823—1900）在1870年的一次讲演中，首次使用“宗教学”一词[①]。其后，随着宗教研究的逐步广泛和深入，专门以宗教为研究对象的著作和刊物逐步增多，“宗教学”才逐渐形成一个相对独立的学科。因此，在宗教学史上，人们通常把缪勒视为宗教学的创始人。

当然，尽管宗教学作为一门独立的学科，是19世纪以后才出现的，但这并不意味着在此之前人们没有自己的宗教观。实际上，由于宗教对于人类社会生活的广泛影响，特别由于宗教与社会科学、人文科学一直有着十分密切的联系，古今中外的许多社会科学、人文科学的研究者，对宗教经常有自己的态度和看法，并通过一定的理论形式表现出来，形成自己的宗教观。例如从中国古代的墨子、董仲舒，到近代的章太炎、谭嗣同、孙中山，从古希腊的柏拉图、亚里士多德到18、19世纪的德国古典哲学家康德、黑格尔和费尔巴哈，他们都曾经从不同的角度对宗教作过较深入的研究，发表了许多精辟的见解。但

---

① 参见竹中信常《现代宗教的理解》第一章，“宗教学的成立与发展”。

是，历史上习惯于称这些人为思想家和哲学家，而不称他们为宗教学家，原因之一，是这些人对于宗教的看法和论述，往往是散见于他们的哲学、伦理、政治的著作之中，是对宗教的某一个侧面、某一种性质的看法和论述，而不是以宗教为独立的研究对象所形成的一种知识系统。从这个意义上说，是否把宗教作为独立的研究对象，乃是宗教学与宗教观的一个重要分野所在。

第一节 宗教学的研究对象

既然独立的研究对象是宗教学得以建立的一个必要条件，那么，搞清楚宗教学研究对象无疑是宗教学的首要任务。

本来，宗教学以宗教为研究对象，这在某种意义上说，是不言而喻的，但是，从历史上看，宗教学在研究对象问题上曾经走过一段漫长而又曲折的过程。

自 19 世纪下半叶之后，宗教学在西方有较大的发展。但是，100 多年来，西方宗教学一直没有一个统一的名称，有的谓之“宗教史学”，有的称为“宗教研究”或“比较宗教研究”。[①]造成这种现象的主要原因之一，是各位学者、各个派别对宗教学的对象、性质理解不一，因此，有的强调对宗教进行历史性的考察，有的注重对各种宗教进行比较性研究。近几十年来，更有许多学者分别从历史的、民俗的、心理的及社会功能等侧面对宗教进行系统的研究，与之相应，建立了诸如宗教人类学、宗教心理学、宗教社会学等分支学科。西方宗教学的发展

---

① 参见竹中信常的《现代宗教的理解》第一章，“宗教学的成立与发展”。日本山喜房佛书林昭和 53 年版，第 2 页至第 8 页。

历史表明，虽然西方学者早在一百多年前就提出了“宗教学”的概念，但宗教学作为一门独立的学科以及这门学科究竟应该以什么作为自己的研究对象问题，一直处于摸索、探讨过程之中。

此外，在宗教研究史上，更主要的问题往往不是发生在是否把宗教作为研究对象，而是如何把宗教作为研究对象。对于这一问题，宗教学史上主要有过这样几种倾向：一是主张对于宗教应该从信仰的立场出发，从神学的角度进行研究；二是主张对宗教应该采取理性批判的态度，认为只有这样才能揭示宗教的本质；另一种观点则主张对宗教应该采取“价值中立”的态度，强调对宗教进行“客观的描述”。日本学者岸本英夫在其《宗教学》一书中则从宗教研究的目的和方法的差异入手，把宗教研究分为“主观的立场”和“客观的立场”。所谓“主观的立场”，包括“神学的研究”和“宗教哲学的研究”。按照岸本英夫的这种划分，以上所说的第一、第二种倾向，亦即从信仰立场出发的神学研究和从理性出发的批判性研究均属“主观的立场”；而那种强调对宗教进行“客观性描述”的“价值中立”态度，则较接近于他所说的“客观的立场”。岸本英夫本人较倾向于后一种方法，亦即主张把宗教学作为一门“描述性的”研究学科①。美籍德国学者乔・瓦哈(Joachrm Wach)也曾经把宗教研究划分为“规范性研究”和“描述性研究”两种方法。岸本英夫认为瓦哈的所谓“规范性研究”与他所说的“客观立场”较接近；而所谓“描述性研究”则是他所说的“客观立场”。但瓦哈似较倾向于把“主观的立场”与“客观的立场”结合起来，因为

① 详见岸本英夫《宗教学》，日本大明堂昭和36年版，第5页至第10页。

他的《比较宗教研究》就是力图把宗教科学、宗教哲学与神学结合起来。

实际上，宗教学如果要成为一门科学，特别是要使自己成为一门不依附于其他学科的科学，除了必须有自己独立的研究对象外，还应该是揭示该对象的本质及其发展规律的科学。也就是说，科学的宗教学，应该是以宗教为独立研究对象的知识系统，是研究和揭示宗教的本质及其发展规律的科学。根据这一要求，毫无疑问，所谓对宗教持“价值中立”的态度，亦即采取“纯客观”的、“描述性”的方法，显然是不适宜、不科学的。因为，“客观性的描述”方法，充其量只能指出历史上的、或者说各个地区、各个民族的宗教是怎样发展过来的，但丝毫不能说明历史上的、或者说各个地区、各个民族的宗教为什么会这样发展？而不那样发展？而如果一门科学只是指出研究对象本身，而不能说明该对象的所以然，从某种意义上说，等于什么也没有做——因为它丝毫不能提示该对象的本质，更不能指出该对象的发展规律。

可见，采取科学的研究方法，对于全面地认识宗教，特别是深入地揭示宗教的本质及其发展规律具有十分重要的意义。

第二节　宗教学的研究方法

正如宗教是一个复杂的多面体，宗教学是一门综合性很强的学科。宗教与宗教学的这一特点，导致了历史上的宗教研究，曾经出现了许多不同的学术流派，他们分别以不同的研究方法，从不同侧面和角度对宗教进行多方面的研究。在诸多研究方法中，较有代表性和影响较大的，要数人类学的、考古学的、社会学的、心理学的、现象学的几种方法，并以这些研究方法为依托，在西方宗教学领域里，相继出现了宗教人类学、宗教社会学、宗教心理学、宗教人类学和宗教考古学等相应的宗教学流派。

当然，宗教学的建立及其诸多分支学科的出现，并不是一蹴而就的，而是有一个漫长的发展过程。为了对宗教学的整个发展历史有一个轮廓的了解，有必要对宗教学的前史及宗教学酝酿准备过程进行一个简单的回顾。

一、宗教学的前史与奠基

把宗教作为一种独立的社会文化现象，对它进行全面、系统的研究，这是 19 世纪 70 年代以后的事。但是，在此之前，人们是否已经逐步注重对宗教的考察和研究，特别是究竟从什么时候起人们已经开始用理性的批判态度去看待宗教？这是一个至今尚无定论的问题。根据国外某些宗教学者的看法，人类对宗教开始持客观、理性的态度，是很早以前的事了。例如有些学者认为，某些成熟宗教的教义，就多少带有“客观反省”的成分，而不是一种纯粹、盲目的信仰；有些学者甚至认为，出现于公元前 2000 年至公元前 1000 年，流传于印度西北部、作为婆罗门教和印度最古老经典的《吠陀》，就已具有某些理性思辨的成分。至于产生于公元前六世纪的佛教以及以它为代表的新宗教运动，宗教学界更认为它是对以往宗教的一种理性批判。当然，从严格的意义上说，这些与我们要在这里探讨的作为宗教学的前身的理性批判的思想，都还有很大的距离。

根据国外宗教学的有关研究成果，严格意义上的宗教学的源头，可追溯到古代希腊。例如，日本学者加藤玄智博士在其《宗教学精要》一书中就把诸如柏拉图、亚里士多德的哲学看成多少以理性的态度对宗教进行考察；甚至于更早的毕达哥拉斯、赫拉克利特哲学，也是以一种自然的哲学去批判希腊的古代宗教；① 另一位日本学者竹中信常在《现代宗教的理解》一书中也有类似的看法，他认为产生于公元前二世纪的古希腊、罗马哲学，在一定程度上说是一种与传统的启示神学相对立的自然神学。② 这两位学者的共同点，都是在一定程度上认今日的宗教学渊源于古希腊、罗马哲学。这种看法有一定的道理，因为古希腊、罗马哲学一个重要特点，是以理性的态度去看待、考察甚至是研究古代宗教所环绕的诸如宇宙的本源、本体问题，因此在客观上实是一种对古代宗教的理性考察。

欧洲的中世纪，是神学的一统天下。这种神学的特点，是把古希腊、罗马的哲学知识与基督教的信仰融合起来。虽然这种神学已不同古代自发宗教的盲目信仰，但它是在自觉地以哲学知识为宗教作论证，因此在客观上窒息了宗教学的产生和发展。宗教学开始冲破这种神学氛围，谋求自身的发展，当是在 15—16 世纪的文艺复兴运动之后。文艺复兴的一个重要特点，是哲学与神学的分离。这一分离为近代宗教学的产生提供了必要的环境和条件。此后，17 世纪欧洲的唯物主义思想家培根、霍布斯、斯宾诺莎和 18 世纪法国无神论者伏尔泰、狄德罗、霍尔巴赫等对宗教的哲学批判，更为从理性角度去考察、研究各种宗教现象，为宗教学的产生和发展准备了必要的

① 加藤玄智:《宗教学精要》第一章“宗教学成立以前的欧洲的宗教研究”。
② 竹中信常:《现代宗教的理解》第一章“宗教学的成立和展开”。

土壤和条件。因此，从西方宗教学历史看，16—19 世纪前半叶，可视为形成近代宗教学的准备阶段。

这个时期的宗教研究与古代的宗教研究情况一样，既有对特定宗教的批判，又有对宗教的调和性的辩护，还有对各种宗教资料的描述，这些方面的相互浸透融合，为以后建立宗教学奠定了基础。

这里，准备主要从构成宗教学前史的角度，简单介绍几项有代表性的研究成果。①

1. 理性主义的宗教理论。契伯里的赫伯特往往被看作是这种思想的先驱。赫伯特在《论真理》和《论异教徒的宗教》这两本书中，阐述了宗教建立在人的内在本性的基础上以及这种本性胜于特殊启示的理论。他通过分析所有人的“共有观念”来说明这种观点，他强调自然宗教的内容有五个方面：存在高级神的认识，崇拜神的必要，靠道德和虔诚为神效力，悔罪的必要，现世与来世的报应。他认为，即使是间接的方式，也能从包括异教在内的有历史以来的各种宗教中找出这些内容。对于异教所具有的迷信要素，赫伯特认为那是由于权欲熏心的祭司们编造出来的，作为一种真正的宗教，他认为应是建立在人的理性和良心基础之上的。

2. 自然主义类型的宗教理论。这种理论的代表人物是休谟。他的《宗教自然史》一书，被认为是用这种观点进行宗教研究的代表作。休谟在这本书中始终遵照经验性的事实来论述宗教的起源和进化，他的基本观点是：各种宗教信念都是从人们对切身生活的感情中产生的，即从对人生各种事件的关心，

① 参见杨淑荣摘译日本学者田丸德善等人编著的《宗教学讲座》，详见《世界宗教资料》1982 年第 4 期。

以及不断地打动人心的希望和恐惧的感情中产生的。这种观点与理性主义的宗教理论的最大区别在于,前者主张宗教信念的源泉在于理性,而后者则更重视人的自然感情。但二者又有共同点,即都是到人性中去寻找宗教产生的根源。

3. 体验主义的宗教理论。这种理论的最著名的代表人物是施莱尔马赫,他的《宗教论》一书可以说是这种理论的一个里程碑。施莱尔马赫的基本意图在于恢复宗教的权力。他和他的同道们是神学家,其理论也具有拥护宗教的调和性特点。施莱尔马赫有一个重要的论点:宗教完全有一个特殊的领域,它既不能还原成“形而上学”,也不能还原成“道德”,他把这叫做“直观与感情”。施莱尔马赫的这种论点,从重视感情主义这一点看,可以说它构成了感情主义宗教理论的原始形式。当然,他所说的感情,与休谟的含义不尽相同。

施莱尔马赫的这种观点与前面所讲的几种宗教理论一样,都对以后的宗教产生了深远的影响。特别是他把“直观与感情”作为宗教的核心的观点以及把宗教视作一个特殊领域的思想,成为后来的许多宗教学的立论依据。

西方宗教学的真正大的发展,是 19 世纪下半叶之后。当时的欧洲各地的大学里,陆续开设了宗教学、宗教史或类似的讲座。据哈代说,首先举办这类讲座的是荷兰,接着法国的法兰西学院也于 19 世纪 70 年代末举办了同样的讲座,不久,这种情况波及到其他国家。由于这门学科有了制度上的保障,宗教学才向着独立的方向迈出了决定性的一步,成了一个新的研究领域。

西方的宗教学走上了专科化的道路之后,首先出现的是“比较宗教学”和“宗教史学”。

“比较宗教学”的出现，主要是自从文艺复兴运动以后，对于古代文化研究的领域不断扩大。伴随着新大陆的发现和对于未开化民族的开拓，人们的视野已不再局限于欧洲大陆，而是扩大到诸如美洲、非洲、印度、中国及阿拉伯世界等；对于宗教的考察、研究亦然。人们已不再把眼光停留在基督教上面，而是同时注意到诸如佛教、伊斯兰教、印度教等。作为结果，人们对于宗教的研究，也开始越出基督教的范围，而强调对各种宗教进行比较性研究，由此导致“比较宗教学”的产生。

“比较宗教学”在相当的一个时期内，在宗教研究中占有十分重要的地位，出现了许多研究成果：诸如“比较神话学”、“比较语言学”等等。例如对于诸如古希腊神话、古罗马神话、北欧神话中的神名进行比较性研究；对于诸如梵语、希腊语、拉丁语、波斯语、日耳曼语的比较语法研究等。这种研究，大大拓宽了人们的视野，推动了宗教研究的深入开展。①

与“比较宗教学”侧重于对各种宗教进行横向研究不同，“宗教史学”致力于对各种宗教进行纵向研究。这种研究的一个重要特点，是改变了过去对各种宗教、文化现象的个别的考察，而把人类的文化乃至各种宗教现象作为一个整体来进行考察，探讨各种宗教之间的内在的联系，探讨人类宗教的起源和发展。这种研究方法对于搞清楚人类宗教起源及其历史发展具有重要的意义。

“比较宗教学”和“宗教史学”在宗教学发展史上的地位，一直受到宗教家们的高度重视。许多西方宗教学家都把二者视为近代宗教学的前身。日本学者也有类似的看法。竹中信

① 竹中信常：《现代宗教的理解》，第一章“宗教学的成立和展开”。

常在其《现代宗教的理解》一书中，就明确指出：宗教学是脱胎于宗教史的研究。[①]

近代宗教学一般认为是从麦克斯·缪勒开始的。由于缪勒在1873年发表的《宗教学概论》第一次使用"宗教学"术语，[②]加之他在许多地方经常强调宗教研究的重要性，并且针对基督教神学把信仰绝对化，提出了一种比较研究的方法，创立了"比较宗教学"，因此缪勒一直被视为宗教学的创始人。

缪勒之后，被视为宗教学奠基人之一的另一位宗教学家是荷兰莱登的梯伊教授。他发表于1909年的《宗教学原论》，在宗教学史上一直有着重要影响，它与缪勒的《宗教学概论》被学术界列为两大宗教学书。[③] 当然，就宗教学诞生说，一般认为是从19世纪70年代开始的。

二、人类学的方法与宗教人类学

继历史学的方法和对多种宗教进行比较研究的比较宗教学之后，西方的宗教学者又采用了一种名为人类学的方法去研究宗教，并以这种方法为根据，建立了宗教人类学的宗教学流派。

人类学的研究方法又可分为两种，即古人类学的研究方法和文化人类学的研究方法。所谓古人类学的方法，主要是通过研究古代人类历史发展来探讨宗教有无起源及起源于何时等问题。针对西方的有些宗教研究者把宗教看成是一种天赋

---

① 竹中信常：《现代宗教的理解》，第一章"宗教学的成立和展开"，第6页。
② 加藤玄智：《宗教学精要》，第二章"东西宗教学的成立"第21页。
③ 加藤玄智：《宗教学精要》，第二章"东西宗教学的成立"第21页。

的永恒现象，古人类学的研究者们指出了古代人类是一个从早期猿人到晚期猿人，从早期智人到晚期智人的历史发展过程。在早期猿人到晚期猿人阶段，人的脑容量一般不超过1100毫升，还不足以产生抽象思维能力，因此还不能把自然与人自身的本质异化为神，因而根本不可能产生宗教。这种学说否定了宗教天赋论①，认为宗教是后天产生的，对于人们正确了解宗教的起源是颇有助益的。

文化人类学的研究方法是通过人类各种生活方式的比较研究来说明宗教的起源和发展的。最早力图把人类学运用于宗教研究的是英国人类学家约翰·卢鲍克。他著有《文明的起源和人类的原始条件》一书，该书勾划出了一个进化的图案，由天神论开始，继之是神物崇拜、黄教、神人同性论、一神教，最后达到道德一神教。尽管许多西方学者指出了他的许多知识是不真实的，但由于他的这种进化观有其合理的成分，于是这种观点就流行起来了。英国的人类学家泰勒被认为是现代人类学之父。他的《原始文化》一书，本是企图探讨神话、哲学、语言、艺术、习惯等人类一般文化的起源和发展的，但由于宗教在原始文化中的地位，就使这本书自然而然成了对宗教的起源和发展的考察。他提出的解释宗教起源的理论，主要是万物有灵论，认为万物有灵是最早的和最基本的宗教形式，并从这一形式中引伸出神物崇拜、信仰、魔鬼、多神教，最后达到一神教②。

---

① 伦敦大学教授马林诺夫斯基说："无论怎样原始的民族，都有宗教与巫术。"美国学者摩尔说："全世界各处的各时代的人，不有此种不甘落后宗教，必有彼种形式的宗教。"约翰·拜列教授则说："我们确知任何一个人类社会，不论怎样野蛮和落后，都已经觉察到它自身面对着神。"

② 参见陈麟书：《宗教学原理》第39页。

泰勒开创的宗教人类学的第一个时期主要以原始的、未开化的民族为研究对象。最初他们把主要精力放在搜集这些民族的宗教、习俗和制度等;后来,他们则致力于各种宗教的起源和历史发展的探讨。对于宗教起源,泰勒认为宗教是发端于精灵崇拜,其后再逐渐发展为祖先崇拜、英雄崇拜、神灵崇拜,等等。宗教人类学这种把宗教视为一个不断进化、发展过程的思想,一定程度受到达尔文进化理论的影响。

宗教人类学在其往后的发展过程中又出现了一种注重历史主义观点的文化史学派。这个学派以著名的人类学家施米特为代表。他们的一个重要观点是反对把各民族的文化等同看待,主张把人类的原始文化划分为几个相对独立的"文化圈"。在对各种"文化圈"的宗教观念进行广泛比较研究的基础上,他们提出一种称为"原始一神论"的学说①。

20 世纪 20 年代左右,宗教人类学中又出现了一种被称为"功能主义"的学派。此学派的主要代表人物是著名人类学家马林诺夫斯基和拉特克利夫·布朗。"功能主义"学派的主要观点之一,是认为宗教作为一种文化要素,是社会存在有机体的一个重要组成部分,对于人类的社会生活有着不可或缺的重要作用②。

另外,西方宗教人类学在研究宗教时往往要涉及到原始宗教,而在原始宗教理论发展中影响较大的是英国民俗学家弗雷泽,他有一部称为《金枝》的巨著,在该书中,弗雷泽指出,宗教最先是由巫术开始的,再由宗教发展到科学。另一民俗学家安德鲁·朗格在一份关于原始部落信仰一个高级神的人类

① 竹中信常:《现代宗教的理解》第三章,第 37 页。
② 竹中信常:《现代宗教的理解》第三章,第 40 页。

学调查报告中发现了一个创造者和道德规则的法律制定者，就断定有一种原始的一神教。马莱特和其他人类学家对此持否定态度，认为这种说法违反了进化论，是与野蛮人的动物状况不相符的。人类学家们关于原始宗教的讨论和争论，不论其论点是否科学，对宗教人类学的建立和发展是有益的。随着各种讨论的不断深入，现在，宗教人类学已发展成为西方宗教学史中一个重要的分支学科。

三、社会学的方法与宗教社会学①

所谓社会学的方法，就是通过对宗教现象进行广泛的社会调查，把收集到的大量资料，作出统计学上的研究。人们把运用社会学方法进行宗教研究的宗教学派称为宗教社会学。

西方宗教社会学的产生与实证主义的始祖奥古斯丁·孔德有着密切的联系。孔德很推崇社会学，称社会学为"社会物理学"，并把它划分为"社会静力学"和"社会动力学"两大部分。所谓"社会静力学"，主要致力于社会结构与秩序的研究；"社会动力学"则把人类的思想文化视为一个历史发展过程。孔德把人类的思想文化分为三个阶段：第一是神学阶段，即宗

① 宗教心理学与宗教社会学的研究方法中的有关资料，曾参考：《宗教社会学》，伊·尼·亚布洛科夫著，王孝云、王学富译。
郑也夫所译的"德尔凯姆及其宗教社会学"，《世界宗教资料》1983年第4期。
吴胜国译自日本学者筏原享一的《试论马克斯·韦伯的宗教社会学》，详见《世界宗教资料》1985年第3期。
世谨的《西方宗教心理学简介》，详见《世界宗教资料》1982年第2期。
弗洛伊德著，世谨译《图腾与禁忌》。
陈鸣的《国外宗教心理学两大流派》。
世谨的《弗洛伊德宗教观述评》。

教占统治地位和神学思维方法被广泛运用阶段；第二是形而上学阶段，孔德认为这是一个过渡阶段；第三是实证阶段，即人们以科学和实证的方法探索事物原因阶段。孔德认为当时人们的思想已进入实证阶段，因此提倡社会学，注重对社会进行调查研究，并以此来解释包括宗教在内的一切社会现象。

实证主义另一位代表人物斯宾塞在宗教社会学发展史上也占有重要的地位。他接受并发挥了孔德的“社会静力学”和“社会动力学”思想，对宗教的社会功能有很多深入的研究和阐述。他与孔德一起成为宗教社会学两位重要的先驱性人物。

继承了这些先驱者的研究成果把宗教社会学确立为科学研究一个门类的，是十九世纪末到二十世纪初的两位学者，即法国的艾米尔·杜尔克姆和德国的马克斯·韦伯。杜尔克姆和韦伯在宗教研究的理论、方法、风格上迥然异趣，韦伯研究文明社会的各种宗教，注重分析宗教与经济生活的关系；杜尔克姆研究原始宗教，旨在说明宗教对社会的维系作用。今日西方的宗教社会学，基本上是建立在杜尔克姆和韦伯学说的基础上的，因此，这两人是西方宗教社会学的实际创始人。

在社会学研究上，杜尔克姆继承了孔德的实证主义，并且执著于孔德提出的“社会静力学”的研究，即社会结构与秩序的研究，而对“社会动力学”的研究，即社会结构与秩序的研究，而对“社会动力学”，即发展规律问题漠不关心。他学术上兴趣广泛，著述甚丰，主要著作有《社会劳动分工论》、〈社会学方法论〉等。他所作的研究和全部著述，始终以“社会秩序”为主题，他晚年所以转向宗教研究，也是为此目的。1915 年出版了一部名著《宗教生活的基本形式》，这本书不仅集宗教研究之大成，也是他最成熟期社会学思想的集中表现。

杜尔克姆的研究是建立在早期人类学家的研究成果基础上的，他充分地利用了他们在澳大利亚获得的大量原始资料。但是他的宗教社会学思想却是在批判早期人类学的某些理论的过程中逐步形成的。

杜尔克姆批判了人类学家关于宗教起源等方面的理论，指出这些理论存在着不少甚至原始人都发现的矛盾悖理之处，因此解释不了宗教产生的原因。他一反人类学家从个体意识出发去解释宗教的观点，主张应该从社会出发，提出"团体表象"的理论，认为宗教是团体的象征。他的这种思想后来被法国社会年刊派的另一位代表人物列维·布留尔作了进一步的发挥，布留尔说："这些表象在团体中是世代相传的，它们在团体中的每个成员身上留下深刻的烙印……它们的存在不取决于每个人……因为它们所表现的特征不可能以研究个体本身的途径来得到理解。[①]"也就是说，单从个体意识无法解释宗教的产生，宗教产生于氏族的团体生活条件。

另外，强调宗教的社会功能，这是杜尔克姆宗教社会学的另一个特色。他认为宗教不是"纯虚幻"的，而是具有"实在的"社会功能，宏观而言，有利于维系社会，微观而言，有利于个人的"社会化"。在《宗教生活的基本形式》一书中，杜尔克姆连篇累牍地考究、分析了原始宗教中各种仪式的社会功能。他认为，绝大多数仪式都是为了维系社会，使之一体化。这种功能不仅存在于原始宗教，也存在于一切宗教中，他指出，宗教作为一种社会的象征，它对社会不是漠不关心，而是有力地促进社会的一体化。杜尔克姆的这种思想，后来被马林诺夫斯基

① 《原始思维》。商务印书馆1981年版，第7页。

和拉特克利夫·布朗为代表的英国人类学家和社会学家作了进一步的发挥。形成了风靡一时的功能学派。

宗教社会学的另一位代表人物是德国的马克斯·韦伯。他研究的主要课题，是弄清楚宗教对近代欧洲形成所起的作用。他的著名论文《新教伦理与资本主义精神》就是从这种认识出发，分析了在加尔文禁欲时代的社会条件下之所以能产生近代资本主义的原因。为了说明这个问题，他一方面就“资本主义的精神”与基督教新教伦理的关系进行调查，另一方面又通过对东方（中国、印度）的宗教比较进行探索。

关于西方资本主义的建立问题，韦伯从具有某种相对独立的两个侧面来加以考察：一方面，资本主义的建立是指资本主义经济组织（包括货币、工业生产等等）的建立问题；另一方面，是指一种特定的“精神”，亦即产生了什么样的生活态度的问题。在韦伯看来，尽管有了资本主义的或者说是近代的经济组织和制度，可经常也有缺少近代生活态度的情况。宗教社会学就是以这种生活态度，亦即宗教伦理对于日常生活的影响为其研究对象。

韦伯认为，资本主义所以会在西方产生，与被合理化的禁欲主义的加尔文教有着密切的关系，因为宗教的合理化否定了世俗的伦理，而世俗的伦理把职业与赚钱作为人生得以富足和欢乐的手段，而资本主义精神一方面是把职业劳动、经济生活按照事物的发展规律加以彻底的组织化、系统化，另一方面，又把本应作为手段的职业劳动当作生存的目的来对待，这就与世俗的伦理发生了尖锐的矛盾，加尔文教在解决这一矛盾中发挥了特殊的作用。但是在中国则不然，由于中国没有进行过宗教的合理化，因此，理念与世俗不但不矛盾，而且相适应，因此，中国不会出现西方那种资本主义精神。韦伯对中国古代宗教的分析究竟有多大的合理性，这里暂且存而不论，但韦伯对于宗教与经济生活、精神关系的研究，为后来的宗教学的发展开辟了一个新的领域与方向，尤其对美国的宗教社会学产生出深刻的影响。自 1950 年之后，美国的许多社会学家致力于宗教与美国社会之间相互关系的研究，撰写了大量的专著和论文，对宗教在美国社会中的作用问题进行了大量的分析和论述，使宗教社会学成为美国宗教学中的一个很有影响的流派。

从以上的介绍，分析和论述，人们可以看到，宗教社会学的一个显著特点是注重社会调查，强调宗教与人类社会生活的关系，这对于弄清宗教的职能和社会作用，无疑是十分必要和有益的。但是也应该看到，现代西方的宗教社会学，由于受到经验社会学的影响，往往撇开社会存在、经济基础、生产关系和阶级斗争，把宗教及其变化，纯粹归结为社会文化的影响，忽略了社会存在对宗教的决定性作用，这就使得这种宗教学理论具有相当的局限性。

四、心理学的方法与宗教心理学

心理学的方法是一种通过揭示人类某些心理现象及其活动规律来探讨宗教的起源及其本质的研究方法。建立在这种研究方法基础上的宗教学流派，称为宗教心理学。

就宗教心理学形成的历史渊源说，它的发展过程是漫长的，甚至可以追溯到基督教使徒时代的有关著作。例如，当代美国颇有名望的心理学家墨菲就认为，从保罗使徒书到奥古斯丁的《忏悔录》，宗教心理学已在逐步形成。英国《心理学百科全书》中“宗教心理学”条目的撰写者斯托尔伯格甚至认为，各经院时期的神秘主义者都可作宗教心理的前驱。照西方一些学者们看来，把形成过程中的宗教心理学作为一种不同于神学的研究是没有多少根据的。因为，无论在使徒时代还是在经院时期，宗教著作中所包含的宗教心理的东西和形而上学、思辨的东西是混为一体的，16 世纪德国的神学家马丁·路德及许多宗教改革家的著作，特别是费尔巴哈的《基督教本质》与《宗教的本质》等著作中，恐惧的观念经常出现，并被看作为宗教产生的心理根源，到 19 世纪上半叶，新教的德国宗教学哲学家如康德、费希特等，把宗教贬入道德的范围；另一些人如施莱马赫则把宗教归入个人感觉范围之内。施莱尔马赫把宗教看作为虔诚感情的一种状态，是一种“绝对依赖(神)的感情”。因此，在他看来：依赖感乃是一切宗教的基础。

随着 1879 年冯特创建实验心理学，心理学进入了一个新时期。与之相应，宗教神学也被迫进入一个转变时期。大约在 19 世纪的最后 10 年，西欧许多学者开始从心理学的角度对宗教进行研究，随之出现了大量宗教心理学的著作，逐渐形成一个独立的宗教学流派——宗教心理学。

西方学者一般认为，宗教心理学作为一门独立的学科，开创于 20 世纪初期，其标志则是美国心理学家 E·D 斯塔巴克的《宗教心理学》和 W·詹姆士的《宗教经验类型》这两部著作的出现。之后，在西方宗教心理学研究中，逐渐形成两股思潮，一种主要从宗教徒的经验、个人信教现象中寻找宗教心理的奥秘；另一种则倾向于运用心理学(如人格、恋母情结等)的理论来探讨宗教信仰。如果说前者主要是以詹姆士为代表的心理现象研究，那么后者则以弗洛伊德为先驱的精神分析研究为代表。

心理现象的研究者们，在大量搜集各类教徒信教经验资料的基础上，进行归纳和分析，找出其心理上的依据。詹姆士在考察了宗教经验的现象后，提出健康灵魂和病态灵魂。前者乐观处世，后者却把恶作为世界的本质，因而形成了不同的信教过程。在皈依问题上，斯塔巴克指出它如同个人由儿童进入成人过程中的一种道德上的成熟。但詹姆士认为，皈依与其说是某种奋发求善，毋宁说是信教者试图从罪孽中挣扎出来。

另外，神秘主义是宗教心理学的一个有趣却又极其复杂的难题。美国心理学家J·H·利巴曾经想从生理——心理的角度探讨这种神秘经验。利巴认为，倘若要把宗教心理学作为一门科学，就必须用自然科学的方法对待宗教。但有些人反对这种观点，认为研究信仰超自然的课题原则上不是心理学的事，因为心理学既不能证实，也不能掌握信仰问题，它属于一个复杂的哲学问题。对于神秘主义，詹姆士指出，它是个人宗教经验的中心所在。并从哲学上阐述其含义，认为它表现为个人消除一切界限而与绝对融为一体；另一方面，他又在心理学上寻找根据，指出这种超乎语言的现象常常是在无意识中进行和完成的。詹姆士对宗教心理学的探讨虽然局限于新教，但由于他把哲学思辨与心理学原理有机地结合起来，使得他的学说至今仍颇有影响。

在心理现象研究的这一流派中，J·B·普莱特的《宗教意识》一书也是值得一提的。普莱特提出一个主观崇拜的概念。所谓主观崇拜，指的是对于神崇拜的目的在于努力乞求神降福于人，而客观崇拜则仅仅是某种信仰的表达，取悦于神。

前者如新教、佛教、耆那教等；后者如天主教、印度教等。在皈依问题上，普莱特赞赏斯塔巴克的观点，反对詹姆士把皈依看作是对于罪孽感的舍弃，认为皈依是一种道德行为的改变。正是为了强调宗教的伦理意义，普莱特以为利巴所说的神秘主义，其意旨不在于它的愉快感受，而在于其道德上的作用。

对宗教心理学发展影响较大的另一流派，是以奥地利的弗洛伊德为先驱的精神分析学。塞格蒙德·弗洛伊德是奥地利的神经精神病理学家，19世纪末，他与布鲁尔医生合作使用催眠术治疗神经症。此后他发现，不用催眠术，通过同神经症患者谈话或对病人“自由联想”出现的观念以及梦境进行分析解释，也可治疗神经症(亦称移情神经症或歇斯底里症)，弗洛伊德把这种方法称为“精神分析法”。他指出，精神分析学是广义的精神病学的一个学派，其主要成就在于它发现了人的精神生活中的无意识领域，扩充了心理学的范围，从意识的研究进入到无意识的研究，因此，弗洛伊德把自己的“精神分析学”称为“深蕴心理学”，或“无意识心理学”。

起初，精神分析只是作为一种治疗神经症的方法，亦即解释过去、梦以及神经症等现象的一种学说，后来，弗洛伊德认为，精神分析法还提供给宗教学、文化史、民俗学等学科以有效的方法和观点。

在弗洛伊德用精神分析法去研究宗教时，无意识学说成了其宗教观的理论基础。在《图腾与禁忌》、《一种幻想的未来》和《精神分析引论新编》等著作中，弗洛伊德把宗教学、个体心理学、神经精神病理学进行了类比研究。通过类比研究，他认为它们的共同基础是“奥迭普斯情结”。

“奥迭普斯情结”是精神分析学说的一个重要概念。它导源于古希腊戏剧家索福克勒斯的悲剧《奥迭普斯》。剧情的梗概是：奥迭普斯王子应验神谕，不自觉地杀死了生身父亲，娶了生身母亲。“情结”的含义不是取自故事本身，而是取自故事的深刻含义，即独生子与母亲、儿子与父亲的关系。弗洛伊德认为，奥迭普斯王子精神生活中所表现的对母后的爱和对父王的恨的矛盾情绪，可以从一个儿童以母为爱的对象而厌恶其父的情结中直接观察到。所以，人们可以从分析剧情揭示出，神谕意志的实质不过是人的无意识冲动的神圣化了的装饰物而已。在他看来，这种情结，既是神经症患者神经错乱的致病因素，也是宗教产生的根源所在。在《图腾与禁忌》一书中，弗洛伊德写道：“我想陈述如下结论：宗教、伦理、社会和艺术的起源，都归宗于‘奥迭普斯情结’。这与精神分析的发现是完全一致的：所有神经官能症的核心，就我们关于它们现有的知识而言，都是‘奥迭普斯情结’”①。

弗洛伊德在《野蛮民族与精神病人在生活心理上的相同点》一文中还认为，原始民族的禁忌、巫术、信仰等，与精神病产生的根源是相同的，都是植根于人对潜意识或无意识的冲动（其中最主要是性本能的冲动）的抑制，是一种压迫性行为，因此，可以说，宗教乃产生于对孩童时期性本能冲动的抑制经验。

弗洛伊德以精神分析法建立起来的宗教理论，引起了学术界和神学界的震动，神学家斥责弗洛伊德把宗教的产生同杀父乱伦这种不可饶恕的罪恶相联系是蓄意的渎神行为；学术界则谴责他的学说是不可救药的不求甚解和故弄玄虚的拙

① 《图腾与禁忌》，1919年纽约英文版，第268页。

劣模仿。当然，由于弗洛伊德的宗教学说的严重的反历史主义和唯心的方法论，他对宗教的起源、本质及其消亡等一系列理论不可能是真正的科学，但是，弗洛伊德对神的观念的形式和宗教心理本质的揭示，特别是把无意识引入宗教研究领域等，对于推动宗教研究的深入开展也具有一定的意义。

弗洛伊德之后，瑞士的精神分析学家荣格与英国的学者弗洛姆对弗洛伊德的宗教学说进行了一些修正和补充。荣格在弗洛伊德个人无意识的基础上，进一步提出集体无意识是人类经验的原型。它是每种独立文化进行想象活动的渊源。当这些集体无意识的想象从无意识侵入人类意识领域的时候，便产生了宗教经验并且还时常带有一种艺术创造的特征，因此，宗教是运用神秘的、象征的手段帮助每个人意识到自身。弗洛姆则更强调社会环境对个人心理的作用。他进一步扩大弗洛伊德"恋母情结"的范围，指出它是一种更深沉的欲望，即儿童有一种受人亲昵、受人保护的向往。宗教在原则上有着抚慰人类的潜力，但就其实践上来看，却又具有一种神经质的倾向。

西方学者开创了用心理学的方法来研究宗教，这对于把宗教研究进一步引向深入是有意义的。至于他们的一些具体结论，如把宗教的产生归结于"奥迭普斯情结"等，我们当然只能以批判的眼光去对待。

近代西方的宗教研究发展较快，方法五花八门，流派也很多，除了我们上面所说的，还有考古学的方法，历史的、语言的研究方法及宗教现象学等流派，但就其影响程度说，最主要的就是以上论列的人类学的方法与宗教人类学、社会学的方法与宗教社会学、心理学的方法与宗教心理学这三种方法和三大流派。而这三大宗教学流派对于宗教的起源、本质及基本特性的看法是各不相同的。总而言之,宗教人类学一般侧重于对宗教信仰对象(如神和神性物)的研究;宗教心理学则着眼于对信仰者个人的内心世界的分析;宗教社会学则强调以社会(宗教信仰的环境)为中心。毫无疑问,由于这几种研究方法分别从不同的角度对宗教进行研究,这对于人们更全面地了解宗教是不无助益的,但由于它们单独地强调某一个侧面,使得它们的宗教学说,又都不可避免地带有一定程度的片面性和局限性。我们今天所以要对这些流派及其研究方法进行一个简单的回顾,除了可以梗概地了解宗教学的发展历史外,还试图从中吸取某些有益的成份,以利于我们把宗教学的研究不断推向深入。

第三节　历史唯物主义的研究方法与马克思主义宗教观

上面介绍的几个宗教学流派,从不同侧面对宗教的起源、本质及社会功能等进行了探讨,对于推动宗教研究的深入开展,无疑具有重要的意义,但是,它们的局限性也是显而易见的,其中最主要一点,就是不能把宗教放到特定的社会历史条件中去进行考察,因而很难科学地揭示宗教的本质及其发展规律,在这方面,马克思主义的历史唯物主义为人们提供了一种崭新的研究方法。

马克思主义宗教学说的出现,是宗教学发展史上的一个重要阶段,但是,如同任何学说都有一个发展过程一样,马克思主义的宗教学说也有一个酝酿准备、成熟发展的过程。

一、青年马克思的宗教观

国家与宗教问题，是青年马克思最感兴趣的两个问题。在他的早期著作中，对这两个问题的论述占有很大的篇幅。这种情况的出现，是有其深刻时代背景的。

19世纪的德国在欧洲是一个比较后进的国家，在英国和法国早已出现重大的社会变革后，德国还迟迟未见动静。在意识形态方面，英法等国的资产阶级在推翻了封建王朝的基础上，进一步向它的精神支柱——宗教开战并取得了胜利。可是在德国，在宗教改革中产生的路德教仍是当时诸侯手中驯服的工具。长期以来，神学是普鲁士国家意识形态方面的统治者，因此，德国从封建专制制度向资本主义过渡特别困难。

与宗教在德国一直有强大的势力同时存在的另一个情况是，德意志民族向来是一个富有哲学思辨传统的民族。当德国资产阶级由于自身的软弱、怯懦，使德国革命远远落后于法国和英国的时候，一些激进的知识分子则开始以哲学为武器，同封建制度及其精神支柱——宗教进行尖锐的斗争，特别是号称为自由人的青年黑格尔派鲍威尔等，将普鲁士政府屈从于教会看作是“在全世界面前亲吻教皇的鞋子”感到羞愧难忍。1840年前后，黑格尔左派的多数人认为，要建立理性的国家，就必须批判宗教，反对教会。主张“批判宗教是其他一切批判的前提”。鲍威尔兄弟、赫斯、海涅、费尔巴哈等对宗教进行了全面的批判和斗争，指出宗教是鸦片、酒精、麻醉剂等。受这种思想的影响，青年马克思成为鲍威尔领导的博士俱乐部的一名成员，并与青年黑格尔派其他成员一起，投入了对宗教的批判。

1841年，费尔巴哈的《基督教的本质》一书出版，该书在揭穿黑格尔哲学体系的唯心主义性质同时，对宗教的本质进行了进一步的论述，认为，不是上帝按照自己的形象创造人，而是人按自己的形象创造上帝，这样，他把宗教的秘密从天国拉到人间。马克思十分赞同费尔巴哈的观点。但是，由于马克思与费尔巴哈所关心的着重点不同——如果说，费尔巴哈比较注重从抽象思辨的角度来批判宗教，那么，马克思则越来越把思想重心转向关心社会问题。结果，1842年初，马克思与费尔巴哈在宗教问题上就发生了分歧。分歧的焦点不在宗教是不是虚幻的意识形态问题上，而是在怎么样理解宗教的本质问题上。费氏认为，宗教的本质即是人的本质，神、上帝的本质只是人本质异化的产物，而马克思则进一步认为，宗教的本质归根结蒂不在人的本质，而在人所处的物质社会条件。费氏致力于把宗教世界归结于世俗的基础，而马克思的思想重点则是进一步去探讨这个世俗基础本身。

1842年，马克思在给卢格的一封信中，对青年黑格尔派热衷于神学问题，把一切社会问题都归结为宗教问题，并且把斗争锋芒局限于对宗教表示不满，在信中要求他们"更多地联系着对政治状况的批判来批判宗教，而不是联系着对宗教的批判来批判政治状况。"①马克思对这些到处轻率炫耀无神论表示反感，并建议他们"如果真要谈论哲学，那么最好少炫耀无神论上的招牌。"②他还反对鲍威尔兄弟把《莱茵报》"搞成主要是神学宣传和无神论等的工具，而不作为一个政治性争

① 《马克思恩格斯全集》第27卷，第436页。
② 同上。

和活动的工具。”这说明马克思当时所以关注宗教问题，是因为当时的德国思想界“对宗教的批判是一切批判的前提”，但马克思更关心的是政治和国家问题，因此，从 1844 年以后，马克思就把更多的注意力转向政治斗争及宗教同这种政治斗争的关系上。这时期马克思的宗教观集中体现在《论犹太人问题》和《〈黑格尔法哲学批判〉导言》这两篇著作中。

在《论犹太人问题》中，马克思指出，信奉犹太教的犹太人，所以受到政治方面的限制，是由于政治制度，因此不能像鲍威尔所说的犹太人必须从自已的宗教中解放出来，即以放弃犹太教为政治解放的前提，而是应该废除“以基督教为国家基础”这种理论，使宗教问题成为每个公民的私事，为此，马克思写道：“我们并不认为，公民要消灭他们的世俗桎梏必须首先克服宗教狭隘性。我们认为，他们只有消灭世俗桎梏才能克服宗教狭隘性。”接着，马克思提出了“把神学问题化为世俗问题”，“用历史来说明迷信”等论述。

《〈黑格尔法哲学批判〉导言》的主旨更清楚，是向德国的政治制度开火。马克思甚至认为对德国的宗教批判实际上已经结束，历史的任务是把对宗教、神学的批判，变成“对尘世的批判”、“对法的批判”、“对政治的批判”。可见，这时期马克思对宗教的批判，是为政治斗争开辟道路，其批判的矛头始终是对准基督教国家——普鲁士王国。马克思所以在宗教与政治的关系上采取这种态度，与他这时期的宗教观有着紧密的联系，既然颠倒的现实世界是虚幻的宗教天国的基础，那么，对宗教的最彻底的批判无疑是摧毁它借以生存的土壤。

二、历史唯物主义的宗教观

虽然马克思在《〈黑格尔法哲学批判〉导言》等著作中已经认识到，作为人的本质之异化的宗教，其根源在于现实是一个颠倒的世界，因此主张把对宗教的批判变成对尘世的批判。但是，应该看到，马克思这时期的宗教观还受着费尔巴哈的深刻影响，例如，马克思批判宗教，指出“反宗教的批判的根据就是：人创造了宗教，而不是宗教创造了人”，[①]德国的解放“是从宣布人本身是人的最高本质这个理论出发的解放”。[②] 这些显然是费尔巴哈的观点，另外，马克思把宗教看成“是那些还没有获得自己或是再度丧失了自己的人的自我意识和自我感觉”，[③]待到“把人的世界和人的关系还给自己时”，人性复归了，宗教异化就不存在了，这也明显地带有费尔巴哈把宗教看成人本质异化的印痕。实际上，单纯用异化的观点和抽象的人的本质是说明不了宗教的，因为在这种异化观面前，人只能是被动的、受制的，但在事实上，人与社会之间是一种辩证的矛盾关系，人既受社会条件、社会环境的限制和塑造，同时人也在改造社会，创造世界。马克思真正摆脱费尔巴哈的影响，用一种全新的世界观和方法论去批判和研究宗教，是从1845 年草拟的《关于费尔巴哈的提纲》开始的。

在《关于费尔巴哈的提纲中》中，马克思批判了费尔巴哈人本学唯物主义和一切旧唯物主义的局限性。马克思认为，费

---

① 《马克思恩格斯选集》第 1 卷，第 1 页。
② 《马克思恩格斯选集》第 1 卷，第 15 页。
③ 《马克思恩格斯选集》第 1 卷，第 1 页。

尔巴哈的局限性在于他只是着眼于把宗教还原为它的世俗基础，却没有进一步去分析这世俗基础何以会“二重化”，异化出宗教来，马克思指出，宗教的自我异化只能用世俗基础的自我异化才能得到说明，只有通过这个世俗世界的自我分裂和自我矛盾才能得到理解。因此，要克服宗教的自我异化，首先必须克服世俗世界的自我矛盾，而这种社会矛盾只能用革命的实践才能得到解决，单纯的思想批判是不行的。基于这种认识，在《提纲》中，马克思把实践观点引入认识论和历史观，从人是社会的动物出发，指出“全部社会生活在本质上是实践的”。① 《提纲》还批判了费尔巴哈关于“宗教感情”的抽象人性论，指出“人的本质并不是单个人所固有的抽象物，在其现实性上，它是一切社会关系的总和”，② 因此，所谓人的“宗教感情”，也只能是“社会的产物”。《提纲》对抽象人性论的批判，不仅是对费巴尔哈，而且也是对文艺复兴以来一切启蒙无神论的批判，因为他们的宗教观都具有抽象人性论的特征。

《提纲》虽然只是一份十分简要的工作草图，但由于这时马克思的辩证唯物主义和历史唯物主义世界观已经成熟。所以，《提纲》的宗教观比诸《黑格尔法哲学批判·导言》，具有更坚实的哲学基础，在概念表述上也具有更科学的形式。紧接《提纲》之后。马克思和恩格斯合作的《德意志意识形态》和《共产党宣言》对历史唯物主义的基本原理进一步作了经典性的论述，并因此赋予马克思主义宗教观以更科学的表现形态。

从总体上说，《德意志意识形态》和《共产党宣言》属哲学和科学社会主义方面的著作。但是，这两部著作所制定的科学

① 《马克思恩格斯全集》第3卷，第5页。

世界观和方法论，对于分析宗教问题，具有认识论和方法论的意义。例如，这两部著作提出并表述了生产关系（在《德意志意识形态》用的是“交互关系”）一定要适合生产力的性质，上层建筑一定要适应经济基础，社会存在决定社会意识，意识形态是人们的生产关系和所有制的产物，它将随着人们的生活条件、社会关系、社会存在的改变而改变……等一系列历史唯物主义的科学原理，对于我们科学地认识宗教的本质和社会作用，揭示宗教的社会根源，发现宗教的发展规律等，乃是不可或缺的工具。这两部著作就不时用这些历史唯物主义的基本原理，对宗教的各个方面做出典范性的分析。在论及宗教等社会意识与物质生产的关系时，《德意志意识形态》指出：“宗教本身既无本质也无王国。在宗教中，人们把自己的经验世界变成一种只是在思想中的、想象中的本质，这个本质作为某种异物与人们对立着。这绝不是又可以用其他概念，用‘自我’意识，以及诸如此类的胡言乱语来解释的，而是应该用一向存在的生产和交往的方式来解释’，……如他真的想谈宗教的‘本质’即谈这一虚构的本质的物质基础，那么，他就应该既不在‘人的本质’中，也不在上帝的宾词中去寻找这个本质，而只有到宗教的每个发展阶段的现成物质世界中去寻找这个本质。”[①]《共产党宣言》批判了所谓宗教只改变形式，而宗教本身永恒存在的谬论。指出，宗教以及一切社会意识形态在形式上的改变和运动，无非是社会阶级对立的反映。私有制和阶级斗争的需要决定了它们的存在，随着私有制和阶级对立、阶级斗争的结束，宗教也会走向消亡。

① 《马克思恩格斯全集》第 3 卷，第 170 页。

从《德意志意识形态》和《共产党宣言》这两部著作可以看到，马克思主义的宗教观此时业已形成。以后的问题主要是如何运用其中的历史唯物主义的基本原理，去进一步分析和认识各种宗教现象、宗教问题。例如，恩格斯在《反杜林论》及《路德维希·费尔巴哈与德国古典哲学的终结》等著作中，就对马克思主义的宗教观作了多方面的阐发，有关于宗教的定义与本质的，有关于宗教的发生和发展规律的，有关于宗教的消亡及其条件的，等等。例如，在《费尔巴哈论》中，恩格斯指出："更高的即更远离物质经济基础的意识形态，采取了哲学和宗教的形式。在这里，观念同自己的物质存在条件的联系，愈来愈混乱，愈来愈被一些中间环节弄模糊了，但是这一联系是存在着的。"①在《致·施米特》的信中，恩格斯又指出："虽然物质生活条件是原始的起因，但是这并不排斥思想领域也反过来对这些物质条件起作用。然而是第二性的作用"。②总之"政治、法律、哲学、宗教、文学、艺术等的发展是以经济发展为基础的。但是，它们又相互影响并对经济基础发生影响，并不是只有经济状况才是原因，才是积极的，而其余的一切都不过是消极的结果，这是在归根到底不断为自己开辟道路的经济必然性的基础上的互相作用。"③这段话可以说是以上几段论述的概括，含有这两层意思：(1) 宗教的以及政治的、法律的等社会意识形态的发生与发展，归根结底是由社会的经济基础决定的；(2) 这些社会意识形态并不完全只是消极的、被动的，它们一经产生，也会对社会的经济基础产生影响。简单地说，这

① 《马克思恩格斯选集》第 4 卷，第 249 页。
② 《马克思恩格斯选集》第 4 卷，第 474 页、第 506 页。
③ 《马克思恩格斯选集》第 4 卷，第 474 页、第 506 页。

是历史唯物主义的其中一条最基本的原理，也是马克思主义宗教观的最基本的一个方法论根据。这里我不准备更多地去谈论这个方法本身，而想着重谈谈这个方法对于我们研究宗教在理论上和方法上的指导意义。

第一，如同一切科学研究无一不是建立在一定的世界观和方法论基础上一样，宗教研究也不可能不受一定的世界观和方法论的指导，问题是，究竟建立在什么样的世界观基础上？受哪一种方法论的指导？

宗教人类学者，德国的施米特神父曾经说过："在研究宗教史上，一个有信仰的学者，比一个无信仰的学者更占便宜，而且前者的造就是后者难以追及的。如果宗教的本质是内在的生命，那么就惟有藉着内心，才能把握宗教的真义。所以唯有意识中具有宗教经验的人，对于宗教问题，才能有深刻地明瞭。无宗教信仰的人来谈宗教，真可说是危险重重，就好比盲人谈颜色，聋子谈音乐一样，勒南认清了这一点。然而他认为曾经信仰过宗教而又背弃了宗教的人再来研究宗教，比较更适宜些。这又是不能令人承认的。因为背弃宗教者，既然对真理下了一种很强烈的评判，他们客观态度自然也就受了威胁。"①施米特这是站在护教的立场，用宗教的世界观来谈宗教研究的。应该承认，信仰者研究宗教，是整个宗教研究中的一个重要组成部分，由于立场、出发点以及所据有的材料不同，他们的研究从一定的角度说，是有补于整个宗教研究的。例如，对于宗教感情的揭示，对于宗教仪式的描述，由于这些人有深切的内心体验和亲身经历，因此在这个方面的研究无

① 威廉·施米特：《比较宗教史》辅仁书局1947年版第7页。

疑将会别具特色。但是绝对不能由此得出结论，无宗教信仰者或无神论者不具备研究宗教的资格。

对于施米特的这个看法，不少西方宗教学者颇不以为然，他们认为站在宗教的立场上不利于对宗教进行科学的研究，相反，他们主张以客观的态度对各种宗教进行比较研究，认为客观性是进行宗教研究的一个重要条件。这种宗教研究中的"客观性"态度，曾经在西方宗教学史上产生重要的影响和作用。但是这种"客观性"后来又发展成一种对宗教不问真假、不求是非的所谓"中立主义"，谁要对宗教持批判的态度，谁就被斥"不客观"，于是西方宗教学在一定时期内又流于对宗教现象的客观性描述。

还有一些学者既反对站在宗教的立场研究宗教，也反对宗教研究中的"客观主义"倾向，他们认为应该把二者结合起来，亦即应把哲学的方法与神学的方法，信仰主义的态度与客观主义的态度合理地结合起来。美籍德国学者瓦哈就持这一主张。

与前面几种方法比较，历史唯物主义的方法无疑具有明显的优越性。首先，历史唯物主义的方法不是从宗教本身去寻找宗教的秘密，更反对以宗教解释历史，而是从产生宗教的世俗基础去寻找宗教的秘密，用社会的历史条件去说明宗教。这种方法无疑更能揭示宗教的本质和秘密所在。因为，从某种意义上说，宗教的本质即是人的本质，而人的本质，实际上是一种社会关系的总和，作为它的内容，并不在虚无缥缈的天国，而是在人间。因此，宗教的本质不能到宗教中去寻找，只能到宗教借以产生和赖以存在的社会历史条件中去寻找。

第二，与前面几种方法比，历史唯物主义更能揭示宗教发展的规律。

我们知道，纯粹“客观的”的现象描述，无法说明为什么在这个时代出现这种宗教，而不出现那种宗教？为什么这个国家、民族、社会是这种宗教占统治地位而不是那种宗教占统治地位？为什么一种宗教是这样发展而不是那样发展？等等，这些带有规律性的东西，单纯宗教现象的描述，是无法说明的，只有从时代的社会历史条件，从这些条件的历史变化，从各个国家、民族、社会的物质基础、生活习俗以及文化背景等方面去分析，才有可能获得正确的答案，而历史唯物主义所提供的正是这样一种科学方法。

第三，只有历史唯物主义才能对宗教的社会功能、历史作用作出较正确的评估。

作为一种意识形态，宗教的社会功能和历史作用，最主要的是看其对社会历史的发展是起阻碍还是促进作用。如果是前者，它无疑是一种消极的意识形态；如果在特定的历史条件下，宗教有时也能作为一种历史发展的推动因素，那它也就具有一定的积极意义。要弄清楚这一点，就不能不把宗教同一定的社会历史条件联系起来，而这正是历史唯物主义所注重和强调的。

另外，作为一种社会力量，宗教在各个历史时期总是与一定的阶级相互联系。因此，要正确评价宗教的社会历史作用，就必须从各个历史时期一定宗教所代表的阶级利益以及这种阶级利益是否反映社会的发展规律来考察，历史唯物主义宗教观的一个重要方面就是强调宗教是阶级斗争的反映，宗教的变化和发展受阶级斗争的制约。因此，十分注重阶级分析的方法，这对于全面了解宗教的社会功能和历史作用无疑是一种不可或缺的方法。

第四,历史唯物主义的方法还可以为我们制定正确的信仰自由的宗教政策提供科学的理论依据。从而有利于社会主义事业的发展。

根据历史唯物主义的基本原理,由于在社会主义时期还存在着宗教借以产生及赖以存在的土壤。因此,宗教作为一种社会历史现象还将长期地存在。这就要求我们的党和国家必须对宗教采取慎重的态度,既不能超越时代的社会条件,人为地去消灭宗教,又不能放任自流,让宗教干预政治和法律等。正确的做法应该是使党的宗教政策与社会历史条件相适应,亦即采取一种对于国家是个人私事的信仰自由的宗教政策,这样就能达到既不伤害教徒的宗教感情,调动他们的积极性,又能保证我国的社会主义发展方向,推动社会主义事业不断向前发展的目的。

当然,我们强调历史唯物主义对宗教研究的指导作用,并不意味着我们对其他研究方法盲目拒绝,一概排斥。相反,某些非马克思主义宗教学流派所采用一些具体的研究方法,只要有一定的合理因素和可取成份,我们都应认真总结,或引为借鉴,或积极吸收,目的是把宗教学的研究不断地推向前进。

三、马克思主义宗教观与以往宗教观的主要区别

马克思主义宗教观建立在历史唯物主义的基础之上,而历史唯物主义是一种科学的方法论,这就使得马克思主义宗教观在许多根本点上有别于以往的宗教观。

首先,马克思主义宗教观坚持用历史去解释宗教,用世俗

的物质条件去说明宗教的天国，这就使马克思主义宗教观似一种唯物的特色把自己同历史上那些信仰主义的宗教观严格区别开来。

其次，马克思主义宗教观是一种无神论的宗教观，但并非所有的无神论宗教观都是马克思主义的。由于所处的历史条件不同，特别由于所依据的世界观和方法论不同，马克思主义的宗教观与历史上的各种无神论宗教观在许多根本点上有着重大的区别。历史上许多无神论宗教观由于时代和阶级的局限性，特别由于缺乏一种科学的世界观和方法论作指导，因此，未能很好说明宗教产生的真正根源及揭示宗教发展的客观规律。

西方历史上的无神论宗教观，最早的当推古希腊的无神论哲学家的宗教观。这种宗教观虽然以鲜明的唯物主义观点肯定了神及灵魂的物质性，但它们在揭示宗教产生的根源方面没有作出多大的贡献。继承并发扬古希腊无神论宗教观的文艺复兴时代的无神论者们，在批判中世纪宗教神学及其经院哲学方面是有其历史功绩的，但由于他们所处的是一个新旧交替的过渡时期，因而他们的宗教观往往带有某些旧时代的斑痕与杂质，具有明显的过渡性质，诸如“物活论”等等。泛神论和自然神论是资产阶级初期反对有神论的思想武器，但正如费尔巴哈所说的“泛神论是站在神学立场上对神的否定”。十七世纪之后，随着以机械力学为代表的自然科学的发展，哲学上出现了机械唯物主义自然观，与之相应，这时期的宗教观具有一种机械唯物主义的无神论特色。

18 世纪法国的战斗无神论者的出现，是无神论宗教观发展史上的一个新阶段。这时期的无神论宗教观不但在揭露宗教神学的虚伪性方面做了大量的工作，而且从认识论方面揭示了宗教产生的根源，但他们仍然没有揭示宗教产生的社会的阶级根源。他们把宗教的起源归结于“愚昧无知”，或“傻子遇上骗子”，这当然无法揭示宗教产生的真正原因，列宁甚至在一定意义上把这种观点看成是用唯心主义观点来说明宗教的起源。[①] 费尔巴哈的宗教观比“百科全书派”又前进了一步，已接近于到社会中去寻找宗教产生的根源，认为神是人造的，上帝的本质就是人的本质。但由于他不能把人理解为社会的人、阶级的人，特别由于他不能从世俗基础的自我异化方面来说明宗教的异化，因此，费尔巴哈也没有揭示出宗教产生的真正根源。这个任务是由马克思主义的宗教观完成的。由于马克思主义宗教观把宗教问题化为世俗问题，从现实社会的内在矛盾及其运动方面去寻找宗教产生的根源，才第一次对宗教产生的根源问题作出了科学的回答。

对于宗教发展的客观规律，由于以往的无神论者未能把自己的宗教观建立在对世俗物质生产方式及其运动变化规律的基础上，因此对各种宗教的历史发展不能做出科学的说明。马克思主义的宗教观承认社会经济条件对宗教的决定作用，能从物质的生产方式的发展变化中寻找各种宗教发展变化的根源，因此能把历史上各种纷纭杂陈的宗教现象的发展变化，归结于社会物质生产的发展规律，这就为宗教发展的客观规律揭示出了一条指导性的发展线索，这也是马克思主义宗教观区别于以往无神论宗教观的一个重要方面。

第三，虽然马克思主义宗教观受到历史上著名的无神论

① 详见《列宁选集》第2卷，第378页。

者费尔巴哈宗教观的深刻影响,但是马克思主义宗教观与费尔巴哈宗教观之间也存在着许多重要的原则区别。其中,关于人的本质及宗教异化的理论是二者的重要区别之一。美国学者 A·N·滤兹尼基金曾经指出:"用历史观点来看,马克思关于一般异化理论和关于特殊的宗教异化理论,却都是从黑格尔和费尔巴哈那里得到启发,但是,对于这些问题的理解,马克思是有其独创性的。"[①]这种独创性主要表现在:

1. 费尔巴哈强调人是自然界的产物,人的本质就是"类"。他离开了人的社会历史性,仅从生物和伦理学的角度观察人,把人的本质片面理解为"饮食男女,情感理性"。与此不同,马克思把人理解为能动的自然和社会的存在物,指出人的本质是一切社会关系的总和。

2. 费尔巴哈从人本主义出发,对宗教神学进行了尖锐的批判,从而得出结论:不是上帝创造了人,相反,上帝是人的本质的异化。费尔巴哈认为,非人的现象所以产生,根子在于宗教神学。马克思把对宗教的批判扩展为对政治的、经济的批判,从广阔的社会领域寻找非人现象的原因,认为资本主义私有制才是非人现象的根源。从这里可以看出,马克思与费尔巴哈不同的地方在于,费尔巴哈捉住了宗教,马克思抓住了私有制;费尔巴哈主张通过揭露宗教的虚伪性,建立对人的爱,马克思则不满足于对宗教的批判而要"揭露非神圣形象的自我异化",于是对天国的批判,就变成对尘世的批判、对政治的批判、对法的批判。马克思还主张通过革命的实践,扬弃违反人性的资本主义私有制来消灭非人的现象,实现人道主义的共

① 详见《哲学译丛》1982 年,第 6 期。

产主义。马克思在评述一般无神论与共产主义的相互关系时指出:“无神论作为神的扬弃就是理论的人道主义的生成,而共产主义作为私有财产的扬弃就是对真正人的生活这种人的不可剥夺的财产的要求,就是实践的人道主义的生成一样,或者说,无神论是以扬弃宗教作为自己的中介的人道主义,共产主义则是以扬弃私有财产作为自己中介的人道主义。”[①]马克思的这段论述,在一定意义上也适合于评判马克思主义宗教观与费尔巴哈宗教观的差别:费尔巴哈批判神学宗教的目的是要把神的本质归还给人,建立人类之爱的新宗教,马克思主义宗教观则着力于揭示宗教产生的社会根源,并主张用革命的实践铲除宗教借以产生的土壤。

① 《马克思恩格斯全集》第42卷,第174页。

第二章　宗教的本质与特征

要研究宗教，无疑首先要搞清楚什么是宗教及宗教的本质是什么这两个带根本性的问题。但是，由于宗教是一个复杂的多面体，因此，对于这两个问题，古今名哲，言人人殊；中外学者，异说纷纭。但是，如果宗教学要成为一门独立的学科，对这两个问题又不能不有一个基本的规定，因此，下面拟参照古今中外一些宗教学研究者（包括近现代西方宗教学的某些流派）和马克思主义经典作家的有关论述，对这两个问题作一些力所能及的探讨。

第一节　什么是宗教

什么是宗教——在宗教学里这是一个既简单又复杂的问题。说它简单，因为在宗教学里它是一个最基本的概念；说它复杂，是因为迄今为止，似乎还没有一个统一的、标准的定义。大体而言，基督教、伊斯兰教等较侧重于从信仰的角度给它下定义，或谓之是对基督的信仰，或说它是信仰真主。佛教徒对这个问题的回答则别具一格，他们不把宗教看成是纯粹的信仰，而更强调"慧解脱"，即通过悟解"性空"或体证佛性达到成佛的目的。至于一般信教群众，则可能把宗教与烧香磕头、祭祀祈祷视若一物。那么，究竟哪一种答案正确？或者说，究竟什么是宗教？看来，这个问题不容易也不适宜一言以蔽之，而有必要从各个方面，各个角度来对它进行考察和探讨。

先看看"宗教"一词的来源与定义。

"宗教"一词，一是来源于佛教。在佛教中，佛陀所说为教，诸弟子所说为宗，宗为教之分派，合称则为宗派。《景德传灯录》卷十三《圭峰宗密禅师答史山人问》之九曾载有这样一段话："（佛）灭度后，委付迦叶，展转相承一人者，此亦盖论当代宗教主。"《续传灯录》卷七也曾这样说及宗教："老宿号神立，察公倦行役，谓曰：'吾位山久，无补宗教，敢以院事累君'。"可见，"宗教"一词来源之一是佛教。

其次，"宗教"的另一来源是拉丁文"religare"。"religare"一词有"联系"之意，泛指人与神的相互关系，现在我们所说的"宗教"，与此说较接近。

但是，宗教一词在古今中外的许多宗教学研究者那里，却具有更广泛的含义。下面，我们看看中外学者、古今名哲是如何定义宗教的。

19 世纪德国古典哲学家费尔巴哈主张用人的自我意识去规定宗教。他认为，"宗教根源于人跟动物的本质区别"①，而人区别于动物最本质的东西是"意识"，因此"意识不仅是宗教的基础，而且也是宗教的对象。"②但是，宗教又不是一般的意识，而是对"无限的东西的意识，就是说，宗教是而且只能是人对自己的本质——不是有限的、有止境的，而是无限的本质——的意识。"③根据费尔巴哈的宗教理论，对上帝的意识，亦即人对"自己本质的自我意识"。但是，人类不可能"直接意识

---

① 费尔巴哈《基督教的本质》，商务印书馆 1984 年版，第 29 页。
② 同上，第 30 页。
③ 同上。

到他的关于上帝的意识乃是他对自己本质之自我意识”，[①]因此，费尔巴哈认为，为了免除误解起见，“最好还是这么说：宗教是人之最初的并且间接的自我意识”[②]，或者说“宗教是人的第一个自我意识[③]”。费尔巴哈对宗教的这个定义，无疑是建立在其人本学的基础上的，因为既然上帝的本质就是人的本质，对上帝的意识自然可以归结为对类本质的自我意识。

近代著名哲学家克利（A·bruce Curry）却从另一个角度去定义宗教。他说：“就余所知，宗教是我们内面的至高至善与外界的至高至善之契合。换句话说，就是内心中所发现的上帝之寻找外界所发现的上帝。我最爱下面关于宗教的一段解说，说宗教是‘我们内面的无限企图与外界更大的无限相接触相交通之一种不朽的追求’。”[④]克利的这个定义主要是从人与上帝关系的角度立说，认为所谓宗教就是人与上帝的交通与契合，用他自己的话说：“所谓宗教信仰，就是舍己从天，尽量地把自己引使向上”[⑤]，这有点类似中国古代的“天人合一”说。

近代另一位著名哲学家铁德尔（Ernest Fremont Tittle）对宗教的定义却有另一番见解。一方面，铁德尔认为，“有人要问，宗教到底是什么？这个问题是不容易回答的。假如你要就世上已成立的宗教立一个界说，你就会觉得这件事是不可能的。假如你只想把各宗教所共有的通性包括起来，你就会发觉你的界说，定然将宗教对于各民族最有贡献的重要部分遗漏

① 费尔巴哈《基督教的本质》，商务印书馆 1984 年版，第 43 页。
② 同上。
③ 同上。
④ 《近代名哲的宗教观》，青年协会书局 1931 年版，第 13 页。
⑤ 同上，第 16 页。

了。宗教是一种实质的势力，不能拿任何界说来范围它的，你要用定义来限制它，但是它却不受你的限制。上帝、信仰、仁爱，这些名词你不能用定义来限制它，正如你不能把狂风和夕阳限制在一个范围内一样。”[①]也就是说，要简单明了、直截了当地回答“宗教是什么”的问题是不可能的，宗教是无法定义的。但是，铁德尔又从另一个角度来界说宗教，指出，“宗教是使人感奋的一种信仰”，“宗教是灵性上的一种探险”，“宗教能辅助个人发展到他的最高点”，等等。十分明显，铁德尔是从人生的方面来解释宗教的。

在近代西方的宗教学领域，对宗教的定义也是各个宗教学流派长期争论不休的其中一个重要问题。以近代西方宗教学中最有影响的三个流派说，宗教人类学注重通过研究古代人类的历史发展和对各种生活方式的比较研究来探讨宗教，结果把宗教理解成对各种神圣物的信仰和崇拜；宗教社会学则更强调宗教的历史作用和社会功能，因此，主张以社会为中心来规定宗教；宗教心理学侧重于通过分析心理现象来揭示宗教的起源及其本质，与之相应，主张从信仰者的主观感受、宗教体验、宗教情感为中心来定义宗教。这三个宗教学派其实是分别从三个侧面去剖析、研究宗教，因此它们的定义实际上是从三个方面揭示了宗教的某一种本质属性。

但是——如所周知，任何定义不应是对该对象某一方面本质属性的概括，它所概括和揭示的应是该对象最一般、最基本的本质属性，因此，不管是从人生，从社会，抑或从心理，从意识，只要它所揭示的只是该对象某一个方面的本质属性，而

① 《近代名哲的宗教观》，青年协会书局，第 20 页。

不是揭示该对象最一般、最基本的本质属性，就不可能是对该对象科学的定义。定义的这一特点使得我们不能停留于以上所列举的几种主张和看法，而应该由此出发，进一步去寻求那种最能揭示宗教最一般本质属性的科学定义。

在诸多宗教学理中，马克思列宁主义经典作家对宗教的有关论述，对于人们理解宗教的定义当会有所帮助。

在《〈黑格尔法哲学批判〉导言》一书中，马克思曾经指出："宗教是那些还没有获得自己或是再度丧失了自己的人的自我意识和自我感觉。"[①]毫无疑问，这句话带有浓厚的人本主义的色彩。在费尔巴哈那里，上帝被看成是人本质的异化，宗教是"人的最初的间接的自我意识"或"人的第一个自我意识。"马克思这句话与费尔巴哈的思想有相通之处，不过，马克思进一步指出了宗教是那些"还没有获得自己或再度丧失自己的人"的"自我意识"。所谓"还没有获得自己或再度丧失"，实际上就是指那些因自然的、社会的等方面的原因，不能掌握自己的命运，不具有充分主体性的人。由于他们不能掌握自己的命运，便把自己交给了上帝，把自己的本质异化为上帝，由此产生了宗教。所以说宗教只是这些人的"自我意识"和"自我感觉"。

人们知道，以"自我意识"去定义宗教，这是费尔巴哈宗教观的特点所在。这种宗教观在指出宗教是人区别于动物的重要标志方面，在指出上帝的本质是人的本质的异化方面是有贡献的，但是，仅仅以"自我意识"来定义宗教，由于它没有反映宗教与其他社会意识的不同特质所在，不能揭示宗教最一

① 《马克思恩格斯选集》第1卷，第2页。

般、最基本的本质属性,因此不能看成是对宗教的科学定义。马克思虽然进一步指出了是“还没有获得自己或再度丧失自己的人”的“自我意识”,亦即进一步指出一了这种“自我意识”的根源和特点,但也没有把宗教不同于其他社会意识的特质揭示出来,因此同样不能看成是对宗教的科学定义。

同在《〈黑格尔法哲学批判〉导言》中,马克思在说过上面那段话之后,紧接着又说:“人就是人的世界,就是国家,社会。国家、社会产生了宗教即颠倒了世界观,因为它们本身就是颠倒了世界。”[①]按照马克思的这一说法,宗教就是一种“颠倒了的世界观”。在《英国状况一评托马斯·卡莱尔“过去和现在”》一文中,恩格斯也有类似的说法。他说:“宗教按其本质来说是剥夺人和大自然的全部内容,把它转给彼岸之神的幻影,然后彼岸之神大发慈悲,把一部分恩典还给人和大自然。”[②]恩格斯这是以幻影、幻想解释宗教,从一定意义上说,也是视宗教为一种颠倒的世界观。但是,用“颠倒的世界观”去定义宗教显然是不合适的,因为一切唯心主义的思想从某种意义上说都是一种颠倒的世界观。

再看看马克思主义经典作家对宗教的其他的一些论述。同在《〈黑格尔法哲学批判〉导言》中,马克思还指出:“宗教里的苦难既是现实的苦难的表现,又是对这种现实苦难的抗议。宗教是被压迫生灵的叹息,是无情世界的感情,正象它是没有精神的制度的精神一样。宗教是人民的鸦片。”这段话的最后一句,即“宗教是人民的鸦片,”[③]是马克思主义宗教观中的一

① 《马克思恩格斯选集》第1卷,第1页。
② 《马克思恩格斯选集》第1卷,第647—648页。
③ 《马克思恩格斯选集》第1卷,第2页。

句名言，正如列宁在《论工人政党对宗教的态度》一文中所说的："宗教是麻醉人民的鸦片——马克思的这一句名言是马克思主义在宗教问题上全部世界观的基石。"①如何看待马克思和列宁的这两段论述，我国学术界一直有不同的看法。一种观点认为，马克思和列宁的这两段话，是对宗教本质的最精辟概括，因此可把它视为马克思主义经典作家对于宗教的定义；另一种观点则认为，马克思和列宁的这两段论述，虽然不失为是对宗教的某一方面本质属性的概括，但是它所揭示的主要是宗教的社会功能和历史作用，在这一点上，西方的思想家和宗教研究者都曾经在不同程度上指出过宗教的这一本质属性，如 18 世纪法国唯物主义者们就曾经反复指出宗教是一种麻醉剂、酒精等。马克思的这一说法虽然更为精炼和概括，但仍没有反映宗教的最一般、最基本的本质属性，也没有把宗教同其他有关的社会意识区别开来，因此认为以"宗教是人民的鸦片"来作为宗教的定义同样是不合适的。

在马克思主义经典作家对于宗教的诸多论述中，我国学术界通常都引用恩格斯在《反杜林论》中的一段话作为宗教的定义。恩格斯说："一切宗教都不过是支配着人们日常生活的外部力量在人们头脑中的幻想的反映，在这种反映中，人间的力量采取了超人间的力量的形式。"②恩格斯的这段话能否作为宗教的定义？换句话说，这段话能否揭示宗教的最一般、最基本的本质属性，学界迄今为止尚无统一的看法，但这不妨碍人们把马克思、恩格斯的有关论述作为进一步研究时的重要参考。

---

① 《列宁选集》第 2 卷，第 375 页。
② 《马克思恩格斯选集》第 3 卷，第 354 页。

一般地说，举凡定义，都是对该对象本质属性的最凝炼、最精辟的概括，因而也最为抽象，最不容易理解。而人们对某一定义的理解，往往不是通过定义本身，而是真正地理解了该对象的许多本质属性之后，因此，让我们暂时跳出定义的圈子，进一步探讨一下宗教的本质问题。

第二节 宗教的本质

宗教的本质如同宗教的定义一样，也是宗教研究史上长期争论不休的一个重要问题。我们在前面论列的关于宗教的定义的各种说法，实际上就是建立在对宗教的本质的不同理解基础上的，因为，对概念下定义的其中一个必要条件，就是要求定义能反映对象的本质。这样，我们在论述宗教的本质时，就不打算再罗列历史上各个宗教学家、宗教学派对这个问题的具体看法，而准备着重介绍马克思主义的宗教观是如何看待和论述宗教的本质问题。

不管在哪一种宗教中，神与人的关系都是最核心的问题，因此搞清楚神人关系，对于我们理解宗教的本质是十分必要和有益的。

历史上的宗教种类很多，但就神人关系说，基本上都处于这样一种状况：人的能力有限，神则全智全能，神创造了人，人则匍匐于神灵之下，信仰神、崇拜神。应该怎样看待这种现象呢？——在这个问题上人本学无神论者费尔巴哈可以说是一个权威，先听听他是怎样说的。

费尔巴哈的名著《基督教的本质》几乎整个地是在论述人与基督教、上帝与人的关系。在费尔巴哈看来，“信仰者对上帝的关系其实就是对他自己的本质的关系。”[①]这个回答既简练，又明确，也就是说，人与神的关系，实际上就是人与自身本质的关系。为什么这么说呢？

费尔巴哈认为，所谓上帝——这个基督教的崇拜对象，它原不是任何别的东西，而是人自身的本质，人把自身的本质异化，对象化，结果创造了上帝，因此，所谓“上帝之质或规定性，不外就是人本身之本质之重要的质。”[②]“人把他自己的本质对象化，然后，又使自己成为这个对象化了的、转化成为主体、人格的本质的对象，这就是宗教之秘密。”[③]基于这个认识，费尔巴哈进一步指出，当人还是单纯的自然人时，他的上帝也是单纯的自然神；人住到房子里去，他就也将他的上帝搬进教堂里去；假如上帝是鸟的对象，那么，它就只能把他看作是一个长着翅膀的存在者。总之，人是怎样思维，怎样主张，他的上帝也就怎样思维和主张，人有多大的价值，他的上帝就也有多么大的价值，决不会再多一些。在费尔巴哈那里，宗教中被颠倒了神人关系被颠倒过来了，亦即不是神创造人，相反，是人创造了神，人把自身的本质对象化、异化为神，然后再对这个异化物顶礼膜拜，通过它来统治人自身。费尔巴哈的这个看法对于任何宗教都具有普遍的适用性，尽管各种不同的宗教在神与人关系上有各种不同的具体说法，关于神是如何万能，人是怎么样被创造出来，人应该如何崇拜等方面的描述亦各不相同，但从总体上说，都无一例外地遵守着人把自身异化为神，又通过神来统治人自身这一格式，区别仅仅在于，有些宗教

① 费尔巴哈《基督教的本质》，商务印书馆 1984 年版，第 57 页。
② 同上，第 51 页。
③ 同上，第 63 页。

(如人为宗教)是自觉的,有些宗教(自然宗教)是不自觉的。

对于神人关系异化现象的认识,费尔巴哈虽然堪称是最杰出的代表,但由于这种现象几乎与宗教的历史一样悠久,因此,历史上的许多思想家早已从不同的侧面对它有所认识。例如,古希腊哲学家克塞诺芬尼就把诸神看成是古代人的虚构。他指出:“凡人们幻想着的神是诞生出来的,穿着衣服,并且有着与他们同样的声音和形貌。”①也就是说,神是人根据自己的形象塑造出来的。为了论证神是人虚构出来这个观点,克赛诺芬尼甚至运用了比较宗教学的方法,他说:“埃塞俄比亚人说他们的神皮肤是黑的,鼻子是扁扁的;色雷斯人说他们的神是蓝眼睛、红头发的。”②也就是说,各个民族,各种肤色的人都使神带上本民族、本人种的形象特征。不但人类这样,“假如牛、马和狮子有手,并且能够象人一样用手作画和塑像的话,它们就会各自照着自己的模样,马画出和塑出马形的神像,狮子画出和塑出狮形的神像了。”③这就更彻底地揭示了“超人间化”诸神的世俗本质。实际上,宗教观念中的一切具体内容,天国神殿的所有陈列设施,无一不是世俗人间的缩影和映像:人间有君主,天上就有上帝;人间有文武大臣,宗教里就有臣僚百官;人间有阶层等级,宗教里就不会是大同世界;人间使有刀枪剑戈,宗教里就不会出现火箭导弹。总之,神的内容,不在天上,而在人间;宗教的本质,不在上帝,而在人自身,人的本质就是宗教的本质——这是费尔巴哈及古代许多无神论者在神人关系上的基本观点。

---

① 《古希腊罗马哲学》,商务印书馆 1962 年版,第 46 页。
② 同上。
③ 同上。

费尔巴哈把上帝从天国拉回到人间，把宗教的本质还原为人的本质，马克思对此评价说："只有费尔巴哈才是从黑格尔的观点出发而结束批判了黑格尔哲学。费尔巴哈把形而上学的绝对精神归结为以自然为基础的现实的人，从而完成了对宗教的批判。"①当然，这不是说，人类对宗教的批判认识就此结束，正如马克思在《关于费尔巴哈的提纲》中所提出的，费尔巴哈"致力于把宗教世界归结于它的世俗基础。他没有注意到，在做完这一工作之后，主要事情还没有做哪。"②马克思这里所说的"主要事情"，是指进一步揭示宗教异化的世俗根据，即从社会经济关系和生产方式等时代的历史条件方面去寻找宗教的起源和本质。

马克思认为，虽然费尔巴哈把宗教归结于它们的世俗基础，把宗教的本质还原为人的本质，但是，在费尔巴哈那里，人是自然的、抽象的、一般的人，这就使费尔巴哈的唯物主义走进了死胡同，并把他的人本学宗教观逐步引向唯心主义。在《关于费尔巴哈的提纲》中，马克思指出："费尔巴哈把宗教的本质归结于人的本质。但是人的本质并不是单个人所固有的抽象物。在其现实性上，它是一切社会关系的总和。费尔巴哈不是对这种现实的本质进行批判，所以他不得不：(1) 撇开历史的进程，孤立地观察宗教感情，并假定出一种抽象的——孤立的——人类个体；(2) 所以，他只能把人的本质理解为'类'，理解为一种内在的、无声的、把许多个人纯粹自然地联系起来的共同性。"③就是说，由于费尔巴哈仅仅把人看成是自然的

① 《马克思恩格斯全集》第 2 卷，第 177 页。
② 《马克思恩格斯选集》第 1 卷，第 17 页。
③ 《马克思恩格斯选集》第 1 卷，第 18 页。

产物，不懂得人同时还是社会的产物，因此，他不能理解和把握人的真正本质，这样，尽管费尔巴哈把宗教的本质还原为人的本质，他仍然不能揭示宗教的真正本质。

恩格斯在批评费尔巴哈时也指出："费尔巴哈认真地研究过的唯一宗教，是基督教这个以一神教为基础的西方的世界宗教。他指出，基督教的神只是人的虚幻的反映，人的映象。但是，这个神本身是长期的抽象过程的产物，是以前的许多部落神和氏族神集中起来的精华。与此相应，这个神所反映的人也不是一个现实的人，而同样是许多现实的人的精华，是抽象的人，因而本身又是一个想象的形象。费尔巴哈在每一页上都宣传感性，宣传专心研究具体的东西，研究现实，可是这同一个费尔巴哈，一谈到某种比人们之间的纯粹性关系更进一步的关系，就变成完全抽象的了。"[①]恩格斯这里所说的"比纯粹性关系更进一步的关系，"就是指"人们在自己生活的社会生产中发生一定的、必然的、不以他们的意志为转移的关系，即同他们的物质生产力的一定发展阶段相适合的生产关系。"[②]在恩格斯看来，由于费尔巴哈不懂得人们之间的现实的经济关系，因此，尽管他认识到基督教的神只是人的虚幻的反映，但他不可能认识和把握基督的真正本质。

马克思恩格斯对费尔巴哈的批判为我们提供了这样的启发，要真正认识宗教的本质，仅仅把它归结于人的本质还不够，重要的是必须进一步指出人的本质是一切社会关系的总和，因此，必须到时代的社会关系中去寻找宗教的本质。

在《德意志意识形态》一书中，马克思指出："宗教本身既

---

① 《马克思恩格斯选集》第4卷，第232页。
② 《马克思恩格斯选集》第2卷，第82页。

无本质也无王国。在宗教中,人们把自己的经验世界变成一种只是在思想中的、想象中的本质,这个本质作为某种异物与人们对立着。这决不是又可以用其他概念,用'自我意识'以及诸如此类的胡言乱语来解释的,而是应该用一向存在的生产和交往的方式来解释的。"[①]"如果他真的想谈宗教的'本质'即谈这一虚构本质的物质基础,那么,他就应该既不在'人的本质'中,也不在上帝的宾词中去寻找这个本质,而只有到宗教的每个发展阶段的现成的物质世界中去寻这个本质。"[②]马克思的这两段论述,既表明马克思主义经典作家对宗教本质问题的态度,又指出了寻找宗教本质的方法。就是说,从一定的意义上说,宗教本身既无内容,又无本质,但如果从这一虚构的本质的物质基础角度看,只有到各个时代的物质条件中去寻找。例如,原始宗教的本质,只有到原始社会中人与自然、人与人之间的特定关系,从原始社会中低下的物质水平和狭隘的生产关系中去寻找。至于天主教和基督教,马克思指出:"货币主义本质上是天主教的,信用主义本质上是基督教的。"[③]而基督教的宗教改革是由封建社会中产生的新兴的资本主义生产方式发展的必然产物,新教则是适应资本主义生产关系的宗教。新教否定教皇至高无上的权威,把个人放在信仰的中心位置,这反映了正在争取平等自由的资产阶级的愿望。新教理论的预定说,更是适合了资产阶级中最勇敢的人的要求,商业竞争的胜利者以他的财富和成功证明他是上帝的"选民",这不仅是对传统天主教教义的冲击,更是对封建等级制的挑

① 《马克思恩格斯选集》第3卷,第176页。
② 《马克思恩格斯选集》第3卷,第176页。
③ 《马克思恩格斯全集》第25卷,第669页。

战，宗教改革既是欧洲资产阶级政治、经济、文化发展的产物，反过来又促进了资本主义生产方式的发展和资本主义社会的建立。

总之，任何宗教都是特定的社会历史条件的产物。人们根据他们所生存的社会环境、物质条件、生产关系及生活方式创造出神、上帝以及各种各样的宗教。这些神、上帝以及宗教本身既无内容又无本质，它们的本质即是创造它们的人的本质，而人的本质归根到底是一切社会关系的总和，因此，所谓宗教的本质，在一定意义上可以说，即是特定的社会关系的总和。

第三节　宗教的基本特征

如同一切事物的本质作为事物根本属性的反映，往往比较抽象一样，宗教的本质也使人有抽象之感，要全面认识宗教，还必须把握宗教的基本特征，这样才能使我们对宗教的认识逐步由抽象走向具体。

宗教究竟有些什么基本特征呢？

第一，与哲学、科学等社会意识形态不同，宗教是建立在信仰的基础之上的。

在宗教研究史上，尽管人们对于宗教的定义、宗教的本质有过各种争论，但对于宗教是对神灵的信仰这一点似没有异议，有争议的倒是在于信仰什么，有的主张宗教是对神灵的信仰，有的认为宗教的信仰对象是“神圣物”，有的则把这种“神圣物”进一步概括为“超自然的力量”。在马克思主义宗教观中，宗教被看成是对某种支配人们日常生活而又采取超人间形式的外部力量的信仰，这种信仰的基本特点，是把支配人们日常生活的自然和社会力量超人间化，然后对这种超自然、超人间化的力量进行信仰。这里，有两个问题是我们把握宗教信仰特征的关键所在：一是信仰对象的超人间化，二是信仰非实证性。

世界上的任何一种宗教，其信仰对象无一例外地是超人间化的。例如，基督教的上帝，伊斯兰教的真主，佛教的佛，道教的神仙，印度教的梵天诸神，中国传统宗教的天或玉皇大帝等等，无一不具有超人间的性格，当然，由于各种宗教产生的世俗基础和社会历史条件不同，这些超人间化的信仰对象常常具有不同的性格特征。例如，犹太教的耶和华，基督教的上帝，伊斯兰教的真主，就带有绝对唯一神的性质，中国传统宗教的天或玉皇大帝则更接近于至上神，而印度教的信仰特征，则主要表现为多神的主神论。在印度教的万神殿中究竟有多少神，这对绝大多数的研究者来说，仍然是一个谜。当然，不管是唯一神还是众多神，它们无非都是世俗力量超人间化的不同表现形式。

与信仰对象超人间化同时并存的另一个特点，就是信仰的非实证性。由于宗教信仰对象是超自然力量，而“超自然力量”是永远不能被人所感知的，因此，更无法为实践所证实。

第二，宗教的另一个重要特征是追求来世的幸福。

宗教的产生，从心理学根源上说，很大程度导源于人的趋利避害的本性。原始人无力同自然作斗争，他们希求生存和生存得更好一些，只好寄希望于某种神秘的超自然力的保护和恩赐，由此产生原始宗教；进入阶级社会之后，被剥削阶级受到自然和社会的双重压迫，他们所追求和向往的幸福生活，被残酷的现实彻底地粉碎了，他们只好把这种追求幸福的愿望转诸来世、天堂、佛国及各种各样的彼岸世界，在那个彼岸世界里，人间一切可望而不可及的东西，在那里俯拾皆是、唾手可得；现实世界的破房陋室被珍宝辉映的雕梁玉栋所取代；世俗之人视为奇珍异宝的珍珠翡翠，在那里有如瓦片土石；此岸世界的三灾八难，生死之苦，在那里云消雾散，化为乌有。这种与现实苦难适成对照的彼岸乐邦，佛教净土宗有过形象的描绘。《西斋净土诗》云："娑婆苦，娑婆苦，娑婆之苦谁能数……百劫千生受凄楚"，"西方乐，西方乐，西方之乐谁能觉……了无寒暑并三恶，金银众宝成楼阁。"[①]不仅佛教是这样，几乎所有的人为宗教，无不构筑一个彼岸的极乐之邦，现实的苦难在那里以幻想的幸福得到补偿，这是宗教区别于其他社会意识的主要点，也是宗教本身的一个基本特征。

第三，宗教还有一个重要特征，即以严格的组织、固定的宗教职业者和规范的礼仪使自己成为一种重要的社会力量。

宗教是一种社会意识形式，但它与一般的社会意识不同，往往有相应的组织形式，例如，天主教有它的最高组织机构天主教罗马教廷，辖各天主教会；佛教有寺院，道教有道观，寺院、道观都有严格的组织和管理制度。这就使得天主教、佛教、道教等宗教不仅仅是一种意识形态，而且是一个严格的组织实体。

宗教之成为一种实体，还因为它有许多固定的宗教职业者，如天主教的神父、基督教的牧师、伊斯兰教的阿訇，佛教的和尚、尼姑，道教的道士、道姑等等。这些宗教专职人员按严格的制度组织起来，他们是神学理论的创造者和传播者，是教

① 《中峰和尚劝念佛诗》。

义、教规的制定者和执行者。这些宗教职业者中的最高代表，往往被奉为上帝和神的代表人，可以向人民传达上帝和神的意志，并代表人民向上帝和神表示敬畏和祈求帮助。他们在宗教信徒中具有极大的神圣性，被认为是人与神之间的联系人。各类宗教职业者以及他们按一定制度组织起来的宗教机构，在人类社会生活中往往占有十分重要的地位，特别在时代统治者大力提倡和弘扬宗教的历史时期，宗教对社会的政治、经济、文化甚至军事常常有着举足轻重的作用和影响，这就使宗教远远超出一般意识形态的范围，而成为一种实际的社会力量。

宗教之不同于一般的社会意识形态，还因为宗教不仅仅是一种信念，而且有一系列把这种信念付诸行动的礼仪，礼仪在宗教中所占地位的至关重要，以致有不少宗教学家把礼仪的历史看成是宗教的历史。

宗教礼仪有一套严格的规范和程式，通过这些礼仪，即可显示出宗教的神圣性和庄严性，又可在人们的心理上造成严肃的宗教气氛和炽热的宗教感情。同时，宗教礼仪还是人们进行宗教活动和维系宗教组织的依据。例如，是否严格地按照一定的宗教礼仪进行宗教活动，往往是衡量一个人是否是宗教信徒的一个重要标志。一个人如果仅从观念上相信神，而没有把这种信念与宗教礼仪的实践活动结合起来，那他就不能算是一个教徒。再如，任何宗教组织都是建立在一套相应的宗教礼仪的基础之上的，如果没有一套严格的宗教礼义，宗教组织的严密性就将受到动摇，以致不成其为宗教组织。

总之，宗教是一种信仰，既是一种对支配人们日常生活的超人间化的外部力量的信仰，又是一种注重追求来世幸福的社会意识形态，同时宗教还借助于严格的组织、固定的宗教职业者和规格的宗教信礼使自己成为一种重要社会力量。简单地说，这就是宗教的几个基本特征。

第三章　宗教的要素与类型

宗教作为一种意识形态和社会现象，它有一些相对于其他社会现象和意识形态说是自身固有的，而又为历史上和世界上的各种宗教所共有的最基本的东西，这就是宗教的要素。

宗教的要素是宗教本质和特征的具体的表现，它从不同的侧面反映了宗教的特点和内涵，因此，对宗教诸要素的剖析与研究，将有助于人们进一步去了解宗教。

作为一个复杂的多面体，宗教的要素无疑是多种多样的，但这并不排除它有一些最基本、最能体现宗教成其为宗教的东西，本书打算从这样一些基本要素入手，对各种宗教现象及其所反映的本质作一些探讨。

把宗教划分为诸要素，从要素的角度去分析、研究宗教，国外宗教学界最迟于 60 年代初已开始这么做了。日本学者岸本英夫在其《宗教学》一书中把宗教的构成分为两大部分：一是“宗教意识”，二是“宗教行为”，进而又把“宗教意识”作为一种内在的要素（他称之为“内行为”），把“宗教行为”作为一种外在的要素（他称之为“外行为”）来考察。对于作为内在要素的“宗教意识”，岸本英夫又把它划分为“宗教思想、宗教观念”和“宗教体验、宗教感情”两大部分。对作为外在要素的“宗教行为”，岸本英夫又把它分为“咒术、礼仪、祈祷”等等；在“宗教体验、宗教感情”中，岸本英夫又把它分为“奇异感、警异感、敬畏感”诸要素。[1] 另一位日本学者竹中信常在其《现代宗教的理解》一书中，对“宗教观念”、“宗教感情”也作了具体的剖析和论述。他把“宗教观念”进一步细分为“灵魂观念、神灵观念”等，更析“神灵观念”为“氏族神、自然神、大神”（此“大神”类似于现代宗教学中所说的统一的“至上神”），又以“神秘主义、敬畏感、直观”等去说“宗教感情、宗教体验”。对于宗教行为，特别是宗教行为中的宗教礼仪，竹中信常更有许多详尽的论述。[2] 苏联著名宗教学家约·阿·克雷维列夫在其《宗教史》中也把宗教分为五个要素，并特别强调了信仰和观念在宗教中的重要地位。[3] 外国学者的这些研究成果，对于我们从要素的角度去考察宗教无疑具有一定的参考价值。

我国的宗教学研究虽然起步较晚，但自 80 年代以来，已逐渐引起人们的重视。在一些研究宗教的著作和文章中，也开始注意要从要素的角度去研究宗教，因而有“三要素说”、“四要素说”、“五要素说”、“七要素说”等等[4]。这几种“要素说”，我们在考察宗教的要素时也将给以适当的注意并作为参考。

纵观国内外宗教学界关于宗教要素的分析和论述，我们觉得，虽然各位学者观察问题的角度不同，所采用的方法也不尽相同，因而各种看法各有千秋，但是，如果从思想的系统性和体系的严谨性说，日本学者岸本英夫的要素说似更能把诸多宗教要素组织成一个统一的系统，更能揭示各种宗教要素

① 参见岸本英夫《宗教学》，大明堂昭和 36 年版，第 34—36 页。
② 参见竹中信常《现代宗教的理解》，日本山喜房佛书林昭和 53 年版，第 6 章、第 7 章、第 8 章。
③ 参见约·阿·克雷维列夫《宗教史》，中译本第 2—3 页。
④ 参见陈荣富《宗教的历程》第 2 页，陈麟书《宗教学原理》213 页，朱来常《宗教与文明》第 3 页，林金满《社会主义时期宗教刍议》。

之间的内在联系，因此，本书准备参照岸本英夫及国内、外宗教学研究的有关成果和资料，结合作者自己的研究，对宗教的要素按内在要素、外在要素两大部分进行剖析和论述。

第一节　宗教观念与宗教感情

宗教观念与宗教感情同属宗教的内在行为或内在要素，都是宗教意识的反映或表现。但是——正如岸本英夫所说的，前者主要表现为“知性”的亦即理智的、观念性的东西；而后者则主要表现为“情”的，亦即情感的、情绪性的东西，因此，二者之间自然不无区别。不过，由于二者均属宗教的内在行为、内在要素，都是宗教意识的表现，因此，之间的联系又是毋庸置疑的。下面准备在对宗教观念与宗教感情进行分别剖析论述的基础上，再对二者的内在联系作一些力所能及的探讨。

一、宗 教 观 念

任何宗教在一定意义上说都是对超自然力量的信仰，较高级的宗教甚至有一个较完整的信仰体系，而信仰的表达，特别是信仰体系的建立，几乎都得借助于一系列的宗教观念，因此，宗教观念在任何宗教中都是一个不可或缺的要素。

由于历史上世界上的宗教种类繁多，各样宗教对于它们的崇拜对象又称谓不一，加之，各样宗教赋予它们崇拜对象的性质和权能也不尽相同，这就造成了宗教观念上的五花八门。但是，不管哪一种宗教，一旦它作为一种宗教出现，就不能不具备一般宗教所共有的性质和特征，例如尽管不同的宗教对它们所崇拜的对象可以有不同的称谓，但它们毫不例外地是一种超人间化的异己力量；又如，各种宗教赋予它们崇拜对象的性质与权能虽不尽相同，但它们无一不具有超自然的性质与力量。这种情况也体现在宗教观念上，尽管各种宗教有各自的观念形态，但作为宗教，它们又有一些共通的基本观念，尽管对这些共通的观念称谓上不一定完全相同，但它们在内容上本质上却不能没有共同点，本书主要着力于这样一些共通性的基本观念，力图从材料和理论的结合上对它们作一些剖析和论述。

（一）灵魂观念

灵魂观念的历史几乎与宗教的历史一样悠久，同时它又最富有广泛性和普遍性，从原始宗教到世界三大宗教，它都是一个最基本、最核心的观念。且不论诸如“万物有灵论”等宗教学说视灵魂为一切宗教的“细胞”，世界上许多宗教学家对于古代宗教的有关调查和研究都表明，几乎所有的原始宗教都导源于灵魂观念。即便是流行于当今世界的几大宗教，灵魂观念也都是一个最基本的观念，基督教、伊斯兰教、印度教均然。佛教虽然在思想方法上与其他宗教有一些区别，例如原始佛教倡缘起论，否定一切实体（其中包括“灵魂”）的存在，但是，由于它讲生死轮回、因果报应，后来还是出现了“补特伽罗”等与“灵魂”相近的概念；中国佛教早期的佛性理论则带有更浓的“灵魂”色彩。

当然，虽然灵魂观念在各种宗教中都是一个最基本概念，但这并不意味着它们对于灵魂的性质和含义的理解是完全相同的。从宗教史的角度看，灵魂观念在历史上至少有这样两种基本的含义：一是把灵魂视为一种独立于人的形体之外的精神实体；二是把灵魂看成是某种物质性的东西。对于灵魂理解的另一个分歧，是有些宗教把灵魂看成是人的专有物，是一种与人的肉体相对立的精神实体；而有些宗教则认为不仅人有灵魂，而且一切动物、植物及至山川怪石都有灵魂。

另外，在灵魂观念上还有一个问题也是宗教学界长期在探讨但至今仍未有统一看法的问题，即灵魂观念究竟产生于何时的问题。这个问题如果企图寻找一个绝对准确的答案，似乎不太可能，但根据人类发展史、考古学的成果、比较人种学的研究等，人们对于灵魂观念的产生还是可以寻找出一个大体的线索来的。

古生物学和考古学的研究成果，给我们提供了一个重要事实。大约在距今300万年前，古猿就已经发展为人类（真人），人类社会即从此开始，其后又经历了早期猿人、晚期猿人（猿人）、早期智人（古人）和晚期智人（新人）等阶段，最后发展成现在的人类。1891年在印度尼西亚的爪哇特里尼尔附近发现了晚期猿人的化石，根据放射性同位素测定，这些猿人距今约50～80万年。从这些猿人化石的遗迹中，没有发现任何可以说明当时已产生灵魂观念的痕迹；1926年在我国北京周口店发现的“北京猿人”，他们生活在距今50万年前，在“北京猿人”的遗迹中，同样没有发现灵魂观念的现象。在所有古人类遗迹中，第一个被认为似乎存在有灵魂观念的，是在德国桂塞尔多夫尼安德特尔河区域附近洞里发现的“尼安德特人（简称“尼人”）遗迹。“尼人”的遗骸，经常是头朝东脚朝西，这种有规则的固定的葬法，被认为是为了有利于死者灵魂活动的有意安排；又，遗骸周围经常散布有红色碎石片及工具，这些东西被视为是随葬用品。在法国穆斯特累洞中发现一个"尼人"青年遗骸,他的头枕在一块燧石上,身体周围放置了74件石器,左侧还有一件石斧,头部和肩部还用石板保护着。这个遗骸被当作"尼人"时代存在过灵魂观念的证明。此外,中国"山顶洞人"(1939年在北京周口店龙骨山的山顶洞发现)的遗迹,也发现有葬礼现象。在"山顶洞人"遗骸周围,撒有含赤铁矿的红色粉等,这被解释为是为了让死者灵魂得到平安。有些遗骸周围还有死者生前的装饰品(钻孔的兽齿、石珠、骨坠等)这是为了使死者继续其生前的生活。考古学的这些成果证明,人类发展到旧石器的中、晚期(约距今10万年前的早期智人)后,才逐步出现了灵魂观念及关于死后生活的观念。

当然,灵魂观念究竟产生于什么时候,在一定意义说,对我们不是最主要的,我们所应该着重探讨的是:灵魂观念究竟是怎样出现的?为什么会出现灵魂观念?

在《路德维希·费尔巴哈与德国古典哲学的终结》一书中,恩格斯关于灵魂观念的产生有过一段详细的论述。他说:"在远古时代,人们还完全不知道自己身体的构造,并且受梦中景象的影响,于是就产生一种观念:他们的思维和感觉不是他们身体的活动,而是一种独特的寓于这个身体之中而在人死亡时就离开身体的灵魂活动。从这个时候起,人们不得不思考这种灵魂对外部世界的关系。既然灵魂在人死亡时离开肉体而继续活着,那么就没有任何理由去设想它本身还会死亡,这样就产生了灵魂不死的观念。"①也就是说,灵魂观念的产生与原始人不能正确理解思维、感觉与肉体的关系以及错误

① 《马克思恩格斯选集》第4卷,第219页。

地解释梦中的现象有关。这个说法有一定的道理。人们在梦中常能会见别人或已经去世的人,并且和他们一起做各种各样的事,但一醒来之后,却仍是只身一人,别无他物,这就很容易产生这样一种联想或猜测,要么刚才是自己的灵魂离开身体跑到外面去会见熟人故旧,要么刚才是死者的灵魂回来与他相会,这就臆想出一种能独立于形体之外或不随形体死亡的精神实体——灵魂。根据有关调查材料,澳洲先住民族和南几内亚黑人就都把梦见死人当作死者灵魂回来会见活人;而许多原始人把自己在梦中能飞天入地腾云驾雾看成是离开肉体的灵魂比依附肉体的灵魂更神通广大的表现;有些原始民族则由梦中碰见各种动、植物的现象,联想到动物、植物都有灵魂;此外,梦中出现的许多似人非人、似兽非兽的东西,也极容易被原始人当作鬼怪存在的证据。总之,不能正确理解思维、感觉与肉体的相互关系,不能正确解释梦中的幻觉,常常是导致原始人产生灵魂观念的一个重要原因。

其次,原始人不能正确认识生与死的现象,也是导致灵魂观念产生的一个重要原因。同样一个人,活着的时候和死了之后是两种截然不同的状态:活着时,能说会动,生气勃勃,死了之后,则冰冷僵硬,气息全无。原始人不懂得死亡的真正原因,只是从现实生活中观察到,一个人一旦停止了呼吸或者血液流尽之后,便告死亡。因此,他们便十分自然地把生命与呼吸和血液联系起来,认为这就是一个人或动物生命力之所在,并进而把它视为人或动物的灵魂。《圣经·创世纪》中就有这样一段话:"耶和华上帝用地上的尘土造人,将生气吹在他鼻孔里，他就成了有灵的活人，名叫亚当。”[1]这是把呼吸、生气同人的生命、灵魂联系起来；又如加利福尼亚的涅特拉语“pluts”一字兼有“生命”、“灵魂”、“气息”三个意思，可见该民族也曾经把“气息”、“灵魂”、“生命”三者视若一物。[2]

《圣经》中还有把“生命”与“活物的血”联系起来的记载：《旧约全书·利未记》中有这样一段话：“凡以色列家中的人，或是寄居在他们中间的外人，若吃什么血，我必向那吃血的人变脸，把他从民中剪除。因为活物的生命是在血中。我把血赐给你们，可以在坛上为你们的生命赎罪。……因此我对以色列人说，你们都不可吃血，寄居在你们中间的外人也不可吃血。……一切活物的生命，就在血中，所以我对以色列人说，无论甚么活物的血，你们都不可吃，因为一切活物的血，就是他的生命。”[3]正如我们在前面指出的，这种观念显然来自经验观察，因为人一旦流血过多，则会导致死亡。古以色列人由此推测人的生命、灵魂即在血中，是十分自然的。

对于灵魂，世界上各个地区、各个民族还曾经有各种各样的说法。[4] 有的民族认为灵魂只有一个，活着的时候，醒着的时候，灵魂附于肉体，故人有灵明知觉，做梦的时候，灵魂暂时出游，灵魂回来附体后，人便醒了；如果灵魂不回来附体，人就永远醒不了，或者说就死去了。基于这种认识，他们认为，人一旦睡着了，不能改变睡眠者的外貌，如果随便改变睡者的外

---

① 《圣经》，中国基督教协会印，1988 年版，《旧约全书》第 2 页。
② 参见朱天顺《原始宗教》第 20 页。
③ 《圣经》，中国基督教协会印，1988 年版，《旧约全书》第 140 页。
④ 灵魂观念中的各种灵魂说，参见朱天顺的《原始宗教》、《中国古代宗教初探》；宋恩常编的《中国少数民族宗教初编》；覃光广编的《少数民族宗教概览》等。

貌，灵魂出游回来后，认不得自己的肉体，就不能附到自己肉体上，结果这个人就永远醒不来了，因此，有些氏族把涂抹改变睡眠者的外貌，看成是犯了杀人罪。澳洲土人认为，一旦人睡着了，不能突然把他叫起，必须慢慢地唤醒他，这样才能让外游的灵魂有足够的时间返回。有些民族则认为，人的灵魂不只一个，而有两个或三个。澳洲的游亚莱族就认为每个人的灵魂有三个：一个是死后就离开肉体的灵魂；第二个是梦中活动的灵魂；第三个则是“影象灵魂”。美拉尼西亚的有些原始部族则认为：每个人有两个灵魂，一个是不能离开肉体的，人死后就灭亡的灵魂；另一个则是可以离开肉体，人死后也不灭亡的灵魂。我国的赫哲族也认为人的灵魂有好几个。如生命的灵魂，这是人与动物都有的，在人死后，这灵魂便离开了肉体。这个灵魂与生命同始终，是创造生命神所赋予的；另一个灵魂是思想的灵魂，它暂时离开肉体并能到很远的地方去，与别的灵魂发生关系，如人睡觉时做梦，就是这灵魂的暂时离开；再一个是转生的灵魂，这种灵魂有创造来世的能力，是转生之神所赋予的，人死后，此灵魂便离开原有的肉体，依附到新的肉体上，产生新生命。赫哲族还经常用灵魂观念说明各种问题，如一个身强力壮的妇女如果没有生育的能力，则被认为是没有转生的灵魂；孕妇如果小产，则被说成是转生的灵魂被撵走了，假如一个人“死”而复生，就被说成是某个转生灵魂转入到这个身体了。

灵魂观念也是独龙族宗教信仰的核心。独龙族人认为，世界上许多事物都有灵魂，特别是有生命的东西更是如此，例如，人和动物就都有两个灵魂，一个叫“卜拉”，另一个叫：“阿细”。“卜拉”是生物赖以存活的东西；“阿细”则是死亡后的亡灵。他们认为，一个人不能没有“卜拉”，如果“卜拉”走失了，是一件要不得的事情，得赶快请巫师举行寻找、领回的宗教仪式。如果找不回“卜拉”，则意味着死亡。而人一旦死后，紧接着便出现第二个灵魂——“阿细”。“阿细”的形状和品性一般人是看不见的，只有巫师能看见，据说它们与死者生前差不多，它们住在地的另一面。那里的情形与人间大致一样，人在世间怎样生活，它们在那里也是怎样生活。但是这种“阿细”并不是“鬼”，人死后也不会变成“鬼”。如他们说：“死人不是鬼，是住在另一个地方的‘阿细’，‘阿细’也是人”。独龙族人的灵魂说的一个重要特点，是把生时、死后两个灵魂断然隔开，死后的灵魂与生着时候的灵魂没有任何联系，[①]这与汉民族的“鬼魂说”是不尽相同的。

中国古代儒者的许多撰著论疏中，也常有“灵魂”说，但这种“灵魂”说，有时却是指一种物质性的精气。例如，孔颖达在注疏《左传》中认为“魂魄，神灵之名，本从形气而有；形气既殊，魂魄各异。附形之灵为魄；附气之神为魂也。附形之灵者，谓初生之时，耳目心识手足运动啼呼为声，此则魄之灵也；附气之神者，谓精神性识渐有所知，此则附气之神也。”这是古代儒者对“魂魄”的一个有代表性的看法，亦即把“魂魄”附属于“形气”；有些古代典籍甚至把“神”、“灵”直接归结于“精气”。例如《大戴礼》就直接把灵魂与精神划等号，曰：“阳之精气曰神，阴之精气曰灵”。西方古代哲学中也有类似的情形，如古希腊的著名哲学家赫拉克利特就认为灵魂即是“火”；以德谟克利特为代表的原子论也认为灵魂是最精细的原子。

① 详见蔡家麟《独龙族的灵魂观念》；宋恩常编《中国少数民族宗教初编》。

不仅古代的有些思想家曾把灵魂看成是一种物质性东西，有些古代宗教、近现代宗教乃至于某些世界性的宗教，也有类似的看法。例如作为世界三大宗教之一的伊斯兰教，其灵魂观就在相当程度上带有物质性。对于这个问题，著名伊斯兰教神学家爱勒吉斯尔在其《回教真相》一书中曾说过这样一段话："回教徒虽一致的信仰每人有一个灵魂，但是，他们对于灵魂本质的研究，态度各不相同。有人认为经典中既无明文说明灵魂的本质，我们应当阙疑。依这一派的主张，经典的明文既提及灵魂，我们只要相信每人有一个灵魂，灵魂是实在的，其本质如何，唯有安拉知道。这样信仰，就算尽了我们的义务了。灵魂的存在，是理智所能承认的，不能感觉灵魂，不足以证明灵魂是不存在的。因为我们不能感觉灵魂，或许因为灵魂太稀薄，如诸君所承认的以太，也是因为太稀薄而不能感觉的；又或许是因为灵魂太细微，如滴虫一般，不轻易看得见。有人主张研究。据奈瓦威氏说，对于灵魂本体的解释，以两圣地的教长朱伟尼氏的解释为最正确。他说：'灵魂是稀薄微细的物体，能独立生存；灵魂与肉体相错杂，如水分与绿枝相错杂一般。'他们对于灵魂的住处有种种的解释，有人说住在身体之内，但是不知在哪一肢体。有人说住在肚腹里，有人又说住在心脏旁边，有人又说在心脏里。"

与以上把灵魂视为某种物质性东西的几种看法不同，各种宗教更多、更主要的，是把灵魂看成是一种能独立于身体或形体之外的精神实体，而且随着宗教的不断发展和人类思维能力的不断提高，从总体上说，"灵魂"观念是逐步地在摆脱其物质性的外壳，而成为一种神秘的、超自然实体。这种倾向在诸如道教、印度教、基督教等较成熟、较高级的宗教中有着明显的表现。作为一种思想，它又集中地反映在“神不死”、“灵魂不灭”等宗教观念中。

正如我们在上面已经指出的，灵魂不朽在西方基督教中，与上帝存在、意志自由构成了宗教神学的基本命题；在印度宗教中，灵魂不死与生死轮回是诸宗教的根本教义；伊斯兰教的《古兰经》也明确规定了灵魂的不死与复活。下面我们来进一步看看灵魂不死在中国古代宗教中的情形。

赫哲族是我国古老的民族之一，统治着赫哲族的宗教意识，是“万物有灵”的萨满教。而灵魂不灭则是萨满教的一个基本观念。赫哲族对于葬礼有许多说法，其根据则是灵魂不死的观念。

赫哲族人认为，人死后，其灵魂仍然存在，一年之内在家显灵，在外则守坟，因此要供灵、祭坟。周年后，应由萨满送它入阴间，不会变为鬼。为死者“送魂”是赫哲族的一件大事，因为这是活人与死者灵魂的最后告别仪式。这种“送魂”仪式如果在夏天，就在外面搭起棚子，如果是冬天，就在屋里进行。具体做法是，由萨满做一木人(称“木古法”)代表死者，给木人穿上衣服，然后上供、点香、烧纸，之后萨满跳神，并请来“阔力”神(形如鸟状)帮忙(此“阔力”神可往返于阴间，萨满从阴间回来，也骑着它)。到第三天晚上，萨满来到外面，用弓射出三支箭，给死者灵魂指示方向，然后在萨满的陪伴下，把灵魂送走。

赫哲族原萨满教还认为，人死之后，他的灵魂要将生前走过的路重新走一遍，男的要走七天，女的要走九天，然后再归来。在出魂之日随“勾魂鬼”回到他所来的地方，再转入所生的人或动物中去。基于这种观念，赫哲族在死者入殓之后男子的第七晚上，女子的第九天晚上，要迎接死者的灵魂归来。在死者生前所睡的地方铺好特别的褥子，放上特别的枕头，摆得象死者生前睡觉一样，表示死者又回来睡觉了。如果死者生前抽烟，则在烟袋中装入烟叶，放在枕头旁边，此外，为了验证死者灵魂是否回来，还在床边置一供桌，上供食物，还斟上一杯酒，如果第二天早上看到杯中的酒少了，就认为灵魂已回来过。

灵魂不死不仅是中国少数民族宗教的基本观念，也是汉民族宗教的传统观念。中国古人关于灵魂不死的思想，首先表现在对什么是鬼的理解上。比较普遍的一种看法，是把人死后离开肉体而独立存在的灵魂称为“鬼”。《礼记·祭法》云：“大凡生于天地之间者皆曰命。其万物死皆曰折。人死曰鬼。”《说文解字》说：“人归为鬼”。更早的“鬼”字也是和人联系在一起，甲骨文的“鬼”字其象形是脸上盖一个东西的死人，这说明“鬼”是人死后尚存的东西——不死的灵魂。

中国古代的有些思想家及传统宗教把活人身上的灵魂与死后尚有的灵魂加以区别，认为附在活人身上的灵魂有两类，即“魂”与“魄”。其中有一种看法认为，人死后“魂”与“魄”一起离开肉体变成“鬼”；另一种看法则认为，人死后“魄”随着肉体消灭，而“魂”则离开肉体变成“鬼”。《左传·昭公七年》记述了子产的一段话：“子产曰：‘人生始化曰魂，既生魄，阳曰魂。……匹夫匹妇强死，其魂魄犹能凭依于人，以为淫厉’。”从这段话看，子产认为人死后魂魄一起变成鬼。但孔颖达在解释这段话时，对“魂”和“魄”及其作用作了进一步的说明。他说：“魂魄神灵之名，本从形气而有。形气既殊，魂魄各异。附形之灵为魄，附气之神为魂也。附形之灵者，谓初生之时，耳目心识手足运动啼呼为声，此则魄之灵也；附气之神者，谓精神性识渐有所知，此则附气之神也。”按照这个说法，“魂”“魄”的作用是不同的,“魄”是附于人的肉体,是对“耳目心识手足运动”等形体的活动起作用,而“魂”则是附在人的精神,对“精神性识”等精神的活动起作用。人死也就是魂魄离开了人的精神和肉体。对“魂”、“魄”的这种区分有点类似赫哲人把灵魂划分为“生命的灵魂”和“思想的灵魂”,当然,赫哲人所说的“生命的灵魂”是与形体同始终的,这又与孔颖达所说的人死后“魂”、“魄”都离开肉体不同,而《礼记》的另一个说法则与赫哲族的“两种灵魂”说更接近。《礼记·郊特牲》说:“魂气归于天,形魄归于地”,依照这种观点,只有“魂”变成“鬼”,而“魄”随肉体的死亡而消失。与这种看法有关联,中国古代有一种风俗,人死后向天招“魂”,而不向地招“魄”,亦即人死后,家人要到屋顶大声呼死者的“魂”归来,叫过之后还不苏醒,就往死者嘴里塞进生米和贝,在殓棺时包熟肉作为送礼,然后埋葬。

根据以上的资料可以看出,中国古代典籍对于“魂”、“魄”的论述虽略有歧义,但对于“魂”是人死后离开形体而继续存在的看法似没有不同的看法。这种思想对后来的中国宗教产生了深刻的影响,结果不管是中国传统的民间宗教、土生土长的道教,还是从印度传入后被中国化了的中国佛教,都把“灵魂不灭”作为本宗教的根本教义。

先以佛教为例。印度的原始佛教本是反神教的,而其“缘起性空”的理论,必然要否定任何实体,但由于它的因果报应、生死轮回的教义,逻辑上必然要找到一个轮回、报应的主体或物质承担者,结果在后来的佛教中就出现了许多类似灵魂的变相说法,佛教传入中国后,由于受到中国传统的“灵魂不死”观念的影响,“神不灭”成为汉魏南北朝时期中国佛教的根本义。其中,南朝梁武帝的“不断之神性”,实际上就是中土“不灭之灵魂”变相说法，当时的许多佛教徒用“薪有尽而火无穷”来论证“形有尽而神不灭”，并以此来说明“成佛之理皎然，把灵魂不灭的思想作为他们论证“众生悉有佛性”、“人人皆可成佛”的理论根据之一。

中国道教也有类似的情形。与佛教的最高境界是“证涅槃得佛果”不同，道教的最终目标是长生不死，羽化升仙。佛教主张“神不灭”，认为灵魂必须离开肉体而超生死、得解脱；道教则主张长生久视，认为灵魂必须常住肉体才能羽化升仙。二教都以超生死、得解脱为终极目标，但解脱的办法与方式不同。南北朝的道士陶弘景在论述二教在这个问题上的异同时说：“凡质象所结，不过形神。形神合时，则是人是物；形神若离，则是灵是鬼；其非离非和，佛法所摄；亦离亦合，仙道所依。今问以何能致死？仙是铸炼之事极，感变之理通也。”[①]在这里，陶弘景把佛道二教的超生死、得解脱归结为形神问题，并简要点出两教思想的分别，可谓甚得其要。盖佛教在解脱论上，是以“不生”为终极。所谓“不生”，亦即灵魂不能与具体的形体结合。灵魂一旦与具体的形体结合，便要堕入生死轮回的苦海之中，得不到解脱。道教的解脱论则反是，主“不死”。所谓“不死”，即肉体永生，灵魂不灭。道教解脱的方法主要有两种：一是“羽化”，二是“尸解”。所谓“羽化”，主要指“举性升虚”；所谓“尸解”，则是“先死后蜕”。东晋道士葛洪在其《抱朴子》一书中引《仙经》说：“上士举形升虚，谓之天仙，中士游名山，谓之地仙，下士先死后蜕，谓之尸解”。也就是说，灵魂与肉体一起永生，升天成仙，“身得道，神亦得道；身得仙，神亦得仙”，[②]这是

① 陶弘景：《答朝士访仙佛两玄体相书》。
② 《云笈七签》卷五十六引《六气论》。

道教的最高境界。这种解脱方法在形神观上无疑主张灵魂与肉体始终结合在一起。较为低级的一种解脱方法是，原来的形体死后，灵魂便离开原来的形体，自行仙去。《太平御览》卷六六四引《登真稳诀》说："尸解……既死之后，其神方得迁逝，形不能去也。"陶弘景《养生延命录》引《玄示》说："以形化者，尸解之类。神与形离，二者不俱。"这种解脱方法的形神观与头一种方法不同，是主神形相离，但是两种方法又有一个共同点，即都主张灵魂不死。可见，灵魂不死也是中国道教的一个基本的观念、基本的教义。

另外，中国民间宗教和传统迷信所说的"祸福报应"，也是建立在灵魂不死观念的基础之上的。所谓"善有善报，恶有恶报"，"今生造业，来生受果"等，其报应的主体，也是不死的灵魂。几乎可以这么说，中国历史上的一切宗教，无一不是建立在灵魂不死观念的基础之上的。

灵魂不死的观念既然是古今中外一切宗教的一个最基本的观念，我们今天要研究宗教，当然应该给以足够的重视，除了应了解这个观念在宗教中的地位与作用外，尤其应该用科学的观点去剖析和揭示这个观念的特点和实质，只有这样，才能更好地去了解和认识宗教。

根据现代自然科学所提供的资料，人们知道，所谓"灵魂"，它作为人的精神现象，无非是一种高度组织起来的物质——大脑的机能。按照自然科学和唯物主义的观点，精神是特定物质的一种属性，它不能离开物质而单独存在，当然，作为人的精神的灵魂，也不可能离开人的形体而独立存在。对于这个问题，十八世纪法国唯物主义思想家有许多精彩的甚至是深刻的论述。伏尔泰就坚决否认有一种非物质的、永存不灭的灵魂。在《形而上学论》中，他指出："那些承认了一种非物质的灵魂的人，也都不得不说这种灵魂永远在思想。可是我要请这些人凭良心说，他们是不是不断思想？他们在睡得极熟极深的时候是不是在思想？禽兽是不是任何时刻都有观念？一个昏迷过去的人，一个实际上垂死的人，在这种状态之下是不是有很多观念？如果灵魂并不永远在思想，承认人身上有一种以思维为本质的实体就是荒谬的。"[①]狄德罗则彻底否定在物质实体之外有任何精神的实体。他指出："关于物质的宇宙之外有任何存在的假设是不能成立的"。根据一切物质都是运动的，都是在运动中演化、发展的思想，狄德罗提出了一个大理石变肉的著名论点。在《达朗贝和狄德罗的谈话》中，狄德罗认为：大理石与肉的差别很小，人们可以用"大理石造肉，用肉造大理石"，因为人们可以把大理石捣成粉末；变成粪土，种上豌豆，再从豌豆中吸取养料变成肉。由此，狄德罗得出结论：一切都是物质的，一切都可以用物质来说明："谁想向科学院提供一个人或动物逐渐形成的情况，就只有用物质的因素来说明。"[②]狄德罗还有一个重要的观点，是认为举凡物质都有感受能力，区别仅在于有的"活跃"些，有的"迟钝"些。具有"活跃感受性"的如有机物；而"迟钝的感受性"则表现在无机物上。但这二者并非一成不变，互不相关的。"迟钝感受性"的无机物在一定条件下可以向"活跃感受性"的有机物转化，而有一般感受能力的物质又可以发展成为有思维能力的物质，他以鸡蛋在一定温度下能变为小鸡为例来说明这个思想并以此批判宗教神学："我们就是拿这个蛋来推翻一切神学学派和地球上

① 伏尔泰：《形而上学论》第五章。
② 详见《达朗贝和狄德罗的谈话》。

的一切神庙。”[①]列宁对于狄德罗的这一思想十分赞赏，认为它“和自然科学完全一致”，“因为明显的感觉只和物质的高级形式(有机物质)有联系，而‘在物质大厦本身的基础中’只能假定有一种和感觉相似的能力。”[②]至于意识及人的精神现象，狄德罗认为那纯粹是高度发展的物质——人脑的产物。他把人脑和各种感觉神经的关系比作蜘蛛和蛛网的关系，象外界的震动通过蛛网传给蜘蛛一样，人对外界的一切感觉都是通过感觉神经传送到大脑的，而人的一切精神现象的产生和发展都是依赖于人的大脑和神经的活动。对于这一点，拉美特利还从医学和生理学的角度给以验证，他说：脑部受重伤时，动物就没有知觉，没有分辨能力，没有认识了。

在西方思想史上，对于灵魂不死观念进行批判的诸思想家中，意大利著名的人文主义者彭波那齐是值得一提的。彭波那齐著有《论灵魂不朽》一书，在这部书中，他们从物理学、哲学和伦理学等几个方面对“灵魂不死”观念进行了系统的批判。

首先，彭波那齐认为，灵魂不朽在物理上是不可能的。因为自然知识告诉我们，灵魂是肉体的机能，不能和人的身体分开，肉体死亡了，灵魂便不复存在，所谓灵魂不朽乃是违背自然知识的。

其次，灵魂不朽在哲学上是不可能论证的。经院哲学家关于灵魂不朽的说法只是一种独断，没有也无法提出什么站得住脚的证明。

最后，肯定个人灵魂不朽在伦理道德上也是没有必要的，

---

① 参见朱德生主编《简明欧洲哲学史》第172页。
② 《列宁选集》第2卷，第40页。

经院哲学家为基督教神学作辩护时说,只有肯定灵魂不朽,人做了善事在来世能得到上帝的奖赏,做了恶事受到上帝的惩罚,这样,人为了得到奖赏和避免处罚,才会有道德行为。这就是说,人类的道德得靠神和宗教来保证。彭波那齐指出,道德行为不是来自神的惩罚,而是来自人的本性,来自人类本性的自然活动,人做了善事或恶事,应该在现实生活中就得到奖赏或惩罚,这种奖惩才能真正使人趋善避恶。如果靠来世的奖惩,反而使人在现实生活中更不注意道德。因此,从伦理道德方面说,承认灵魂可朽比承认不朽更有利于人们的道德生活。

总之,彭波那齐认为,人是有生有死的生物,人的幸福就在今生今世,人应该追求现实的幸福,而不是死后的"不朽的幸福"。劝导人们去追求死后的永恒幸福,这是教会为了控制人民而想出来的工具。这样,彭波那齐既从理论上又从社会实践的角度批判了灵魂不灭的观点。

与西方哲学家相比,中国古代的思想家对"灵魂不死"观念的批判是别具特色的。他们一般都是基于经验观察,借助形象的比喻,再运用古代的朴素唯物主义对它进行批驳。例如东汉时期的王充是一个元气自然论的唯物论者,他对"灵魂不死"的观念的批判集中表现在对"鬼神"的批判上。

我们知道,中国古代所说的"鬼",实际是一种脱离人的肉体而独立存在的不死的灵魂。王充否定人死后灵魂可以独存为"鬼"。他的立论根据和论证的逻辑是这样的:首先他肯定人也是物:"人,物也",任何具体事物都是有始有终的。因此,人亦必然有生有死;其次,"人之所以生,精气也,死而精气灭。"精气必须依附于人体,"形须气而成,气须形而知。天下无独燃之火，世间安得无体独知之精。”[①]第三，因为没有无体独存之精，因此，人死后不能为“鬼”。他指出：“能为精气者，血脉也；人死血脉竭，竭而精气灭，灭而形体朽，朽而成灰土，何用为鬼”。[②] 第四，王充通过经验观察，用形象比喻说明“鬼”是根本不存在的。例如，有些人在夜间听到某种声音便以为是“夜鬼哭”，实际上，“枯骨在野，时鸣乎有声，若夜闻哭声，谓之死人之音，非也”。为什么呢？王充认为，活人有口舌，才能发出声音，而人死后口喉腐败，舌不复动，何能成言？第五，对于“鬼”的观念产生的原因，王充也作了一定的探讨。他认为，“凡天地之间有鬼，非人死精神为之也，人思念存想之所致也。致之何由？由于疾病，人病则忧俱，忧惧见鬼出。凡人不病则不畏惧，故得病寝褥，畏惧鬼至。”[③]这在一定程度上接触到产生鬼神观念的心理根源。

王充之后，中国古代灵魂不死的观念进行较全面、深入批判的另一位思想家是南北朝的范缜。范缜的批判矛头所向，是当时流行的“神不灭论”。范缜对“神不灭论”的批判坚持了这样一条思想路线：首先指出形神相即不相离，其次论证形质神用。对此，他以刃与刃之利的关系为例，指出：“神之于质，犹刀之刃；形之于用，犹刃之于利。利之名非刃也。然而舍利无刃，舍刃无利。未闻刃没而利存，岂容形亡而神在”。第三，他指出精神是特殊物质——活人之质的功用，人一旦死后，质发生了变化就不再具有思想感觉的功能，“死者有如木之质，而无异木之知。”最后，他进一步论证了作为“是非之虑”的精神作用

① 王充《论衡·论死》。
② 王充《论衡·论死》。
③ 王充《论衡·论死》。

是特殊的质——“心”的机能和作用。这个结论从现代自然科学的角度看，也许是幼稚的，但它在当时却极大地打击了“神不灭论”。而从范缜对于“神不灭论”的批驳说，分析与论证是相当细密与深刻的，以至于后来中国的宗教观与有神论不得不改变其表现形式。

范缜之后，明清之际的熊伯龙对灵魂不灭的观念又进行了一次总结性的批判。在形神问题上，熊伯龙主要继承荀子和王充的思想。他在分析产生鬼神观念的心理根源时指出：“鬼者，疑心所产生也。心怯胆寒，闻鸟兽声，见树木影，皆谓是鬼。夜行迷路，则谓鬼设帐，草木皆兵，疑团未破耳。”[①]此外，熊伯龙还用讽刺的口吻、辛辣的笔触批判了有鬼论。他说：“死果为鬼，则人人愿为鬼，不愿为人也。生而寿夭不齐，或骨肉离散，亲朋分别。死则父子聚首，夫妻同偕。且前见古人，后遇来者。比人世之乐相悬万万，又何必畏死耶？人死当贺而歌之，何必哀耶”。[②]

对于产生鬼神观念的历史根源和社会根源，清代另一位思想家洪亮吉也有所接触。洪亮吉认为，人生乃一气之变化，人死不能为鬼，那么为什么会出现鬼神的观念及相信鬼神的存在呢？他说：“鬼神之说，上古无有。上古之所谓神者，山川社稷之名，有司存是也。所谓鬼者，高曾祖考是也。三代之衰始有非鬼神而谓之鬼神者。”[③]这是说，古代所谓神是对管理山川社稷而有功于人民之人的怀念现崇敬，所谓鬼则是对祖宗的思念与崇拜，并非如后世之所谓鬼神。洪的这个说法继承

① 熊伯龙：《无何集》，《鬼神类》。
② 熊伯龙：《无何集》，《鬼神类》。
③ 洪亮吉：《意言・鬼神篇》。

了《淮南子》的思想。《淮南子·汜论训》说:"炎帝于火而死为灶,禹劳天下而死为社,后稷作稼穑而死为稷,羿除天下之害而死为宗布,此鬼神之所以立。"这里所说的鬼神与后来所说的作为不死的灵魂的鬼神当然是根本不同的。那么,把鬼作为不死之鬼魂的思想究竟源于何时呢?洪亮吉认为起源于春秋战国时期。当时正值国乱世衰,因此出现了许多弄神作鬼的现象和说法,如杜伯为鬼,射杀宣王,赴先为鬼,杀晋厉公,以及天神降莘,河神崇楚等迷信说法。洪的这个说法一定程度地接触到产生鬼神观念的社会历史根源。另外,他还指出鬼神观念产生的另一个原因,即有些人以迷信为谋生之道,故意骗人。他说:"或托其名以示神,假其号以求食,非真山川社稷之神,高宗祖考之鬼也。"①洪亮吉的这种分析和批判,至今仍有现实意义,现在的社会上仍有个别人以迷信为业,谋财骗人,而且有不少迷信思想较重的人,还信以为真,情愿拿钱买一派胡言乱语,骗子诚然可恶,傻子尤其可悲。当然,迷信并不纯粹是"傻子遇上骗子",它有其深刻的社会历史根源。因此,大力发展社会主义的物质文明和精神文明,这既是我国人民不断把社会主义推向前进的一项重要任务,而且也是杜绝封建迷信的一项根本措施。

(二) 神灵观念

如果说灵魂观念是一切宗教的发端与基础,那么,宗教殿堂的建立,却少不了神。神灵观念是灵魂观念及对一切超自然力量信仰进一步发展的产物。

原始人由于不能正确解释生死及做梦等现象,导致了灵

---

① 洪亮吉:《意言·鬼神篇》。

魂观念的产生。当他们为了维持自身的生存而不得不经常与大自然打交道的时候，由于社会生产力的极度低下，处处感到大自然是一种神秘莫测、无法驾驭的异己力量，又逐渐把各种自然力超人间化和神圣化，并作为自己的崇拜对象，以求得它的保护与恩赐。这种被神圣化、超人间化的自然现象，或者准确点说，这种被神圣化、超人间化的自然力，在宗教观念中称之为“自然神”。

1. 自然神

根据国外宗教学者的研究，自然神一般具有如下几个特征：一、它本身是一种自然现象；二、它是一种被神格化、人格化、人性化的自然现象；三、它是一种与人们的现实生活紧密相关的自然现象。[①] 德国古典哲学家费尔巴哈曾经指出：“自然界是宗教的第一个对象。但是，当自然界受人崇拜时，人并不是拿它看作我们所说的自然界，而是拿它看作一种拟人的或者不如说是属人的东西，人站在自然宗教观点上崇拜太阳，因为他看见一切都是依赖太阳的……但是，倘若他没有将太阳的想象作一个实体，自然在天上运行着，……倘若他没有将太阳的影响看作是太阳出于纯粹好意而自愿送给地球的礼物，那么他就不会崇拜太阳，向太阳祈祷。倘若人用我们看自然界时所用的眼睛，恰如其实地去看自然界，那么宗教崇拜的一切动因都要丧失无存了。驱使人去崇拜某个对象的那种感情，显然是以这种观念为前提，即人们认为对象并不是对这种

---

① 参见日本学者竹中信常《现代宗教的理解》，日本山喜房佛书林，昭和 53 年版，第 100 页。

崇拜无动于衷的，它有感性，它有一颗感知人类事务的人心。”[①]费尔巴哈这段话不仅是对自然崇拜特点而且对自然神性格的精彩的表述。亦即第一，人类宗教的最初、最原始的崇拜对象，是一些自然现象；第二，这种自然现象不纯粹是自然的，而是与人的现实生活息息相关的、拟人的或者说是属人的自然现象。费尔巴哈的这一见解是相当深刻的，因为人们所以崇拜神灵或某种超自然的力量，从归根结底的意义上说，是希望得到这种崇拜对象的恩赐和保护。如果有一种神灵竟“高高在上”得丝毫“不食人间烟火”，不理解信仰者的情感意欲，不能给信仰者以某种形式（今生的或来世的）的利益（如“幻想的幸福”等），那么，即使这种神灵再神通广大，人们无论如何也不会去信仰它，去崇拜它的。

如果说自然神的“拟人的”或“属人的”特点作为一种属性是毋庸置疑的，那么，自然神是否一定是“神格化”、“人格化”的自然现象，在宗教学史上却是存在不同看法的。根据有些原始民族所信仰的并非是一种有形可见的现象，而只是一种泛泛的灵性力量，国外有些宗教学家认为用“神格化”、“人格化”的自然现象去说明自然神是不妥当的。这种见解有一定的道理，因为它反映了一部分原始信仰的特点。但是，这里有一个问题应该搞清楚，亦即如何理解“人格化”问题。如果说，“人格化”一定得指“与人同形”，那么，用“人格化”去说自然神显然是不全面、不合适的。但是——正如费尔巴哈所说的，如果这种所谓“泛泛的灵性力量”与人们的现实生活确了不相关，那么，人们又怎么会去信仰它、崇拜它呢？因此，是否有形可见，

① 《费尔巴哈哲学著作选集》下集，三联书店1962年版，第679—680页。

是否与人同形,在某种意义上说并不是最主要的,重要的是,不管是自然现象还是“泛泛的灵性力量”,它都具有一个共同的特点,即都富有人的属性,用费尔巴哈的话说,“它有感性,它有一颗心,而且富有一颗感知人类事务的心”。

在原始社会中,由于原始人的智力水平极度低下,生产工具十分简单粗笨,生产力水平极低,因此,原始人的生活几乎整个地依赖于自然界。当时的各种自然现象对于原始人来说,既富有神秘的色彩,又经常表现为一种异己的力量。人们既必须依赖它,又对它无可奈何。这种境况的进一步发展,就导致原始人把各种自然现象作为一种神秘的、超人间的力量来信仰和崇拜。在原始人所崇拜的自然神中,就历史之悠久和信仰之普遍说,当推日神和月神。

在浩瀚无垠的太空之中,最引人注意和最经常影响人们生活的自然现象是太阳。太阳每天东出西没,光芒万丈,给人带来光明,也给人带来温暖;当然,它亦非一味赐福于人类,三伏酷暑的烈日常常使人炽热难熬,长年久旱,如火的骄阳更晒得大地生烟,万物干枯。由于太阳对于人类生活具有直接和强大的影响,所以世界各国的古代宗教都有太阳神崇拜。以我国为例,自上古时代至殷商,都曾经有过日神信仰。

据有些学者考证,在古代艺术中,太阳神常常被表现为一种十字或十字的符号。这种十字符号经常出现在中国的新石器时代器物的装饰图案中。在商、周、秦、汉的青铜器和其他器物中,也经常有许多十字或十字的图案,因此,有不少学者认为,在我国的新石器时代至商殷的一个相当长的历史时期,曾经存在过日神崇拜。这种看法得到了有关古文献资料的证实,例如,在《礼记·郊特牲》中有这样一段话:“郊之祭也,迎长日之至也，大报天而主日”。郑玄对这段文注曰：“天之诸神，莫大于日，祭诸神之时，日居群神之首。故云日为尊云。”“天之诸神，唯日为尊，故此祭者，日为诸神之主，故云主日也。”这些文字表明日神在中国古代诸天神中曾经具有“百神之王”的地位。

此外，有一些学者认为，中国上古的一些神圣名号如：伏羲、太皓、太昊、帝俊（踆鸟）、重华（舜）等，本来也都是中国古代太阳神的尊号，对于伏羲的真相，皇甫谧在《帝王世纪》中说：“太帝包栖氏……继天而生，首德于木，为百王先，帝出于震，未有所因，故位在东。主春，象日之明，则称太昊。”张舜徽对“帝出于震”一句是这样解释的，帝指太阳，震当作晨，所以，“帝出于震”，即日出于晨的意思。这说明伏羲出于东方，又具有太阳的光明，故称作太昊。又有人认为伏羲亦即先秦典籍中那位赫赫有名的太阳神——羲和。据《山海经》记载，太阳是由羲和生出来的：“东南海之外，甘水之间，有羲和之国，有女子名曰羲和，方日浴于甘渊，羲和者，帝俊之妻，生十日。”[①]较后的古籍《淮南子》也有古时存在十日和尧时十日并出的记载：“逮至尧之时，十日并出。焦禾嫁。杀草木，而民无所食。尧乃使羿……上射十日而下杀猰貐。”[②]可见，在我国古代对于太阳神的崇拜和十日并出的传说相当流行。

当时的太阳崇拜，还有这样一个特点，即把太阳拟人化。例如说太阳是女子羲和所生，太阳上天象人爬高时一样，需要依靠大木、若木、扶桑等大树，太阳行走后要象人一样进行沐浴，等等。这些都是把太阳神作为人格化、人性化的超自然存

① 《山海经·大荒南经》。
② 《淮南子·本经训》。

在的具体表现。

在原始宗教的天体崇拜中，对月亮的崇拜，在世界各国也是较普遍的现象。南美洲的有些土著民族，认为植物生长是靠月亮而不是靠太阳，以为是月亮的柔和光线带来凉爽和露水，并有滋润人畜、促进植物生长的作用。所以注重对月神的崇拜和献祭，古以色列在新月初升时，总要在山头上点燃烽火来迎接它，古代埃及人为感谢月神给人类夜间带来光明等崇拜月亮；文明悠久的印度、古希腊，也都有关于月亮的神话。中国古代也有许多关于月亮的神话传说和月神崇拜，其中以月中有玉兔的说法为最普遍，以屈原在《天问》中提出："夜光何德，死而又育？厥利维何，而顾菟在腹。"晋人傅玄对屈原的《天问》作了回答。他说："月中何有？白兔捣药。"[①]傅玄这样回答，可能是为了提供月亮能"死而又育"的根据，因为有白兔在月中捣长生不死之药供给月神，所以月神能死而复生，中国历史上还有一个"嫦娥奔月"的古老传说，《淮南子·览暝训》说："羿请不死之药于西王母，姮娥窃之以奔月"。这里所说的西王母，有些学者认为她本身就是月精。丁山在《中国古代宗教与神话考》一书说："姮娥服了灵药，即成月精，也无异说西王母本是月精了。"[②]也有一些学者不赞成丁山的这个看法，但他们也认为，古人以为姮娥奔月后成了月亮的主人，或说她与月亮的自然属性结合起来，成了月精，把嫦娥当作月神崇拜，这是说得过去的。这种传说在民间确实存在，而且现代还流行。

月神崇拜在我国的一些少数民族中也比较盛行。例如鄂伦春族人就比较重视崇拜月神。由于他们主要靠狩猎为主，而

---

① 《太平御览》卷四。
② 丁山：《中国古代宗教与神话考》第 71 页。

大多数的野兽都有昼伏夜出的习惯。夜晚或清晨是打猎的最好时光，所以鄂伦春族人把月亮当作陪伴他们夜间打猎的神灵——“别亚”。每年农历正月十五日和二十五日，均要向月亮叩拜，假如一连几天打不到野兽，饥饿的猎人就要在野外放一口干净的空锅，跪在锅前朝月叩拜，翌日赶忙察看，如果发现锅里有兽毛，那就预示着将会打到什么野兽，至于月食，他们则非常恐惧，认为大祸即将来临，大家便竞相敲响能够响的东西，老人们则不停地叩头祈祷。

古人对于自然神的崇拜，除了日神、月神外，还有星神、云神崇拜，风神、雨神崇拜，山神、地鬼崇拜，河神、树神崇拜，总之，几乎所有主要的自然物和自然现象都曾经在不同时期、不同情况下被当作一种人格化的超自然存在而受到崇拜。这里以历史上有名的天子封禅祭天地和河伯娶妇的传说为例，看看古人对山河之神的崇拜。

在中国古代，早就有“祭名山大川”的说法。清毕沅在《山海经新校序》中说：“禹与伯益主名山川，定其秩祠。”其实，崇拜山川之神，并非始于夏代，在各民族的原始宗教中，一般都有崇拜山神的现象，究其原因，一者因为有些山峰高大雄伟、山深险阻，又有奇禽猛兽栖息其中，使人具有难以接近的神秘之感；二是有些山奇形怪状，或象人或类虎，给人以无尽的联想，进而把它与某种神的化身联系起来，进入阶级社会后，崇拜及祭祠山神常常成为各代最高统治者的一项重大的宗教活动，殷墟卜辞中就有许多关于山神崇拜和祭祀山神的记录，许多天子、国君，登基之后都要举行封禅祭天地的盛大仪式。其中最常受封受祭者，当推泰山与梁父，其次则是中岳嵩山。《史记·封禅书》说：“管仲曰：古者封泰山禅梁父者七十二家。”可见古代封禅祭山之盛。

对于河神的崇拜，人们很容易想到“河伯娶妇”的传说，说的是西门豹用巧计惩罚了以河神娶亲为名来敲诈民财的巫祝和乡绅的故事。据《史记·滑稽列传》记载：“魏文侯时，西门豹为令，豹往到邺，会长老，问之民所疾苦。长老曰：‘苦为河伯娶妇，以故贫。’豹问其故，对曰：‘邺三老、廷椽常岁赋敛百姓，收取其钱得数百万，用其二三十万为河伯娶妇，与祝巫共分其余钱持归。当其时，巫行视人家女，好者，云是当为河伯妇，即聘取。……民人俗语曰，即不为河伯娶妇，水来漂没，溺其人民云’”。西门豹为阻止这一迷信弊端，以叫大巫妪入河告诉河伯，往后再选更好的女子为由，连投大巫妪及其三个弟子入河，使“邺吏民大惊恐，从是以后，不敢复言为河伯娶妇。”这里所说的河伯，亦即河神。由于人民对当时河水泛滥等自然灾害缺乏防治的力量，故把河水人格化和超自然化，把它看成具有与人一样情欲的超自然力量，为了满足它的欲求，以换取它的保护与恩赐，故不惜财产生命，为它举行祭祀并为其选妇。河伯娶妇之祭，是战国时期流行的一种迷信。实际上，崇拜河神并把河神拟人化当在战国之前就已存在。殷墟卜辞中就有不少关于祭河神用人牲的记载。可见，河神崇拜在我国也有十分悠久的历史。

2. 氏族神

正如自然神是某种自然力或自然现象的人格化和超自然化，所谓氏族神实际上是把氏族祖先的亡灵人格化和超自然化。从这个意义上说氏族神是灵魂观念的另一种表现形式，氏族神崇拜是灵魂崇拜的产物。

由于氏族神是祖先亡灵的超自然化，因此氏族神有时又叫祖先神。

人类社会自从进入氏族制社会之后，各氏族的领袖为本氐族成员共同生活和进行生产斗争的组织者和指导者。由于氏族首领的能力和功绩，他们在世时，就受到本氏族成员的拥戴与崇敬。当这些氏族首领去世之后，受到灵魂不灭观念的影响，他们的亡灵又被看成是本氏族集团的保护神而受到普遍性的崇拜。这种现象在各个部落、各个氏族社会中几乎都存在。从许多少数民族民间宗教的调查报告中，人们都可以发现，该民族所崇拜的神灵中，不少就是该氏族历史上的首领。例如壮族所崇拜的莫一大王，就是壮族历史上一位很受崇拜的英雄人物；又如鄂伦春族所崇拜的“阿娇鲁博如坎”，其中最著名的就是柯尔特依尔氏族的头人毛考代汗和白依尔族的头人根特木尔，他们两位都是传说中最聪明勇敢的神射手。

氏族神按其本质说也是灵魂，但氏族神崇拜与一般的灵魂崇拜又不尽相同。一般的灵魂崇拜，其对象不一定与崇拜者有什么特殊的关系，而且对象本身也不固定，祭祀仪式也多是一时性的，甚至带有一定的实用色彩；氏族神崇拜则不同，其对象与崇拜者之间被认为有血缘关系，崇拜者把对它的祭祀看成一是种义务，崇拜仪式也是相对固定和长期性的。另外，氏族神崇拜与一般的灵魂崇拜还有一个不同点，即前者的原始形式，曾表现为图腾崇拜，而图腾崇拜中所体现的神先观念基本上是一种自然崇拜的范畴，亦即它所崇拜的是某种物类（包括动物与植物）的神秘力量，而灵魂崇拜的对象则是某个死者的灵魂，从这点上说，氏族神崇拜中的祖先崇拜较接近于灵魂崇拜，而氏族神崇拜中的图腾崇拜则与灵魂崇拜有较大的差别。

这里还有一个如何看待图腾崇拜与祖先崇拜的关系问题。从总体上说，二者的崇拜对象均属氏族神，但是，具体而论，前者是把某一种动物、植物或其他自然物作为一个氏族的共同祖先的信仰体系，后者则是把某个祖先的亡灵作为崇拜对象；其次，根据宗教史的大量材料，图腾崇拜与祖先崇拜还有一个重要区别，前者往往是对本氏族最原始、最古老的，有时往往带有神话色彩的祖先的崇拜。图腾崇拜与祖先崇拜的以上几个特点，我们可以从宗教史的大量事实中得到说明。

以我国古代宗教为例。在我国古代宗教中，氏族神的信仰和崇拜一直占有十分重要的位置，甚至几乎每个氏族都有自己的神圣的来源，因此，氏族神更成为各个氏族崇拜中几无例外和极其重要的崇拜对象。这种氏族神崇拜首先表现为图腾崇拜，因此，几乎每个氏族都有自己的图腾。著名史学家范文澜先生的《中国通史》在这方面给我们提供了许多宝贵的资料。按照范文澜先生的说法："居住在东方的人统称为'夷族'。太皞是其中一族著名酋长。太皞姓风，神话中说他人头蛇身（一说龙身），可能是以蛇（或龙）为图腾。""居住在南方的人被统称为'蛮族'。其中九黎族……又各包含九个兄弟氏族。……神话里说他们全是兽身人首，头有角能触人。这大概是以猛兽为图腾。""炎帝族居住在中部地区。炎帝姓姜，神话里说他牛头人身，大概是牛图腾的氏族。"①

与图腾崇拜常崇拜某种神物不同，祖先崇拜侧往往以本氏族历史上创业定国之人作为崇拜对象，正如《礼祀·祭法》中所说的："法施于民则祀之，以死勤事则祀之，以劳定国则祀

① 详见范文澜《中国通史》第一编，第88页至90页。

之，能御灾大则祀之，能捍大患则祀之。”这里所要祭祀、崇拜的，都是一些有功德于民于国者。对此，《祭法》说得更加清楚和直截了当：“凡祖者，创业传世之所自来也。宗者，德高而可尊，其庙不迁也。……祖者，祖有功，宗者，宗有德，其庙世世不毁也。”[①]可见，“祖有功，宗有德”是祖先崇拜的一个十分重要的特点。

此外，祖先崇拜还常以本氏族历史上或传说中的一些强有力的人物为崇拜对象。例如《礼祀·祭法》中所说的：“有虞氏禘黄帝而郊喾，祖颛顼而宗尧，夏后氏亦禘黄帝而郊鲧，祖颛顼而宗禹；殷人禘喾而郊喾，祖颛顼而宗尧；周人禘喾而郊稷，祖文王而宗武王。”《国语·鲁语》亦有此说法：“有虞氏禘黄帝而祖颛顼，郊尧而宗舜。夏后氏禘黄帝而祖颛顼，郊鲧而宗禹。商人禘舜而祖契，郊喾而宗汤，周人禘喾而郊稷，祖文王而过武王。”[②]此中之黄帝、帝喾、尧、舜、禹、汤、文、武等，或被认为历史上实有其人，或被认为是本氏族的远祖，但他们也都具有“有功于”本氏族、本家族的特点。例如，被视为汉族共同始祖的黄帝，就有带领本族征服外族的功绩及始作衣服、创造房屋舟车等功绩和德政；又如周人所“郊”之“稷”。亦是“能植百谷”，“天下赖其功”；至于尧、舜、禹、汤、文、武，在历史上更是或以“仁政”、“德治”闻于世，或以功业彰于后人。大禹治水，“三过家门不敢入”的精神，至今仍为人所传颂。

关于祖先崇拜的特点及它与图腾崇拜的联系与区别，我们还可以从我国少数民族的古代宗教中得到说明。

鄂伦春族是我国较古老的一个民族。在鄂伦春族的原始

---

① 参见朱天顺《中国古代宗教初探》第207页。
② 《礼记·祭法》。

宗教中，氏族神崇拜是最普遍、最重要的一种形式，而对于氏族神的崇拜，首先表现为图腾崇拜。鄂伦春族的狩猎经济，使得他们认为自己与熊是有血缘关系的。进而把熊看作自己的祖先，并且有许多这方面的神话传说。

鄂伦春族长期以来禁止杀害熊，而且还尽力保护它，即使熊向人袭击而不得不自卫打死熊时，也要举行一整套风葬仪式，以求得熊的宽恕。在他们的心目中，熊虽然死了，但灵魂不灭，对熊的任何不敬重，都得遭到熊的报复。因此，一直到后来，打死熊的禁例被废除后，对熊仍然存在恐惧心理，在猎场上，熊被打死后，首先把头刈下来用草裹起，安放在木架上，其后，由老年人带领青年人跪下来向熊磕头，献烟并祷告："雅亚"（或"太帖"），不是我们有意要打死你，是错杀了你，不要降祸于我们，保佑我们多获野兽吧。祷告完毕，又点燃草，用烟熏熊头，然后才可以把熊肉驮回，熊头就放在那里不管了。

熊肉驮回"乌力楞"①时，猎人要不断发出"嘎嘎"的声音。熊肉煮熟后，全"乌力楞"的人都要围着一起吃，并继续发出"嘎嘎"声。吃剩下来的熊骨，一块也不能扔掉，要举行隆重的风葬，即把熊骨排列在柳条编的篱笆上，在送葬人护送下，由四人抬着，架在事先选择好的枝叶茂盛的两棵树之间，然后烟熏熊骨除污。在整个风葬过程中，送葬者要装作哭泣，并再一次祷告，这样，一系列崇拜仪式才算完成。

鄂伦春族的氏族神崇拜又表现为祖先崇拜。他们对祖先通称"阿娇鲁"（"阿娇鲁"具有"根子"的意思，曾是对母亲氏族上辈人的总称），祖灵叫"博如坎"，"阿娇鲁博如坎"即是祖神。

---

① "乌力楞"是鄂伦春族的一种父系家族公社组织。

鄂伦春族的祖先要成为神,必须具备的条件是英勇、聪明、有本领,关于这些人往往有许多的传说,说他们生前如何勇敢善战,如何战胜猛兽、恶魔。总之,这些祖灵必须是强大有力的,能够庇护和赐福于自己的子孙。

与鄂伦春族的图腾是动物不同,彝族的图腾却多为植物,或为"竹",或为"松树"。在广西隆林、那坡及与之毗邻的云南富宁等县的彝族,每村中有一块宽二丈方以上的空地,中央种一丛兰竹,其高者约四丈,竹竿直径六寸至一尺,竹根周围砌有石头围子,围以直径在五尺以外的石块,石块周围又围高约丈许的竹栏栅,平时严禁砍伐或毁坏此竹。每逢农历4月20日,则举行祭竹大典:拆除栏栅,在兰竹前搭一祭坛,先由祭司毕摩作法诵经,继而由"跳公"(领导跳舞的长者)率村中男子跳舞,约有三小时后,将木矛插于兰竹脚下,再以新竹枝重作栏栅。祭者相信这丛兰竹的荣枯象征族人的兴衰,为谋求族人兴旺,而时时对它诚敬礼拜,否则族人必遭厄运,以至衰亡灭绝。种竹的空地,彝语叫"的卡",意为"种的场"。由于他们认为自己的族人与竹有血缘关系,故当一个妇女快要分娩的时候,她的丈夫兄弟就砍一根长约二尺的兰竹筒,于孩子生下之后,把胎衣胎血放一些进筒里去,然后塞以芭蕉叶子,拿到"种的场",吊在兰竹枝上,以显示他们是兰竹的血裔。

关于彝族对于竹的崇拜,历史上曾有这样一个传说:古时有个在山上耕作之人,于岩石边避雨,见几筒竹子从山洪中飘来,取一筒划开,内有五个孩子,他如数收养为子,五人长大后,一人务农,子孙繁衍为白彝;一人铸铁制铧口,子孙发展为红彝;一人编竹器,子孙发展为青彝,因为竹子从水中取出时是青色的,故名曰青彝。为了纪念老祖先竹子,青彝始终坚持编篾为业。

彝族的祖先崇拜与图腾崇拜的差别更明显，后者是植物，而前者多直接崇拜祖先的鬼魂，诸葛亮就曾利用这一点，在彝族地区得到支持。据《华阳国志》记载：诸葛亮以彝“俗征巫鬼……乃为夷作图谱，先画天、地、日、月、君长、地府；次神、龙……，夷甚重之。”①所谓“俗征巫鬼”亦即彝族地区盛行的以祖先崇拜为中心的“鬼教”。唐宋之后，彝族的“鬼教”进一步发展，形成历史上著名的鬼主制度。“大部落则有大鬼主，百家、二百家的小部落亦有小鬼主，一切信使鬼巫，用相服制。”②鬼主在一个部落里即是政治首领，又是宗教领袖。

另外，彝族祖先崇拜的另一个特点，是为去世的父母辈“安灵”与“送灵”。所谓“安灵”，彝族称“马都果”，亦即在父母死后，儿子辈一定要请毕摩制作一个灵牌（即“马都”），后经毕摩除秽解污后，即供养在死者家中的墙上，以后逢年过节，或家人有疾病，必以酒食致祭。灵牌在家供奉一年或数年之后，要请毕摩来举行超度亡灵仪式，彝族称之为“撮毕”，这是凉山族宗教祭神中最隆重、最复杂的宗教仪式。整个仪式一般要一天至三天才能完成。这种仪式既是为死者亡灵超度，又是亲友之间相互联系、传诵本族历史及维护氏族血缘纽带的一种社交活动，实际上，不仅彝族或其他少数民族的祖先崇拜有这个作用，而且在整个古代中国，祖先崇拜对于维护宗法制度都很有好处，因此历代统治阶级都很重视，并紧紧掌握着宗庙的祭祀来巩固其政治上的统治地位。《国语·楚语下》有一段话可表明当时统治者对祖先崇拜作用的看法：“……以昭祀其先

① 《华阳国志·南中志》。
② 《云南志》卷一。

祖，肃肃济济，如或临之，于是乎合其州乡朋友婚姻，比尔兄弟亲戚。于是乎尔其百苛，殄其谗慝，合其嘉好，结其亲暱，仁其上下，以申固百姓，上所以教民虔也，下所以昭事上也。”就是说，祖先崇拜具有维护氏族团结和劝导人民虔诚事上的社会作用，正是因为这一点，历代统治者都十分重视，大力提倡，这也许是氏族崇拜在中国古代历史上一直十分盛行的其中一个重要原因。

3. 至上神

以上所说的自然神与氏族神虽然在崇拜对象等方面有不少殊异处，但两者有一个共同点，即不管是自然神，还是氏族神都是多元的，数目众多，名称各异，几乎可以说，有多少自然物，就有多少自然神。因为“万物有灵”，有多少个部落、氏族，就有多少氏族神。因为各氏族都需要自己祖先的亡灵来保护自己。另外，众神之间多地位平等，没有高低贵贱之分，不存在隶属关系。这些特点是由这些神灵借以产生的社会历史条件造成的。原始和古代人生活在那个十分狭窄的环境中的时候，他们不可能把各种自然力和自然现象有机地联系起来，这就使得他们的自然神不能不是独立、分散的；当各个部落、氏族之间还处在各各独立的、没有隶属的或统一的联系的时候，他们的氏族神也只能各自独立，不会出现统一的或存在隶属关系的氏族神。正如恩格斯所指出的：“没有统一的君主就决不会出现统一的神。”[①]但是，宗教史上这种群神无首的现象并没有一直继续下去，随着社会的不断向前发展、阶级的出现，特别是统一的君主制国家的形成，那些成为帝王、国君的氏族

① 《马克思恩格斯全集》第27卷，第65页。

或家族的祖先神不但是本氏族、家庭的崇拜对象，而且由于王道政治的作用，逐渐成为全民、全国家的崇拜对象。而现实政治的隶属关系，也使得各个氏族、家族的祖先逐渐具有贵贱高下的品格，现实世界的至高无上的权力化身的君主、帝王的祖先神，也逐渐化为凌驾于众多氏族、家族神之上的至上神，东方各宗教至上神的产生。几乎都是东方君主制的产物，因此，恩格斯说："神的统一性不过是统一的东方专制君主的反映。"①

另外，至上神的产生，从认识史的角度说，它是人类思维不断发展、逐渐提高的产物。当人们从纷纭杂陈的各种自然现象中，逐渐发现它们之间的联系和统一性之后，各种分散独立的自然神也随之而逐步被联系和统一起来。众多分散的神灵也逐步走向统一，至上神正是这种统一的产物。同时，随着人类抽象思维能力的提高，人们已不满足于解释各种现象本身，而力图进一步去探讨各种事物、现象产生的原因，当他们追溯到万物产生的最后根源（或曰"第一因"）时，就"合乎逻辑"地推出了"造物主"——至上神。就这个意义上说，至上神的产生，乃是人类理性的一种积淀过程，用恩格斯的话说，是"智力"发展的"蒸馏过程"："随着宗教的向前发展，这些神愈来愈具有超世界的形象，直到最后，由于智力发展中自然发生的抽象过程——几乎可以说是蒸馏过程，在人们的头脑中，从或多或少有限的和相互限制的许多神中产生了一神教的唯一的神的观念。"②

从以上所说的情况看，现实政治的发展和抽象思维的提

① 《马克思恩格斯全集》第27卷，第66页。
② 《马克思恩格斯选集》第4卷，第220页。

高，都是至上神产生的重要原因。当然，由于社会环境和时代条件的差别，各个国家和地区的至上神产生的根据可能不完全一样，例如，如果说君主制的建立是东主各宗教产生至上神的主要原因，那么，从认识的角度逐步推出上帝，则是西方宗教中至上神产生的一种较带普遍性的现象。当然，这样说并不排除社会政治对于西方各宗教至上神产生所起的作用，也不排除人类抽象能力的提高对于东方各宗教产生至上神的作用。社会条件和人类的认识能力经常结合在一起，共同创造宗教及宗教殿宇中的各种神灵。

在宗教史上，人们最熟悉的至上神当推上帝，西方各宗教的至上神是上帝，中国古代宗教也崇拜上帝，这种崇拜在殷商时期特别盛行。殷墟卜辞可靠地证明，殷商时期已经完成了至上神——上帝的创造，并迷信它具有广泛的神力。

“上帝”一词，在我国历史上最早出现于殷代后期的甲骨文中，从文字的演变看，“上帝”一词是从“帝”字演变来的。在殷代，“帝”这个词专门用来称呼“天子”死后的灵魂。《礼记》中说：“君天下，曰天子。……崩，曰天王崩溃。复，曰天子复。告丧，曰天王登假，措之庙，立之王，曰帝。”[1]从这个记载看，所谓“帝”，亦即天子死后在庙里所立的神灵、牌位。从这一点上说，“帝”带有殷朝王族的祖先神的色彩。

但是，从宗教史的有关材料及我国古文献的有关记载看，殷商时期的“上帝”，不仅仅是一种祖先神，而且是一种肇端于祖先神的至上神。因为，在殷人看来，祖先神与上帝是两个层次的神灵观念。如果说，契这个商族的祖先的亡灵后来成为统率各种部

---

① 《礼记·曲礼下》。

族神的祖先神,成为一个超部族、血缘的信仰对象,那么,上帝则是一个统率世间诸神(包括自然神)的至上统一神。甲骨文中有关于"宾于帝"的记载:曰:"下乙宾于[帝]","下乙不宾于帝,大甲宾于[帝]",所谓"宾于帝",即死者的亡灵与上帝住在一起。《尚书》与《诗经》也有类似的记载;"肆上帝将复我高祖之德。"①"文王陟降,在帝左右。"②等等。这说明王族的祖先神享有仅次于上帝的崇高地位。

"宾于帝"的说法也是殷代的"上帝"与西方基督教的"上帝"不尽相同的一个表现。在西方,上帝被创造出来之后,一切权威都交给了上帝,众神的权威与作用便不复存在了,因此,西方的上帝又可以称为"绝对唯一神"。但是,殷人创造出上帝后,众神还能在"上帝"的支配下存在并发挥作用。这样,众神与上帝形成一定的关系。例如,王族的祖先神就是一个仅次于上帝的神灵系统。

另外,殷代的上帝与基督教的上帝的不同地方还表现在:殷代的上帝虽然具有绝对意志和至上的权威,但它的权威主要表现为功能性特征,而较少具有产生万物的实体性质。殷代上帝的作用主要表现在是否保佑,是否许诺方面。对于这样的上帝,人们没有兴趣去作抽象的、烦琐的"本体论证明",而更注重从具体的功能关系中去体悟和领会上帝的旨意。这样,殷代的上帝一方面具有超人间化的神秘色彩,另一方面又同人间的现实生活有着密切的联系。而这种联系又往往是通过世间的最高统治者——"天子"来实现的,因此,中国古代的君主往往成为上帝意志的代言人。这样,服从上帝就是服从君王,

---

① 《尚书·盘庚》。
② 《诗·大雅·文王》。

服从君王就是服从上帝，这成为中国古代政治和宗教的一个传统。

（三）神性观念

宗教的产生，多半是在人们有所求而得不到的时候。这种求之不得的情况通常又是由于人的无能为力造成的。正是由于人的无能为力，许多自然现象有和社会现象成为一种无法驾驭的“异己力量”。与信仰者的无能为力相对应，这种“异己力量”则神通广大、无所不能。几乎可以这么说，信仰者的欲求和幻想力有多大，作为这种“异己力量”之超人间化的神的本领就有多大。信仰者希望长生久视，神便能长生不死，信仰者想腾云驾雾，神便能遨游太空，信仰者想当风雨的主人，神便能呼风唤雨。这种由信仰者的欲求和想象力创造出来的神的权能，在宗教学上称之为神性。

正如宗教是人的创造物一样，宗教中各种神灵的神性，在相当程度上也是人性的反映。在不同历史条件下，人们所创造的宗教各不相同，与之相应，不同宗教中的神灵也不尽相同，而不同神灵的神性也会因其各种原因而显示出之间的差异。如果说，天父至上神的神性，只是父权制社会父权的缩影，地母至上神的神性只是母权制社会母权的映象。那么，以色列正是以马其顿王亚历山大大帝这样的世界统治者的形象来塑造绝对唯一神——上帝耶和华，而殷周时代的中国人则是以当时天子的至高无上的权力来赋予天、帝以至高无上的权能的。

1. 天命观念

天命信仰在各种宗教体系中是一个带有普遍性的现象，特别在至上神出现之后，天命崇拜更成为宗教崇拜的一种主要形式。这一点在我国古代宗教中表现得尤为突出。

早在殷商时代，随着地上专制君主的产生，天上出现了“上帝”这一至上神。殷商时代的“帝”虽然与后来的“天”有所区别，但上帝信仰中的“帝命”，其实质与后来的所谓“天命”并没有多大差别。据陈梦家在《殷墟卜辞综述》一书中考证，当时的上帝具很大的权威，它既是风雪雨露、打雷闪电等自然现象的主宰，又是世间人事祸福、成败吉凶的支配者。卜辞中有不少记载说明这一点。例如：“帝佳（唯）癸其雨”，①“今二月帝不令雨”，②“帝降其谨（馑）？”③等等。

与卜辞的提法不尽相同，在《书·商书》中，对“帝命”的称谓有时还直以“天命”代之。例如《汤誓》云：“有夏多罪，天命殛之”，“尔尚辅予一人，致天之罚”；《汤诰》曰：“天道福善祸淫”，“降灾于夏，以彰厥罪。”“天上孚佑下民，罪人黜服，天命弗僭，贲若草木”，等等。虽然《商书》十七篇学术界多认为不是殷人的著作，例如郭沫若说：“我们可以拿这来做一个标准，凡是殷代的旧有典籍如果有对至上神称天的地方，都是不能信任的东西。”④但是，作为一种至上神的神性，殷商时代的“帝命”已具有周秦以后天命信仰中“天命”的权能。例如殷代的“上帝”，已经与已往的自然神和祖先神只掌管狭小范围的事务不同，它是整个自然现象的支配者和社会命运的决定者。包括“令雨”、“打雷”、“监下民”、“福善祸淫”等等。自然现象和社会现象都成为上帝的管辖对象。

其次，上帝是道德规范的制定者、监督者和裁判者。所谓

---

① 《卜辞通纂》第364页。
② 《卜辞通纂》第365页。
③ 《卜辞通纂》第373页。
④ 郭沫若：《青铜时代》第6页。

“上帝降衷于民”、“惟天佑于一德”，其中的“衷”与“德”无疑是指当时占统治地位的道德规范。这样，上帝既是社会道德规范的制定者、颁布者，又是维护者、裁判人。

第三，上帝的权威具有绝对性，是最高的意志和命令，人们必须“恪谨天命”、“奉若天道”，对上帝的旨意只能恭恭敬敬地绝对服从，不能违背，违背了上帝的意志和命令，必然要受到上帝的惩罚。

殷代上帝的这些神性与权能，后来基本上被保留在周代的天命观中。所不同的是，周代的天命观把上帝的权能进一步扩大，并建立了体系化的天命观。

与殷商时期人们称天上的至上神为帝或上帝不同，西周以后，人们更多地用“天”去称至上神，或在“天”之前加上“皇”、“上”、“昊”、“苍”，而成为“皇天”、“上天”、“昊天”、“苍天”等等。这时“天命”的权威比殷时“帝命”的权能进一步扩大，主要表现在：

首先，上天具有直接派遣国王的权威，而地上的国君成为“天命”的代言人，且二者关系特别密切，其亲密程度有如父子，故称国王为天子。

第二，“天命”与社会道德及政治制度的结合更密切、更系统化，周代统治者利用顺从天意是天命信仰的基本信条，把道德规范与社会制度也说成是来自天意。

武王灭商后，西周统治者为了巩固统治，强调周灭商是“符合天命”、顺天应人的。在周王朝赐给近亲勋贵的钟鼎文中，可以看到这方面的内容。在大盂鼎的铭文中，有这样一段文字：“丕显文王，受天有(佑)大命”；毛公鼎的铭文则说：“丕显文王，皇天弘厌厥德，配我有周，膺受大命”。这些铭文都表达了这样一个意思，周之代殷，是上天的旨意，是“天命所归”。

西周天命观的另一个重要特点是赋“天命”予道德属性，提出“以德配天”的思想，所谓“皇天无亲，唯德是辅”。《周书》篇篇不离“德”，主要内容就是讲天命、道德、君王之间的关系，周代统治者所以要给天帝附加道德的属性，一是为其取代殷朝正名，说明纣王虽是嫡子，但因他的恶德，失去了天命。相反，周文王德行高尚，故得到上天的赏识和辅助，上天让他取殷而代之；其二是为了训服万民。因为把天命道德化的目的，正是为了把道德天命化，既然道德是天命的体现，无疑可以大大提高道德的约束力。

随着周代天命观念的发展，以前处于萌芽状态的天命迷信，也逐步发展成为各种内容复杂的迷信观念和“天命”理论，先秦的诸子百家，多有自己的“天命观”，其中，以儒、墨二家的“天命”理论最具系统性。儒家为了回复周礼和实行仁人君子的贤人政治而鼓吹天命；墨家则将其所主张的兼爱、非攻、尚同、节用等政治道德观念说成是天志、天命。

儒家思想的核心是“仁学”，从其“仁学”理论出发，儒家比较重视人的地位与作用，因此，它的“天命观”往往不是强调天帝下命给谁，而是强调知命者是谁，谁知天命就应由谁治天下；墨家一派则利用民间根深蒂固的鬼神信仰，特别是对天帝和天命的迷信来推行其社会主张，因此，他们尽量将其社会主张神秘化，纳入天意、天志、天命的内容。儒墨二家的“天命观”，就其与中国古代传统文化和宗教观念的关系说，儒家的“天命观”影响更大一些。自汉武帝实行“罢黜百家、独尊儒术”的方针以后，儒家思想上升为社会的统治思想，而其“天命观”也被逐步改造并成为封建统治阶级的精神支柱。特别是董仲舒的"天人感应说"更直接为历代统治者所利用，每一个皇帝即位之后，都要举行祀天大典。在象征皇帝权力的"传国玉玺"上，刻着"受天之命皇帝寿昌"、"皇帝承天受命之宝"和"皇帝景命有德者昌"等字样，表示自己的权力是"天命"的安排。

被改造后的儒家"天命观"不但受历代统治阶级利用，而且作为一种传统文化和宗教观念，浸透到普通百姓的思想中，于是在古代中国人的思想中，所谓"谋事在人，成事在天"、"尽人事，而知天命"、"听天由命"、"命里没有无需求"等观念，成为一种根深蒂固的传统观念。

与中国古代的"天命观"比，西方基督教的至上神的神性，则更强调上帝的全智全能及造物主的作用。在这方面，基督教上帝的权能，更被推到了极至。在基督教神学里，世界上的万事万物(包括人类自身)都是上帝创造的，它们的存在及其秩序都是上帝安排的。如果说中国古代的"上帝"在各个方面更接近于世界最高统治者，那么，西方基督教中的"上帝"则更富有"造物主"的性质；如果说中国古代的"上帝"更多的是充当世界道德规范的制定者和裁判者，那么，西方基督教中的"上帝"则是世界秩序的总设计师。伊斯兰教的"真主"在某种意义上说更接近于基督教中的"上帝"，正如伊斯兰教教义所说的"安拉之外，别无他神"，世间万物及人的命运，都是安拉预先安排好的。

总之，不管是中国古代的传统宗教，还是象基教、伊斯兰教这样的世界性宗教，它们的崇拜对象(特别是至上神)尽管名称及表现形式不尽相同，但它们都有一个共同点，都是神通广大、无所不能的，都具有超自然、超人间的力量，也正因为这样，人们才跪拜在它们的脚下，成为自己的信仰和崇拜对象。

2. 神迹观念

所谓神迹，有如我国古代宗教中所说的，吃了符水，便刀枪不入、水火不伤，画符念咒，可以呼风唤雨、腾云驾雾；又如《圣经》中所说的，耶稣基督能使瞎子复明、聋子复聪，乃至死人复活，等等。这样的神迹有什么特点呢？第一，创造神迹的神必须具有超人超自然的力量。正是因为神具有超人的力量，所以能够做出人做不到的事情，正因为神具有超自然的力量，因此，它可以不按自然法则行事。

第二，神迹的第一个特点是建立在这样一个事实的基础之上的，即凡是神迹，多是一些违背自然法则、自然规律的事或物。例如，人死不能复活，这是自然的法则，但神迹可以不受这种自然法则的限制，甚至违背这个自然法则，使死人复活；又如，人不能呼风唤雨、腾云驾雾，这是自然法则，但神可以借助某些咒语，破坏或改变这个自然法则，使人能呼风唤雨，腾云驾雾。

根据以上两个特点，可以看出，所谓神迹，也就是神运用其超人、超自然的力量，创造出一些违背自然法则的事或物。

在人们的日常生活中，也经常出现一些类似“神迹”的东西，如“奇迹”等，但我们平时所说的奇迹，与宗教里的“神迹”有着原则的区别。前者尽管常常具有极大的特殊性与偶然性，但它有一个最基本的东西，即可以在自然法则里找到根据。例如，日常生活中的普遍规律是，种瓜得瓜，种豆得豆。但在实际生活中人们有时会碰到奇迹，即种下去的是豆，长出来的却是某种似豆非豆，或完全与豆不同的东西，这种奇迹的出现，一般都是有原因的，或因为杂交，或由于基因变异，因此，它虽不合乎一般种豆得豆的自然规律，却又遵循杂交或物种变异的规律,这与神魔术般的把沙石变成瓜果米豆是根本不同的两码事。关于“奇迹”与“神迹”的相互关系,德国古典哲学家费尔巴哈有一段精彩的论述。他说:“所谓自然界奇迹,在我们看来才是奇迹,但就其本身来说,或在自然界看来,并不是什么奇迹;所谓自然界的奇迹,都在自然界木质中有其原因,不管这类原因是否被人发现或被人了解。有神论或宗教的奇迹,则超出自然界力量之上,不仅在自然界本质中没有根据,而且简直与自然界本质相互矛盾;这种奇迹乃是一个与自然界不同而站在自然界以上和以外的实体之制造物及证明这东西存在的证据。”①费尔巴哈在这里也是以是否合乎自然法则,是否有客观根据作为划分“奇迹”和“神迹”的标准。

神迹作为一种神性出现在宗教里,几乎具有一定的必然性。因为人们之信仰和崇拜神,多是因为受到人的能力的限制,有些愿望和欲求得不到满足,他们把这种欲求和愿望的实现,寄托在具有超人、超自然力的神的身上,如果神也同一般凡夫俗子一样只能做一些合乎自然规律的、常人经过努力也能做到的事情,那么,它也就失去作为崇拜对象的根据。因此,各种宗教都赋予自己的崇拜对象以创造“神迹”的神通与权能,以此扩大影响,争取信徒,从而保证自己的存在与发展。中国古代的传统宗教是这样,几个世界性的宗教也是这样。

我国古代宗教中的神仙就常具有许多超人、超自然的力量,创造了许多“神迹”。他们多数能腾云驾雾,出入无间,白日飞升,长生不死;仙拂一扬,飞沙走石,神咒一念,地动山摇。纸写的经书扔到熊熊的烈火中烧几个时辰取出来后完好无损;

① 《费尔巴哈哲学著作选集》下卷,三联书店 1962 年版,第 736 页。

布做的袈裟扔在地上任凭你有九牛二虎之力也搬不动,等等。

印度佛教中的“神迹”更是比比皆是。据《俱舍论》和《大智度论》等佛典记载,三乘圣者修三学可得六种神通:一曰:“神足通”,能上下四方出入自在;二曰:“天眼通”,谓六道中一切诸物,或粗或细,无不能视;三曰:“天耳通”,能闻一切之声;四曰:“他心通”,可知道一切他人之心;五曰“宿命通”,能知自己及六道众生三世宿命;六曰:“漏尽通”,指断尽一切烦恼业障,于生死轮回之外自在无碍。南北朝时印度来华僧人,被称为中土禅宗初祖的菩提达摩,据说在与梁武帝萧衍理论“功德”很不投机,之后便北上,至长江岸边,达摩随即折一枝芦苇,投至江中,顿时化作一叶扁舟,飘然北上,魏晋时期来华之印度僧人佛图澄、鸠摩罗什等,也曾表演过诸如“钵中生花”、“断舌复续”等“神迹”。当然,这类“神迹”与印度佛教中的“六神通”、“十神通”等“神迹”比,就小巫见大巫了。

犹太教和基督教中的神迹,散见于《圣经》各章之中,《新约全书·马太福音》第九章有这样的记载:“耶稣上了船,渡过海,来到自己的城里,有人用褥子抬着一个瘫子,到耶稣跟前来,耶稣见他们的信心,就对瘫子说:小子,放心罢,你的罪赦了,……那人就起来,回家去了,众人看见都警奇,就归荣耀与神”;“耶稣从那里往前走,有两个瞎子跟着他,喊叫说,大卫的子孙,可怜我们罢,耶稣进了房子,瞎子来到他跟前,耶稣说,你们信我能作这事么?他们说:主啊,我们信,耶稣就摸他们的眼睛……他们的眼睛就开了。”在这一章中,还载有一个女人得病,只摸一下耶稣的衣服,病就痊愈了;管堂里的一个闺女死了,耶稣拉着闺女的手,闺女就复活了。这样的神迹,在《圣经》中俯拾皆是。

总之，“神迹”是诸神的神性、神通、权能的一个表现，通过“神迹”，可以显示神具有超人、超自然的力量，并以此作为人们信仰、崇拜的一个根据——因为，如果神不具有超人、超自然的力量，而与凡人一样，那么，人们又何必去信仰它、崇拜它呢！因此，“神迹”实是一切宗教不可或缺的一个重要因素。

3. 历史上思想家对天命神迹的批判

“天命”和“神迹”，是各个宗教崇拜对象神性的两种主要表现形式。当然，神灵的神性还有其他的表现形式，但不管是哪种表现形式的神性，都有一个共同点，即以神的超人间、超自然的力量为根据，因此，历史上许多思想家对于神性的批判，对于天命、神迹的批判，集中体现在对其超人间、超自然力的批判上。

中国古代的有些思想家对于天命观念的批判往往针对“天命观”把“上天”超自然化这一根本点，指出“天”是自然的一部分，亦即“天道自然”。例如，荀子就从自然的角度来谈“天”，从天的运行规律来谈自然。在荀子看来，“天”不过是列星、日月、阴阳、风雨、万物等自然现象：“列星随旋，日月递昭，四时代御，阴阳大化，风雨博施，万物各得其和以生，各得其养以成，不见其事而见其功，夫是之谓神。皆知其所以成，莫知其无形，夫是之谓天。”[①]这里的天与神被看成是自然界自身变化的功能，没有一点神秘性；其次，荀子还进一步指出了“天”的运行变化，有它自己的规律，“天行有常，不为尧存，不为桀亡”，[②]“天”与人事无关，不依人的主观意志为转移，“天不为

① 《荀子·天论》。
② 《荀子·天论》。

人之恶寒也，辍冬，地也为人之恶辽远也，辍广”[①]；再次，荀子对于天、人关系作了深刻的论述，强调“明于天人之分”。认为天与人应该各司其职，天不干预人事，人不与天争职，但人还有一个最可贵的地方，能认识天命，利用天命使天命为人服务。在这里，“天命”的至高无上的权威不存在了，取代它的是人的主观能动性。荀子的这种思想，如果一言以蔽之则人能胜天。

荀子之后，中国古代的另一位唯物主义思想家王充对“天”及“天命”也进行了深刻的批判。王充对“天命”的批判，也首先把“天”还原为自然，认为“溟幸蒙鸿，气末分之类也；及其分离，清者为天，浊者为地”[②]，“天地含气之自然也”[③]。就是说，“天”本身就是自然的一种状态，不具有任何的神秘性；其次，王充批判了那种天地生人生物的论点，指出：“儒者论曰：天地故生人，此妄言也”[④]。在王充看来，“天地合气，万物自生”，[⑤]“夫天地合气，偶自生也，犹夫妇合气，子则自生也”。[⑥]在这里，“天”的意志和目的性不存在了。以此为根据，王充进一步批判了当时社会上流行的“天人感应说”。他对历史上流传的一些天人感应、精诚动天的传说进行分析批判。例如，历史上曾传说，孟轲至诚感天，天为之白虹贯日，邹衍呼天而霜降，杞梁氏向城哭夫，精诚动天，城为之崩等等。王充认为这些传说要么是“虚言”，要么是“偶合”，因为天本身既无意志，又

① 《荀子・天论》。
② 《论衡・谈天》。
③ 《论衡・谈天》。
④ 《论衡・物势》。
⑤ 《论衡・物势》。
⑥ 《论衡・自然》。

无感觉，因此，“天不能以行感天，天亦不能随行而应人”。[①]王充对“天”及“天命观”的批判，与荀子一样，紧紧抓住把“天”还原为自然这一关键环节，因此，能对把“天”超自然化的“天命观”进行较有针对性、较有说服力的批判。

由于西方与中国的“天命观”具有相同的特点，都把“天”超自然化，因此，有些西方学者对“天命观”的批判采取了与中国古代思想家相同的思路，即把“天”还原为自然界。十七世纪荷兰的无神论者斯宾诺莎批判天命观所走的就是这样一条路。斯宾诺莎把西方的上帝说成是自然，他认为，“上帝”就是“神”，“神就是实体”[②]，“实体”则是自然，“上帝”、“神”、“实体”、“自然”，在斯宾诺莎的学说中完全等同的概念。至于“天命”，斯宾诺莎认为不过是自然的法则。他说：“自然的法则规律就是上帝的指令。”[③]基于这样的认识，斯宾诺莎指出：“我们对于自然现象知道得愈多，则我们对于上帝也就有更多的了解。”[④]并且把认识上帝……亦即对于自然的了解视为人生的最大的幸福。在这里，斯宾诺莎在“上帝”的术语后面把“上帝”给否定了，用“实体”的思想，“自然法则”的思想把“天命”给否定了。

与斯宾诺莎的否定“上帝”、“天命”还蒙上一层神学的面纱相比，十八世纪法国唯物主义者的批判“天命”、“上帝”就更加彻底和直截了当，他们把神学家们归于“上帝”的一切权能，统统地还给了“自然规律”，认为整个世界是严格按自身规律

① 《论衡·明雩》。
② 斯宾诺莎：《伦理学》，商务印书馆 1958 年版第 21 页。
③ 斯宾诺莎：《神学政治论》，商务印书馆 1963 年版，第 91 页。
④ 斯宾诺莎：《神学政治论》，商务印书馆 1963 年版，第 68 页。

运转的自然体系,“天命”在那里已没有立足之地。

在批判各种宗教的“天命观”同时,历史上许多思想家对神性的另一个表现形式——“神迹”也进行了大量揭露和批判。其中,有自然哲学的批判,也有从认识论和心理学的角度进行的批判。自然哲学的批判以斯宾诺莎和法国的无神论者为最著名。

斯宾诺莎从其“天命”则自然规律的思想出发,认为,《圣经》中所说的许多“奇迹”事实上都是不存在的。他指出;“我们可以绝对相信,凡《圣经》中真实记述的事情,象别的事情一样,都是循自然规律必然发生的”[①],“《圣经》中上帝的命令、意志与神意……只是指必然遵循自然永久的法则的自然秩序而言”[②]。“所以我们又可以得结论曰:奇迹无论是违反自然,或超乎自然的范围之外,简直是背理无稽之谈。[③]”

18世纪法国“百科全书派”首领狄德罗对“神迹”也进行了尖锐的批判。他举了一个亲自目睹的事例,说明所谓神迹是荒唐可笑的:有一天,人们都说在圣马赛尔效巴的美达尔教堂附近出现了奇迹,到那里一看,原来是一个小跛子掉了拐杖,由几个善男信女扶着在那里走来走去。人们看见跛子不用拐杖在走路,无不大为惊叹,老是重复着:“奇迹!奇迹!”。其实,奇迹在哪里呢?不就是拐杖换成几个人吗?因此,狄德罗说:“这里面有奇迹,就正如永远有鬼怪一样。我们打赌,凡是那些看见了鬼怪的人,都是事先就怕鬼怪的,而这些在那里看到奇

① 斯宾诺莎:《神学政治论》,商务印书馆1963年版,第101页。
② 斯宾诺莎:《神学政治论》,商务印书馆1963年版,第90页。
③ 斯宾诺莎:《神学政治论》,商务印书馆1963年版,第95页。

迹的人，也就是事先就算定了要看到奇迹。”①

19世纪德国古典哲学家费尔巴哈对“奇迹”也进行过许多深刻的批判。首先，费尔巴哈认为，“奇迹”跟信仰之本质相一致，“奇迹”是“信仰特有的客体”，而“信仰就是奇迹信仰”，“信仰与奇迹是绝对不可分割的”②。其次，“奇迹”是“一种精神的奇迹，是心情的奇迹”，“一个被实现了的超自然主义的愿望，除此以外，便什么也不是了。”③“奇迹给饥饿者以食物，治愈了天生的瞎子、聋子、瘫子，拯救人脱离生命危险，甚至也在死人亲属的请求下使死人复活。可见，奇迹满足了属人的愿望；这些愿望，虽然自在地并不是、但就其哀求奇迹般的帮助这一点而论却是贪得无厌、超自然主义的愿望。”④在这里，费尔巴哈既指出了奇迹的特质，又揭示了奇迹的利己主义根源所在。也就是说，奇迹说到底是一种愿望，一种利己主义的愿望。这种愿望不同人们一般的、正常的愿望的地方在于，人们的正常的愿望是合乎理性，顺其自然的，而奇迹的愿望则是违背自然的法则，寄希望于超自然的力量。仅此而已。

二、宗教感情

与宗教观念一样，宗教感情也是宗教意识的一种表现方式。不同的是，宗教观念是宗教意识的观念化、概念化，而宗教感情则是宗教意识在情绪、情感上的反应。

① 《狄德罗哲学选集》第29页。
② 费尔巴哈：《基督教的本质》，商务印书馆1984年版第177页。
③ 费尔巴哈：《基督教的本质》，商务印书馆1984年版第180页。
④ 费尔巴哈：《基督教的本质》，商务印书馆1984年版第181页。

与宗教观念比，宗教感情更具有神秘性，它常常是只可意会，而不可言传；只能直观，而不可分析。因此，宗教学者往往称它为“神秘主义”。日本学者竹中信常就把“神秘主义”作为宗教感情的一个重要特征①。同时，由于宗教感情多是指信仰者对神圣物的某种内心感受和直接体验，因此，西方宗教学家又常常把宗教感情称为“宗教体验”。

关于宗教感情自身的要素构成问题，国外宗教学界曾经有过许多研究，除去上面论及的日本学者竹中信常所指出的“神秘主义”之外，美国学者 J. H. 利巴著、日本学者原田敏明译的《宗教的心理学研究》一书，较详细论述了“恐怖”、“敬畏”等心理感受在宗教感情中的地位；②19 世纪德国古典哲学家费尔巴哈则更强调“依赖感”，一再指出“依赖感是宗教的基础”③。至于宗教感情在宗教中的地位问题，西方有些宗教学者甚至把它看成是宗教的基础和核心。国外宗教学界关于宗教感情的某些研究成果，在我们探讨宗教感情时都是可以参考的资料。

当然，要研究宗教感情或宗教体验，仅仅知道国外学者怎么说的是远远不够的，对于我们来说，更重要的是应该弄清楚究竟什么是宗教感情或体验？它包括哪些内容？有些什么特点？在回答这个问题之前，让我们先看看几个有关宗教体验的例子。

我国基督教“三自爱国运动”④的发起者吴耀宗在谈到他

---

① 详见竹中信常《现代宗教的理解》第 124—126 页。
② 详见原田敏明译《宗教的心理研究》，日本东京同文馆版第 144—169 页。
③ 《费尔巴哈哲学著作选集》，三联书店 1962 年版，下卷，第 437 页。
④ “三自”，即“自治、自养、自传”。

信仰基督教经过时，曾说过这样一番话："十一年前，在一位美国朋友家里，我第一次读到《马太福音》第五、六、七章即平常所谓'登山宝训'者。——我的内心突然发现一种光明，使我不知不觉地手舞足蹈，心中充满不可形容的愉快，觉得我十几年来辛辛苦苦地追求而没有找到的东西，在那三章书内，完全给我显示了。至于显示的是什么，我当时也没有功夫去分析，我只觉得那三章书内所说的话，句句都针锋相对地说到我心坎里深刻的地方，同时我在字里行间，隐约看见那个说话的人：他的仪容，威严而和蔼，勇毅而沉默，他的脸上发出慈爱的光辉，我的情感本来是丰富的，两个人格，经过当时热烈的接触，不由得我眼中渗出一股热泪来——已往的懊悔，现在的安慰，将来的希望，在那一刹那间，都涌到我的脑际，使我不由自主的五体投地，向着那个光辉形象说'主呀，你是我的救主！'。"①

真有点妙不可言！

再具体看看一般的宗教感情：历史上十字军东征所表现出来的基督徒的宗教狂热，日本关东军所体现的"武士道"精神，穆斯林朝觐麦加克尔白的激动的抽泣和虔诚的涕哭，为朝拜地藏王菩萨，八、九十岁老太在九华山上的百折不挠的三步一叩头……

笼统地说，这些就是宗教经验或宗教感情。但是，当人们试图用语言或文字去回答"什么是宗教经验或感情？"时，立刻就会发现，这简直是一个只可意会而不可言传的问题——正如宗教经验和感情本身就是一种只可意会而不可言谈的东西

① 吴耀宗：《我认识的耶稣》，《同工》第80期，1929年3月1日。

一样。当然,宗教经验或感情的不便表述,丝毫不排除宗教学家们可以从各个不同的侧面去理解它、研究它、表述它。

近代名哲弗斯迪(H. E. Fersdick)曾经用美感、爱情等来说明宗教体验。他认为,宗教体验如同美感一样,不能用纯理性的方法来理解它,表述它。比如,如果企图用理性的、科学的方法来理解贝多芬的第五交响乐,那么你首先得计算空气波的次数,直至把它画成一个很精细的图表。但是,这个图表果真就是贝多芬的第五响乐吗?——因此,弗斯迪说,要真正理解贝多芬的第五交响乐,不能用纯理性的方法,而应该"用美感体会它";又如恋爱,人应当恋爱,我是一个人,故我应恋爱。这还成什么恋爱呢?实际上,恋爱既不是理性的,也不是非理性的,它是一种实实在在的情感。宗教体验亦然。

美国宗教心理学家威廉·詹姆士对宗教体验则是另外一种看法:"所谓宗教经验,是使人更深切地意识到精神的东西之实在性的生命之任一瞬间。"[①]这句话很费解,意思是说,宗教经验就是信仰者体验崇拜对象的生命瞬间。心理病理学家弗莱特则认为,宗教感情是一种幻觉,奥地利神经精神病理学家、著名的宗教心理学者弗洛伊德把宗教感情成看是一种病态心理的表现。更有影响的另一种看法,是德国新教神学家奥托提出来的,奥托在《神圣的意志》一书中,把宗教经验或感情说成是对"超自然"产生的一种既敬畏又有所求,既害怕又有吸引力的一种心理的现象。这些看法虽不能说是全面的,但至少对我们有启发作用。下面,我们从几个方面来对宗教经验或感情做一些剖析。

① 《威廉·詹姆士书信集》,第215页。

（一）敬畏感

敬畏感可以说是宗教感情中一个最基本的要素。如果人们对某一事物（或对象）不尊敬、不景仰、不爱慕、不畏惧，当然就谈不上崇拜它。宗教中的崇拜对象在信仰者的心目中，大多都是神通广大、无所不能的，它们具有常人所没有的力量和智慧，既可赐福于人也可加害于人，力求得到它的恩赐而避免它的惩罚，人们对它通常都是既崇敬，又畏惧。例如，原始宗教中人们所崇拜的对象日神、风神、雨神、雷神等，都是既强大有力，又能赐福或加害于人类的东西。再如人为宗教中的众多崇拜对象，不管是上帝，还是真主，不管是佛菩萨，还是众神仙，它们都既法力无边、神通广大，又能赏善罚恶、善世救民，人的趋利避害的本能十分自然促使他们对这种超自然力量产生既崇敬，又畏惧的心理。

在日常的宗教活动中人们也很容易看到这样一种现象，每当举行宗教仪式时，气氛特别庄严、肃穆，宗教徒的言谈举止更是战战兢兢、小心翼翼。所以会出现这种情景，是因为信徒们惧怕自己的冒昧举动触犯了神灵，遭到神灵的惩罚，同时，又奢望因为自己的虔诚，赢得神灵的欢心和恩赐。从这里人们可看出，对神灵有所希求乃是信徒产生敬畏感的现实根据，反过来说，敬畏感是对神有所希求的心理造成的。

（二）依赖感

在实际生活中，常常有这样一种情形：甲、乙两人都有一定的宗教信仰，都对上帝"神"等超自然、超人间力量具有敬畏之感，但结果甲成宗教徒，乙却不是任何一种宗教的信徒，原因何在呢？这里面原因可能是多方面的，如家庭的影响，个人的遭遇，社会的环境等等。但是，从个人心理的角度看，对"上帝”、“鬼神”等超自然、超人间力量所持的态度可能是其中一个重要原因，也就是说，如果对超自然、超人间的力量仅仅停留在敬畏阶段，那他就不一定会成为一个宗教徒，例如我国古代思想家孔子既“畏天命”且对鬼神持“敬而远之”的态度，结果，他并没有成为一个严格意义上的宗教徒；但是，如果对那种超自然的力量不但敬畏，而且进一步产生“依赖感”，那么，他就有可能发展成为宗教徒。从这里可以看出，“依赖感”是宗教感情乃至整个宗教的一个极其重要的因素。

依赖感在宗教感情乃至整个宗教中的至关重要的地位和作用，曾经受到许多思想家和宗教学家的普遍重视，其中十九世纪德国古典哲学家论之最详、最深。

费尔巴哈认为：“只有依赖感才是表明和解释宗教的心理根源和主观根源的唯一正确而普遍的名称和概念。”[①]“人们的依赖感是宗教的基础”。[②] 费尔巴哈的这种思想是在对宗教进行广泛和深入的研究之后得出的。例如，原始人所以会崇拜各种自然现象，主要是由于自然界是他们唯一的依赖对象，而原始人智力水平的低下以及与这种智力水平相应的生产工具，使得他们对各种自然现象都无能为力，无可奈何，他们只好把自己命运交予自然界，把各种自然力神圣化并祈求它的恩赐与保护，动植物崇拜亦然，首先是因为动、植物对他们乃是赖以生存不可或缺的东西，而它们的能力又不足以完全控制这些动、植物，因之产生了对动、植物的崇拜。这种现象正如费尔巴哈所说的：“宗教就是对于我之为我的崇拜和信奉，而我首先就不是一个离开阳光，离开空气，离开水，离开

① 《费尔巴哈哲学著作选集》，三联书店 1962 年版，下卷第 533 页。
② 《费尔巴哈哲学著作选集》，三联书店 1962 年版，下卷第 437 页。

土，离开食物而存在的东西，而是一个依赖自然的东西，这种依赖，在动物和野蛮人身上，是一种不自然的没有考虑到的依赖，进而意识到它、表象它、崇拜它，就是进入宗教。”在这里，费尔巴哈径直把宗教规定为对依赖对象的意识和崇拜。费尔巴哈的这个思想是深刻的，因为，人的任何行为都是扎根于某种动因之中，或者说扎根于某种需要之中。但是，人们的需要与获得之间，意志与能力之间，愿望与实际之间，思维与存在之间常常充满着对立与矛盾。人的需要、愿望、意志、思想是不受限制的，是无所不能的，但是，人所处的客观条件往往是受限制的，人的能力往往是有限度的，人的获得常常是不充分的，这就渐渐萌发出一种依赖的心理，依赖某种超人间的、超自然的力量，以满足人的各种愿望和需要，当人们意识到这种依赖并进而去崇拜它的时候，就如同费尔巴哈所说的“进入宗教”。其实，不仅原始宗教这样，即便是在高度发展的世界性宗教中，依赖感也是一个十分重要的因素。例如宗教徒之仰仗观世音菩萨的慈航善渡，基督教徒之寄希望于耶稣基督的拯救，穆斯林之把一切都交予真主的安排，这一切说明即便较高级的宗教，也离不开依赖感。

（三）神秘感

宗教本身就富有神秘色彩，而宗教感情中的信仰者与神灵交际或合一更是其中最神秘的部分。

根据詹姆士解释，所谓神秘经验，就是自我（信仰者或经验者）与最高实在（或神灵）合而为一。詹姆士认为，这种神秘经验是个人宗教经验的根本和核心，它居于宗教经验之首位。他指出，无论印度教、佛教，还是伊斯兰教、基督教，都把所谓最高凝神状态作为宗教生活所追求的重要目标或最终目标。

这种说法合乎宗教史实际。例如古代印度教把“梵我一如”作为修行的最高境界。在佛教中，最高凝神状态就是所谓“我”与“非我”合一的涅槃境界。基督教中的这种凝神，可用圣保罗的话来表明：“我活着，但不是我活，乃是基督在我内”。近代著名宗教哲学家克利甚至用神人合一去规定宗教，他说：“宗教能够引导我们向终极目的行进着。我所谓宗教，固然不是指宗教行为，如祈祷、赴会堂、守仪节等等；也不是指宗教的信仰，无论这种信仰是何等纯正；甚至不是指宗教的修养，如通常所谓去恶从善者是。我所谓宗教是指我们自己与我们所称为上帝者相交通契合之谓。”[①]这足以说明神人合一的神秘感与神秘状态在宗教中的地位与作用。

鉴于神人交际、契合、合一在各种宗教中的普遍性及其所占地位的至关重要。詹姆士对它进行分析总结，指出这种神秘经验具有四个方面的特征：(1) 不可言传的神秘状态；(2) 为理性不可测而直观洞察启示的彻悟状态；(3) 暂时性，即神契状态的瞬间性或不持久性；(4) 被动性，即主体意志丧失，为某种高级权力所把握。詹姆士这里所说的四个特征，实际上可进一步概括为非理性的直观和主体意志的丧失，或者说通过非理性的体悟，使主体回归作为本体的某种超自然的神灵，并与神灵合一。从这个意义上说，把宗教经验作为整个宗教的重要组成部分甚至是最终目标，当然并不为过。

以上我们对宗教感情的几种主要形式进行了一些简单的分析论述，目的是要说明，宗教感情是宗教中的一个重要的或基本的要素，我们只有深入地研究并理解它，才能更好地认识

① 《近代名哲的宗教观》，青年协会书局，1931 年版，第 17 页。

和把握宗教。当然，想对宗教感情有较全面、正确的理解，就不能把它看成是一种孤立的纯粹内心体验，单纯从心理的角度去剖析它，而应该把它作为一种社会现象，用历史唯物主义的观点和方法去研究它，因为，"'宗教感情'本身是社会的产物"，[①]我们只有把"宗教感情"放到各种特定的社会历史条件中去考察，才能准确地把握它的内容与特点，并揭示它产生的社会历史原因。只有这样，我们所理解的宗教感情才是具体的，而不是抽象的。

第二节　宗教的行为、组织与制度

宗教作为一种社会现象，它不但表现为社会意识，而且表现为一种社会力量。如果说，作为社会意识的宗教主要体现为宗教意识的观念化和情感化，那么，作为社会力量的宗教则主要表现为宗教意识的物化和社会化。前者也就是我们在上一节里论述的宗教观念和宗教感情，后者亦即宗教的行为、组织和制度，我们将在这一节里予以论述。

一、宗教行为

所谓宗教意识的物化，实际上就是宗教观念的行为化，亦即宗教观念通过人们外在的身体动作和语言形式表现出来。人们的宗教行为是多种多样的，在各种宗教体系中叫法不一、名目繁多，但从规范化的角度看，主要有如下几种形式。

① 《马克思恩格斯选集》，第1卷，第16页。

（一）巫术

巫术在世界上不同地区和不同历史阶段有着不同的遭遇，在原始社会及东方各民族中，巫术一直是一种广泛存在的宗教现象。但是在西方，巫术则一直境遇不佳，基督教对它屡加批判。在各国宗教学家那里，巫术在社会文化现象中的地位也迥然有异，与有些宗教学者把巫术看成是一种宗教现象不同，另一些宗教学者则认为巫术是一种与宗教截然不同的社会文化现象。例如弗雷泽在其名著《金枝》中就认为：宗教是“作为一种对超自然力量的邀宠”，企图“去取悦或讨好它们”，“以祈祷和奉献供品来赢得神灵的庇护”；巫术则不然，它企图“用适当的仪式和咒语来巧妙地操纵这种力量”，“强迫或压制这些神灵”。[①] 其次，宗教对超自然力量表现出一种“卑躬屈膝”的“敬畏”；而巫术则反是，它在超自然力量面前表现出一种“满不在乎”、甚至是“妄自尊大”的态度，企图通过某种手段控制和支配超自然力量。弗雷泽的这种看法在西方宗教学中很有代表性，它主要从二者对超自然力量的态度和目的来区分宗教和巫术，毫无疑问，这种看法是有相当的合理成分的。但是，如果由此得出巫术不是一种宗教现象的结论，则似乎失之偏颇。因为，如果换一个角度去提出问题和考虑问题，那么，人们又可以发现，巫术与宗教之间又存在着一个重要的共同点，亦即二者都相信超自然、超人间力量的存在，并力图借助于这种力量来实现人类所力所不能及的各种需要，从这一点上说，巫术则无疑具有信仰超自然力量这一宗教的基本特征，因此，把巫术作为一种宗教现象来看待显然是妥当的、合理

① 《金枝》，中国民间文艺出版社 1987 年版，第 79 页。

的。

与巫术是不是宗教的争论相联系，巫术与宗教哪个在先的问题，在西方宗教学界也曾有过热烈的讨论。有些宗教学家认为，巫术先于宗教，如弗雷泽就持这种观点。在《金枝》中，弗雷泽指出："考虑到巫术与宗教的基本见解，我们就倾向于作这样的判断：在人类历史上巫术的出现要早于宗教。我们已经看到：一方面巫术仅只是错误地应用了人类最简单、最基本的思维过程，即：类似联想或接触联想，另一方面，宗教却假定在大自然的可见的屏幕后面有一种超人的有意识的具有人格的神的存在。很明显，具有人格的神的概念要比那种关于类似或接触的概念的简单认识要复杂的多，……所以，很可能是：在人类发展进步过程中巫术的出现早于宗教的产生，人在努力通过祈祷、献祭等温和谄媚手段以求哄诱安抚顽固暴躁、变化莫测宗教神灵之前，曾试图凭借符咒魔法的力量来使自然界符合人的愿望。"[①]在这段话中，弗雷泽以思维程度的高低来判断巫术与宗教的孰先孰后问题，认为宗教是以一种超自然神灵的思想为基础，而巫术只是以一种简单的联想思维为根据，宗教的思维程度较之巫术为高，因此，巫术先于宗教出现；另外，弗雷泽还对巫术先行说进行了较细密的分析和论证。他指出：原始人最初也许曾经企图凭借巫术去控制自然，但是他们在实践中一次又一次地失败，因此他们一步一步地从骄傲的地位后退，"一寸一寸地叹息着放弃他曾一度认为是属于自己的地盘。他承认自己不能随心所欲地支配的事物，一开始可能是风，后来可能是雨、是阳光、是雷电；而当他一点点地失去

---

① 《金枝》，中国民间文艺出版社 1987 年版，第 84 页。

对大自然的控制，直到最后好象一个王国要缩小成为一个监狱之时，人必然会愈来愈深刻地感觉到自己的无能为力和那些虽看不见却存在着的巨大威力，并相信自己的被包围着”，这时就逐渐孕育出那种“绝对依赖于神灵”的宗教。[①] 弗雷泽的这种分析虽然不无道理，但是，有些宗教学家却从对某些民族的原始宗教的调查、考察中得出与此不尽相同的结论。他们指出，在诸如美拉尼西亚、古印度的历史上，都曾经出现过把“宗教和巫术融合或混淆在一起的事例”。当时的美拉尼西亚人和古印度人，为了实现自己的愿望，曾经一方面用祈祷和奉献祭品来求得神灵的赐福（此即宗教）；另一方面又求助于仪式和一定形式的话语，希望这些仪式和言词本身也许能带来所盼望的结果而不必求助于鬼神（即巫术）。也就是说，他们同时举行宗教和巫术的仪式。用弗雷泽的话说，他们“几乎同时在喃喃地念着祈词和咒语”[②]。这种现象在欧洲一些地区的一些愚昧的阶层中也曾存在过。例如在法国，许多农民就相信祭司拥有一种类似巫师的神秘的、不可抗拒的、驾驭自然的力量；在法国的东南部和西南部的许多乡村里，人们仍然相信神父具有消除暴风雨等本事。以这些资料为根据，西方有些宗教学家认为，世界上不少地区和民族的历史上，曾经在相当一个时期内巫术与宗教是交融并存的。

以上两种主张具体看法上虽略有差别，但他们有一个共同点，即把巫术与宗教区别开来或对立起来为前提。但是，如果把巫术本身看成是一种宗教现象，那么，这一争论就变得没有多大意义了。实际上，巫术不但是一种宗教现象，而且在原

---

① 《金枝》，中国民间文艺出版社 1987 年版，第 89 页。
② 《金枝》，中国民间文艺出版社 1987 年版，第 81 页。

始宗教和古代宗教中占有十分重要的地位。其表现形式也是多种多样的。以我国古代宗教为例,巫术就占有很大的比重,而且花样繁多,如占卜、方技、术数、谶纬等等。下面着重谈谈占卜。

占卜在我国古代宗教中十分盛行,而且具体表现方式多得不可胜数,如骨卜、筮占、星占、鸡卜、石卜、蛋卜等等。

所谓骨卜,也就是根据人们在燃烧野兽时兽骨的炸裂声及其裂痕来预兆吉凶。骨卜的起源已难以考证,据推测可能是由于人们在燃烧野兽时,有时兽骨发了了炸裂声,随后在战斗或狩猎中又获得胜利或丰收,人们便把兽骨此炸裂声当作胜利或丰收的预兆。

所谓筮占,实际上是一种植物占,人们用草茎或竹树为工具,根据所得草茎或竹树的长短或数量的奇偶来预兆吉凶。原始的筮占很简单,例如从一把草茎中随意抓出一部分,根据所抓草茎是奇数还是偶数来断吉凶,或者只用长短不一的两根竹枝,以所拈竹树的长短断吉凶,这种占卜方法后来随着现实事物的复杂而日益复杂化,发展到我国古代的《周易》的筮占,就变得相当复杂或者说圆滑了。《周易》用六十四卦的卦象、卦辞和三百八十四爻的爻辞来预言,简直到了左右逢源、随心所欲的地步。

所谓梦兆,即是把人们做梦的内容当作吉凶祸福的征兆,或者是在特定的时间与场合里,有目的去做梦,根据所得的梦象来占知事情的吉凶或选择工作的方法。对于“梦兆”,各个民族有各种各样的说法,其中一种叫“顺释法”,即梦见好事兆吉兆福,梦见坏事则兆凶兆祸;另一种叫“反释法”,即梦见好事兆凶,梦见坏事兆吉,等等。

另外,我国古代宗教中还有一种称为“占星术”的占卜,这种占星术包括天文和气象两个方面,亦即通过对气象的观察来预测人事的吉凶祸福。古人把人间的帝王将相、太子后妃等贵族王公与天上的星体一一对应起来,如把北极星比做天帝,把“帝”座附近的星封做“太子”、“后妃”,再旁边的封为宰、辅、弼、枢、卫等,然后根据天上星象情况,预兆地上人事的吉凶;另外,“星占”中还包括气象占,气象占又分为“占云气”和“占风”。“占云气”是根据云气的形态色相来判断吉凶;“占风”则察风向辨吉凶。“占星术”缺乏科学根据几乎是勿庸置言的,但它却歪打正着地推动了我国古代天文、气象观察的发展。

占卜虽也是一种巫术,但是它在支配和控制超自然力这一巫术基本特征上表现得还不够明显,因此,在一定意义上也可把它视为准巫术,严格意义上的巫术是企图借助于某种手段支配和控制超自然力量来达到自己的目的,以下几种巫术在这方面表现得比较突出。

一是“模仿巫术”,弗雷泽在《金枝》中又称之为“模拟巫术”和“顺势巫术”。① 这类巫术的特点是通过在相类似的事物上施行巫术以达到某种目的。例如北美印第安人如果欲加害于某一个人时,就把那个人的像画在沙子或泥土上,然后用尖棍刺它;或者按照那仇人的模样制作一个小木偶,然后用一根针刺入其头部或心脏,巫术施行者认为,此时该仇人的相应部位就会立即感到剧痛;如果想马上杀死这个人,可以一面念咒语,一面将这个木偶烧毁或埋葬。马来人的很多法术也有这个特点,例如,当他们企图加害某一个人时,就用空蜂巢中的蜡

① 《金枝》,中国民间文艺出版社,1987 年版,第 22 页。

做一个与该对象的一个脚印一样长的尸体模型，然后用针刺其眼睛、肚子、心脏、脑袋等，那个人的相应部位就会疼痛；如果准备杀死他，就从头顶往下将这个偶像戳穿，然后象包尸体一样把偶像包裹起来，埋在那个人必定经过的那条路中间，那个人一经过埋偶像的地方，就会死亡。[①]“模仿巫术”所根据的原则是“同类相生”或果必同因。

二是“接触巫术”。这类巫术的特点是通过对该对象接触过的物体施行某种巫术以达到预期的目的，例如如欲加害于某个人，可对他头上掉落的头发或手上剪下来的指甲，或身上穿过的衣服施行巫术，就可达到加害该人的目的。因此在不少原始部落中，凡是自己穿过的衣服或手上剪下来的指甲或拔掉的牙齿，都严加保存，以防落到仇敌手上。

“接触巫术”曾经在世界各地十分流行，弗雷泽在其名著《金枝》中搜集了很多资料，说明这类巫术不仅在美拉尼西亚和美洲的野蛮人中非常盛行，而且在英国和德国的粗俗人中也普遍流传。

“接触巫术”所根据的原则是“物体一经互相接触，在中断实体接触后还会继续远距离的互相作用”[②]。因此，当你用手打伤了一个人并为此感到歉疚时，你只要向那只打人的手上吐口唾沫，受伤者的痛苦立即会得到缓解；在美拉尼西亚，一个人如果被射伤后，把那支射伤他的箭放到潮湿的地方或凉爽的树叶中，那伤口的炎症将会迅速痊愈；相反，如果这支箭被对方拿到，他们则会把它置于火中，或者小心地将弓弦绷紧，并不时地拨弹它，认为这样将使受伤者神经紧张并且感染

① 《金枝》，中国民间文艺出版社，1987年版，第23页。
② 《金枝》，中国民间文艺出版社，1987年版，第19页。

上破伤风。所有这些，都是根据互相接触过的物体之间还存在着某种联系的原则。

根据构成巫术的思想原则，弗雷泽在《金枝》中又把这两种巫术归结为“交感巫术”。

如果不是从巫术的构成原则，而是从巫术功能价值的角度来划分，巫术又可分为为自身谋利益和用来攻击仇敌两大类。这两类巫术在我国少数民族民间信仰中都很普遍。例如在彝族居住的凉山地区，每户人家每年至少要请毕摩①来自己家进行一次称为“尔查苏”的解污术，以求平安。其做法是先烧红一块石头，然后由毕摩突然淬入装有艾篙水的瓢里，随即发现吱吱响声并冒出热气，毕摩诵解秽咒，持此瓢在神座前绕一圈，传给主人，主人在锅庄绕一圈，再在屋内四周转一圈，表示已除了秽气，并用手折断一根木棍，表示已经折断魔鬼的腰肢，再将水泼在火灰上，当升起一片灰埃时，表示魔鬼已经逃窜或已将疾病驱赶到魔鬼身上。

另外，凉山地区的彝族在与冤家争斗时，除用武力外，也经常辅以一种称为“子克觉”的巫术来攻击对方，具体做法是，请毕摩取一根因癞子病死的牲口腰骨，或取一死于癞子病的马猴腿骨，与事先用麦秆或草扎成的草人放在一起，然后指明仇敌的姓名，全家族人进行诅咒，随后把此骨与草人密置于仇敌家附近的路上或田野中，使仇敌误经骨旁或误食田中的粮食或果实，他们认为，这样他们的仇敌就会患病慢慢死去。

西方宗教学家对于巫术还有许多种方法，这里不一一赘述，这里所要指出的是，尽管人们可以按照不同的分类标准把

① “毕摩”在彝语中有“教师”的含义，这里主要指彝族世袭的祭司和巫师。

巫术分成各种类型和形式，但它都没有改变巫述的实质，而且正好从不同侧面揭示了巫术的本质。所谓“巫术”按照弗雷泽的说法，“是一种被歪曲了的自然规律的体系，也是一套谬误的指导行为的准则”[1]。这种歪曲了的自然规律体系和谬误的指导行为的准则，如果更进一步说，实际上也就是企图通过某种方法或手段支配或控制超自然力量以达到预期的目的。从这一点上说，巫术所体现的也是一种神人关系，虽然它不是象宗教那样以祈求祷告的方式处理这种关系，但这并不妨碍它作为一种宗教现象存在于人类的社会生活之中。

（二）禁忌

所谓禁忌，顾名思义，亦即禁止、忌讳之意。具体地说，在各种宗教体系中，与某种宗教观念相联系，规定在特定的时间、地点或对特定的对象，禁止某些特定的言语或行为。

既然禁忌是在特定的时间、特定的地点对特定的对象禁止某些特定的行为或语言，那么，禁忌无疑包含时间、地点、对象、语言、行为等要素。但是如果人们细加分析，又可把这五个方面的禁忌分为两大部分，一是客体方面，二是主体方面。客体方面包括时间、地点、对象；主体方面则包括语言、行为等。弗雷泽在《金枝》中列举了人、物、语言、行为等禁忌，他所列举的第三种禁忌也就是我们所说的对象，而他所说的人，则属于我们所说的主体。因此，我们下面对禁忌的考察将按主、客体两个方面来进行。

1. 关于时间的禁忌

时间禁忌在各种宗教中是一种普遍性的现象。不同的宗

---

① 《金枝》，中国民间文艺出版社，1987年版，第19页。

教常常把特定的时间看成是神圣的时间，在这一特定的时间中，都规定有相应的禁戒和仪式活动。例如在我国的传统宗教和传统习俗中，婚丧嫁娶之日、建屋封顶之时，都是一个神圣的时刻。在此时此刻，往往有许多禁戒规定，或不准饮酒作乐，或不许说不吉利的话，诸如“死”、“鬼”、“坏”等等；在西方，13 日和星期五也几成“忌日”，在该天人们的行为往往要特别当心；在一些原始民族及我国的一些少数民族地区，时间禁忌则更多，如我国黔东南某些苗族地区，在第一次响春雷后，三天内不能出工，湘西在阴历每月初一、十五日忌挑粪，逢“戊日”、“破日”、“十五日”不动土，不下地；彝族地区也有类似的禁忌：如“兔日不能种荞麦，不然就会死人。雷鸣之日不下地，否则要遭旱灾。”等等。

2. 关于地点的禁忌

各个宗教的发祥地、举行重要宗教活动的殿堂、寺院、宫观等场所，一般都被视作神圣的地点，到这些地方去，或在这些地方活动，一般都有许多禁忌。如麦加是伊斯兰教的圣地，穆斯林要到这个地方去朝觐时，有许多禁戒规定，如入圣地前斋戒、禁欲、沐浴净身等。我国的五台山、峨眉山、九华山、普陀山被视为佛教的四大道场，信徒要到这些圣地朝拜，也有许多禁忌。如普陀山有一个“短姑道头”，传说过去有姑嫂两人要去普陀朝拜观世音菩萨，临上岸时，小姑正好来月经，嫂嫂责怪之，并不让她上岸，把她留在船上，后来人们在那里建立牌坊，并称之为“短姑道头”。佛教寺院的大雄宝殿，对于佛教徒也是一个神圣的地方，因此，佛教徒在殿里的言谈举止特别小心谨慎；基督教、天主教的教堂也是一个神圣的场所，因此教堂里的气氛一般都比较庄严、肃穆。

3. 关于特定对象的禁忌

所谓特定对象如佛教的佛像、经书，伊斯兰教的麦加克尔白黑石，民间宗教中的神龛等等。这些东西一般被认为是神灵的化身或体现，具有超自然的力量，不准随意触摸，更不能损坏，如违反禁戒，必定受到神灵的惩罚。佛教规定，凡毁坏佛像、菩萨像者，则犯了重罪，要被打入十八层地狱，对于佛教的典籍经书，也不能随意损坏，更不准践踏、诽谤，“凡诽谤大乘经者，则不能成佛得解脱”。

以上几个方面，我们是从行为客体的角度去谈论宗教禁忌的，但是，单纯的客体，是构不成宗教行为的，因此，上面我们都是结合行为的主体去谈。例如，关于时间禁忌，纯粹的时间是无所谓禁忌的，所谓时间禁忌，往往包括在什么时间内，什么人不准做什么事。地点禁忌亦然。因此，除了行为客体之外，我们还有必要从行为主体的角度去进一步认识宗教禁忌。

所谓行为主体，主要包括语言、动作和饮食等。下面分别从这几方面论述宗教禁忌。

① 语言禁忌

关于语言禁忌，弗雷泽在《金枝》列举了大量名字禁忌的材料，这种现象在我国少数民族及汉民族的不少乡村地区也存在着。例如，在我国的各种“算命书”里，就常常有“父母偏叫”一说，亦即子女不可直接称父母为“爸爸”、“妈妈”，而改称“姨妈”、“姑妈”、“婶姨”等；有些小孩也不能直呼其名，而改用小名或绰号，在我国的闽南地区，每逢大年三十吃饭时（俗称“围炉”）气氛也非常严肃，大多不敢随便乱说，特别不能说不吉利的话，否则来年就会灾祸不断；至于各种宗教在举行宗教仪式时，语言禁忌就更突出了，因此大凡在这种场合下，人们都不敢胡说八道。

② 行为禁忌

行为禁忌是指在特定时间、特定地点、或对特定对象不能有特定的行为。行为禁忌在各种宗教中也普遍存在,特别在原始宗教或一些少数民族宗教中则更为普遍。我国云南牢山彝族过去忌“戊”,一月内三天戊日,再加上一年中还有两个大戊(4 月 16 日,10 月 18 日)共三十八天不能从事生产活动。生活中禁忌更多,如脚不能踩锅庄,也不准跨越之,否则就不吉利。彝族男子头上的“子尔”(头顶上留的头发)被认为是灵魂的处所,或可保护灵魂,代表一个人的尊严,故任何人不准摸,违者,同辈同等级的要打酒赔礼,一般百姓摸了统治等级的,轻则杀猪宰羊,赔礼道歉,重得则被砍掉一只手或处死。另外,女人不准看死狗,据说看了死狗后则不能生育。毕摩的《库色特衣》一书中载有种种禁忌,书中在月亮与某一星宿会合的条文中,对人们的活动作了种种的禁戒规定,如“岁首”不宜娶妻、嫁女;“鹦鹉头”不准缝织衣服;“鹦鹉尾”不宜出门、动土,等等。

③ 饮食禁忌

饮食方面各个宗教也有很多禁忌。如中国佛教禁止吃肉,印度佛教禁止吃不净之肉;伊斯兰教的斋月期间,每天自太阳升起至太阳降至地平线前,禁绝一切饮食;《圣经》中明文规定不得吃活物的血,否则要遭“剪除”。我国黔东南地区的苗族规定,在父母死后一个月内,不能吃辣椒,三年内不能吃狗肉、泥鳅、蕨菜等等。

禁忌在宗教中的一个明显的作用,就是它能够增加崇拜对象的神秘性和强化宗教对象的神圣性,从而可以增强神灵的权威和培养人们对神灵的顺从，而这一点正是宗教借以建立和不断求得发展的基础，因此，禁忌在各种宗教中一直是一个不可或缺的重要组成部分。有些宗教根据本宗教生存和发展的需要，把有关禁忌进一步系统化、规范化，从而形成一整套严格的戒律，如佛教所说的“三藏”就包含“律藏”，其“律藏”中有关戒律的规定，从五戒、八戒、十戒，直到二百五十戒、三百四十八戒；道教的戒律也多得惊人，除了基本的五戒之外，还有八戒、十戒，元始天尊二十七戒、六十戒，一百二十九戒、三百戒乃至一千戒。这些戒律既有束缚信徒的手脚与思想的消极意义，也在一定的条件下具有社会道德的意义，例如各个宗教几乎都把不杀生、不偷盗、不淫邪作为主要戒条，如果合理引导，也可以起到净化社会的意义。

（三）礼仪①

如果说，禁忌和戒律主要是规定信徒不能说什么、做什么或不应怎么说、怎么做，那么礼仪正好相反，它规定信徒在什么时间、什么情况下应该说什么、做什么及怎么说，怎么做，它是人们宗教行为的规范化，用日本学者宇野空圆的话说，“礼仪是被制度化和戒律化了的身心的宗教活动”②。

礼仪在宗教中的地位与作用，一直受到许多宗教学家的高度重视。日本学者姉崎正治在其《宗教学概论》中把宗教划分为信仰体系和礼仪体系两大部分；J·B·普拉特也试图从礼仪和信仰两个方面去说明宗教；宗教社会学家杜尔克姆明确地说：“宗教现象当然可以归结为两个基本的范畴，即信念

① 宗教礼仪中的有关资料曾参考杨淑荣摘译日本学者竹中信常所著的《论宗教礼仪》一文。译见《世界宗教资料》1984年第一期。

② 宇野空圆：《礼仪》。《社会学大系·四》，第24页。

和礼仪。前者是意识的状态，由表象构成；后者是一定的行动方式。”在这些宗教学家看来，礼仪乃是与宗教意识相对应的整个宗教行为。

另外还有一些宗教学把礼仪在宗教中的地位看得更高，例如詹姆士在《原始仪式与信仰》一书中说：“礼仪的历史就是宗教的历史”；[①]丹斯曼也说：“宗教史可以作为祈祷的历史来记述。”[②]这种看法与把全部宗教行为归结为礼仪的看法有一致之处，因为，宗教从大的方面说，不外是宗教意识与宗教行为的表现，而宗教意识总要体现在某种宗教行为上，因此，宗教行为几乎与宗教是同时产生的。

礼仪既然包括全部宗教行为（严格地说，是宗教行为的规范化）而且贯穿于整个宗教史中，其具体表现形式自然是无法尽数的，但是，我们可以根据礼仪的性质与内容，对它进行大体的分类。

宗教的礼仪就其性质说，是信仰者与信仰对象、人与神进行交际和沟通的行为方式。出于对作为超自然力化身的神灵的敬畏、依赖和神秘感，人们在力所不能及的情况下和范围内，往往求助于神灵。为取得神灵的护佑与帮助，他们可以通过奉敬丰厚的礼品以求得神灵的欢心和恩宠；也可以通过阿谀奉承的言词和卑躬屈膝的举动来博得神灵的怜悯和慈悲；还可以通过悔过认罪的形式来换取神灵的宽恕和赦罪等等。这些行为方式在各种宗教中分别表现为献祭、祈祷、节庆、忏悔等等宗教礼仪。

所谓献祭，是指信仰者通过向神灵奉献供品来换取神灵

① 詹姆士：《原始仪式与信仰》，第 289 页。
② 丹斯曼：《福音书与原始基督教》，第 955 页。

的欢心与恩宠。此中包括向什么对象奉献祭品？奉献什么祭品？如何奉献等问题，因此，献祭礼仪主要就是围绕这几个方面进行的。

由于世界上的宗教种类繁多，各个宗教的崇拜对象又各不相同，因此，单就祭品的奉献对象就有很多种类，自然崇拜向自然神奉献祭品，佛教向佛菩萨奉献祭品，犹太教向上帝耶和华奉献祭品，基督教向耶稣基督奉献祭品，等等。我国古代宗教的核心是尊天、敬祖、拜鬼神，因此祭祀大体可以分为祭天地、祭鬼神、祭祖宗三类。祭天地自西周之后已有文字记载。《周宫》云："冬日至，祀天于南郊"。有的注释家还说："天子祭天，一岁有九"；《礼记》则说："社祭土"，"社，所以神地之道也。地载万物，天垂象，取材于地，取法于天，是以尊天而亲地也。故教民美报焉。"[①]"燔柴于泰坛，祭天也；瘗埋于泰折，祭地也。"[②]这些记载说明，天地是我国古代宗教的主要祭祀对象，至于祭祖先、拜鬼神更是中国古代宗教的最普遍的现象，直到今天的民间宗教和少数民族地区的宗教，祖先与鬼神仍是主要的祭祀对象。

关于祭祀的供品，更是花样繁多，有用荤素食品、禾稼果品的，也有用三牲甚至是人祭的。人祭在现代宗教中已不存在，但在史前宗教与原始宗教中却是屡见不鲜的。墨西哥的阿兹克特人每年每村要献十人祭神，旧中国云南佤族的"猎人头血祭"也是人祭的一种，即以武装出征的方法猎取人的头颅来祭祀主宰万物的神灵"木依古"。

在祭法上，不但各宗教甚至同一宗教对不同崇拜对象各

---

① 《礼记·郊特牲》。
② 《礼记·郊特牲》。

不相同，对同一崇拜对象不同的阶级和阶层的祭法也各各不同。例如我国古代天子祭祀上帝就有三种形式：一是郊祭，二是庙祭，三是封禅大典。郊祭主要是每年春冬两次的祭例。据《祀记·月令》记载："立春之日，天子亲帅三公九卿诸侯大夫，以迎春于东郊。"冬祭，据《封禅书》说，是冬至之日天子亲往东南郊祭天，《礼记·月令》的记载是，"是月也，大钦丞，天子乃祈来年于天宗。"由于天子春冬两次亲祭上帝都是在都城的郊区进行，所以这种祭祀称为"郊祭"。

庙祭是天子亲自到供奉上帝的庙宇祭祀；封禅大典则是登山筑坛祭天和在山下祭地的合称，前者为"封"，后者为"禅"。根据中国古代传说，天子只有登泰山祭过上帝后，才算完成了就位天子的礼制。古代诸山中受封禅最多的当推泰山梁父，《史记·封禅书》说："古者封泰山禅梁父者七十二家"。可见古代在此两地举行封禅仪式之盛。

另外，在阶级社会中，作为社会阶级现象倒影的宗教，其祭祀方法也打上了深刻的阶级印痕。我国古代对不同阶级阶层的祭祀仪式有严格的规定，甚至连祭祀对象都不能一样，如《礼祀·王制》说，"天子祭天地，诸侯祭社稷，大夫祭五祀；天子祭天下名山大川，五岳视三公，四渎视诸侯，诸侯祭山川之在其地者。"[①]这种祭祀礼仪往往是世俗权力地位的象征，如果违反了有关礼仪，则被视为是一种僭越行为或有谋反犯上的野心，结果常常要遭到杀身之祸甚至株灭九族的惩罚。

与献祭主要是以物事神不同，祈祷主要是一种精神性的礼拜活动，并通过它祈求神灵给予某种精神上或物质上的帮

① 引自《十三经注疏》，中华书局影印本，第1336页。

助。祈祷在各个宗教中有不同的仪式,例如在印度佛教中,祈祷礼仪分为九等,即发言慰问、叩首示敬、举手高揖、合掌平拱、屈膝、长跪、手膝屈地、五轮俱屈、五体投地;基督教的祈祷主要是念经、唱诗等;伊斯兰教的祈祷包括晨礼、晌礼、晡礼、昏礼和宵礼,以及星期五午后的主麻拜即“聚礼”,每年开斋节和宰牲节的礼拜即“会礼”等,这种礼拜活动还制定了一套规范化的动作,有口诵、端立、鞠躬、直立、下跪、叩首、跪坐等等。

此外,各宗教的节庆礼仪是整个宗教礼仪中的一个重要组成部分。这种节庆活动把崇拜、纪念和娱乐融为一体,具有宗教、娱乐、社交等多种性质。佛教一年中最大的节日有两天,即农历四月初八的“佛诞日”和七月十五日的“自恣日”,这两天都叫做“佛欢喜日”。在“佛诞节”要举行“浴佛法会”,就是在大殿用一水盆供奉太子像(即释迦牟尼佛诞生像),全寺僧侣及信徒要以香汤沐浴太子像,作为诞生的纪念;七月十五日要举行“盂兰盆会”。这是根据西晋竺法护译的《佛说盂兰盆经》而举行超荐历代祖先的佛事,据该经说,目连(佛弟子之一)的母亲死后为饿鬼,目连以自己的神通不能救济其母,佛告以每年七月十五日“僧自恣”时,以百味饮食供养十方自恣僧,以此功德,七世父母及现生父母在苦厄中,尽得解脱。

基督教的主要节日是“复活节”和“圣诞节”。复活节,又称“主复活节”或“耶稣复活瞻礼”。据基督教徒传说,耶稣在十字架被钉死后的第三天,重新“复活”。复活节没有固定的日期,其计算方法按尼西亚主教公会会议规定,从每年春分后第一次月圆后的第一个星期日(于 3 月 21 至 4 月 25 之间)。圣诞节也称“主降生节”或“耶稣圣诞瞻礼”。因为耶稣在历史上是否真有其人,历史上一直有争论,《圣经》中又无载耶稣生于何年何月何日，因此，基督教的不同教派关于圣诞节也没有一个统一的日期，天主教和基督教新教规定耶稣的生日是12月25日，因此，信徒们每年于这一天都举行隆重的庆祝和纪念活动；东正教和其他东方教会由于采用的历法与天主教不同，因此这些教会的圣诞节往往要晚13或14天，即于公历的1月6日或7日才举行圣诞节宗教活动。

伊斯兰教主要有三大节日和麦加朝觐。三大节日是开斋节、宰牲节和圣纪节。开斋节我国新疆地区的伊斯兰教信徒又称“肉孜节”，来源于波斯语“斋戒”的音译，日期在斋月的最后一天见新月(月牙)的次日即行开斋。开斋一般要进行3至4天的庆祝活动，宰牲节又称“古尔邦节”，定于希吉拉历[①] 12月10日。相传伊斯兰教“先知”易卜拉欣夜梦安拉，要他亲自杀死自己的儿子易司仪，以考验他对安拉是否忠心。第二天一早，易卜拉欣就把儿子带到麦加附近的来那山谷，正举刀时，安拉派天使送一只羊以代替易卜拉欣的儿子，以后伊斯兰教就把这一天定为古尔邦节。“圣纪节”是纪念穆罕默德诞辰，日期在希吉拉历的3月12日，相传穆罕默德也死于3月12日，因此，该日又被称为“圣忌日”，中国穆斯林在这一天要举行“圣会”，其活动包括诵读《古兰经》、赞圣、讲述穆罕默德的生平等。

麦加朝觐是伊斯兰教徒的一项重要的宗教礼仪活动。伊斯兰教规定，凡是身体健康，备有路费和旅途方便的穆斯林，不分性别都应在一生中到圣地麦加朝觐一次，朝觐日期定于希吉拉历12月，朝觐的主要宗教活动有：在规定的地点受戒；

① 公元622年7月16日为希吉拉历的元年元旦。

到位于麦加东部的一座名叫阿拉法特的小山上安营集会，举行主要的宗教仪式；到“禁寺”巡礼“天房”（即“克尔白”）等。按照伊斯兰教规定，凡到麦加朝觐过的穆斯林，可在姓名前冠以“哈吉”的称号，这在穆斯林中，是一件十分荣耀的事。

在各种宗教中，忏悔礼仪也是一种重要的宗教礼仪。所谓忏悔，就是信仰者向神灵承认自己有罪，并祈求神灵的宽恕和赐福。基督教新教往往通过祈祷的形式向上帝表示忏悔，请求上帝赦罪；天主教和东正教中还有一种所谓“告解”，亦即信徒向神父告明自己所犯的罪过，并表示忏悔，神父对教徒所告诸罪，应严守秘密，并指出如何赎罪。伊斯兰教和佛教则是采用“讨白”和“拜忏”的形式进行忏悔。

上面论列的几种礼仪，是各种宗教一般都具有的宗教礼仪，除此以外，各种宗教还有许多自己采用的宗教活动仪式，下面简单介绍世界三大宗教一些日常的及主要的宗教礼仪。

佛教在初期，僧众的日常行事，除了外出乞食，每日各自进行修行。修行的方法主要有两种：一是学习教理，二是修习禅定。到了后来有了佛像和佛经，于是有礼拜供养和读诵经典的行仪。佛教传入中国后，起初没有统一的仪式规范，后来逐步统一，成为定规。近代汉地佛寺通常每日有“五堂功课”、“两遍殿”。早殿：全寺僧众于每日清晨（约在寅丑之间）齐集大殿，念诵《楞严咒》、《大悲咒》、“十小咒”、《心经》各一遍。念诵的起止都配有歌赞。其中《楞严咒》为一堂功课，《大悲咒》、“十小咒”等为一堂功课。事忙时可以只念后一堂。有的寺院在平日只念一堂功课，在节日念两堂功课。《楞严咒》在西藏文经典中称为《大白伞盖总持陀罗尼经》，有息灾的功用。西藏各喇嘛寺院也是每日念诵的。《大悲咒》出于《千手千眼观世音菩萨广大圆满无碍大悲心陀罗尼经》,是观世音菩萨的根本法门。晚殿有三堂功课,就是诵《阿弥陀经》和念佛名;礼拜八十八佛和诵《大忏悔文》;放蒙山施食。诵《阿弥陀经》和念佛名是为自己往西方净土祈愿;八十八佛是《观药王药上二菩萨经》中的五十三个过去佛和《决定毗尼经》的三十五个现在十方世界佛。这八十八佛都可以为众生作忏悔主,因此向八十八佛申述自己改悔忏恶的愿望,是可以灭罪的。《大忏悔文》也出自《决定毗尼经》。蒙山施食是于每日中午的斋食,取出少许饭粒,到晚间按照《蒙山施食仪》念诵,施给饿鬼,施食本是真言宗的一种日常行事,必须依照真言宗的仪轨,有一定的观想、真言、手印,方能成就。晚殿的三堂功课,在一般寺院中是单日念《阿弥陀经》和念佛,双日拜八十八佛和念《大忏悔文》,蒙山施食却是每日都要举行的。

除了早晚二殿外,僧众于每日早斋和午斋时,要依《二时临斋仪》以所食供养诸佛菩萨,为施主回向,为众生发愿,然后方可进食。至于晚餐,因为佛原制定过午不得进食,现在虽因健康和习惯不得不食,所以不须供养念佛。

基督教的崇拜仪式除了上面已言及的祈祷之外,还有"圣事"或称"圣礼"。天主教和东正教认为圣事有七件:洗礼(圣洗)、圣体血(或圣餐)、坚振礼(东正教称敷圣油)、告解、授圣职礼、婚配礼和终傅。新教一般只承认"洗礼"和"圣餐"为"圣事",也有一些新教派别根本不承认"圣事"。

洗礼。这是成为基督教信徒的庄严仪式。按教派不同,有的实行注水洗礼,有的实行浸礼(将受洗者全身浸入水中片刻)。基督教认为这是耶稣认定的"圣事",具有赦免入教者的"原罪"和"本罪"的作用。

圣餐。《圣经·新约》上说，耶稣在最后的晚餐时，拿起饼和葡萄酒祝祷后分给门徒说："这是我的身体和血，是为众人免罪而舍弃和流出的。"天主教和东正教认为领"圣体"，就是领受耶稣的圣体和圣血，因而也就分享了救世主的生命。

告解。这件"圣事"包括忏悔、告罪、补赎三部分。先由教徒向神父告明对上帝所犯的罪过，并表示忏悔，神父对教徒诸罪应严格保密，尔后向教徒指明应如何赎罪。

授圣职礼。这是为神职人员晋升所举行的仪式。

婚配礼。教徒在教堂内按教会规定的仪式在神父主持下进行的结婚仪式，一般教徒结婚必须有神父作证才能被承认。

终傅。当教徒生命垂危时，由神父用经过"祝圣"的含有香液的橄榄油，敷擦病人的耳、眼、口、鼻和手、足等，并诵念一段祈祷经文。基督教认为通过这件圣事可帮助受敷者忍受临终的痛苦，赦免罪过，安心地去见上帝。

基督教在许多宗教仪式末尾，常常以"阿门"一词为结束语，"阿门"这个词是犹太民族使用希伯来文 oluleu 的音译，意为"真诚"。表示希望上帝保佑所有的祈祷者都能使自己的愿望得到实现。

伊斯兰教的日常行事活动主要是"五功"，亦即念、礼、斋、课、朝。

念，也称念功。教徒要经常出声诵念"安拉是独一无二的神，穆罕默德是安拉的使者"这句伊斯兰教的基本信条。有些宗教学者把这句话编成十六字："万物非主，唯有真主；穆罕默德，真主使者。"这十六字口诀又称为"清真言"。教徒出声念这"清真言"称为念功。

礼，即礼拜。这是伊斯兰教一种经常性的宗教活动仪式。

教徒每日做五次礼拜，即晨礼（天破晓后举行），晌礼（午后一至三点举行），脯礼（下午五、六点钟左右举行），昏礼（黄昏时举行）和宵礼（入夜至拂晓前举行）。

斋，即斋戒。凡是伊斯兰教徒，只要不是病人、孕妇和哺乳的妇女，都必须在每年伊斯兰教历九月封斋一个月，在斋日里，每天从黎明至日落戒除一切饮食和房事。

课，即纳天课。伊斯兰教规定，每个穆斯林必须把自己的财产按十分之一到四十分之一的不同比例，交给清真寺，称之为“天课”。最初天课是一种自愿捐助，后来实际上变成一种宗教税。

朝，即朝觐。即到圣地麦加朝觐“克尔白”，亲吻或抚摸庙中的一块黑石。这一活动规模盛大，每次常达百万人以上，是一项加深宗教信念和加强穆斯林团结的重要活动。

宗教礼仪作为宗教的外在表现形式；无论对宗教自身，还是宗教所依存的社会，都有重要的影响和作用。对于宗教自身，它可以增强宗教的实在性，使教徒不断坚定宗教的信念，增强宗教的感情，加深对宗教的兴趣；同时，作为信徒一种经常性、群众性的活动，礼仪也可以增进信徒之间的联系与团结；另外，宗教礼仪作为一种社会活动形式，它对社会上的人际关系产生着深刻的影响；作为一种社会文化现象，它保存并刺激人类文化的发展，例如各种神像的塑造，庙宇殿堂的建筑，神器法器的制作，绘画、书法、舞蹈及各种艺术在宗教礼仪中的大量运用，都一定程度地、自觉不自觉地刺激着人类文化的发展。这是我们在评论宗教礼仪的社会作用时所应该顾及的。

二、宗教的组织与制度

宗教作为一种社会力量，不但表现在宗教意识的行为化，尤其表现在宗教是一种社会实体，各个宗教都有自己相对固定的组织机构和制度。

（一）佛教的寺院制度和组织系统

佛教的制度和组织系统因派别、地区的差别而有所不同，这里简单介绍中国佛教的寺院制度和组织系统。

中国的习惯，一般称祭祀神灵的场所为庙。佛教的庙宇，统称为寺院。古代官署叫作“寺”，如太常寺、鸿胪寺之类。因两汉时外国僧人来华被招待在鸿胪寺，汉明帝时为外国僧人摄摩腾建立的馆舍叫白马寺，后世佛教的庙宇也称为“寺”。一寺之中可以有若干院，其后规模较小的寺便叫作“院”。比丘尼居住的寺院多称作庵。

寺院的组织，在唐代由三纲（上座、寺主、维那）共同负责全寺事务。三纲的人选由政府任命，到了宋代，寺主由当地州官和群众备文邀请，上座、维那等职则由寺主委任。寺主改称为住持，是由百丈禅师创立清规时定名的，意谓安住而维持拂法。世俗又称住持为“方丈”，意谓所住处所只有方丈之地。住持居僧堂之首，故又称为堂头大和尚。

寺院组织除住持外，设有四大班首、八大执事等。四大班首指导禅堂或念佛堂修行；八大执事则专管全寺各项事务。四大班首即首座、西堂、后堂、堂主。首座由住持聘年高德昭的尊宿担任，为全堂修行的模范，掌禅堂中号令之权。东为主位，西为宾位。本寺住持为主人，相当于东堂首座，其辅助住持教导修行的，待以宾礼，称西堂首座，简称西堂。禅堂中原分为前堂后堂，总负其责的称首座，或前堂首座，于是分任后堂责任的称后堂首座，或简称后堂，堂主是在首座之下负责禅堂或念佛堂中事务的。在禅堂中的座位，门东是维那之位，门西顺序为维那、首座、西堂、后堂、堂主的座位。也有在禅堂后方中间设一木龛，叫“维摩龛”，供方丈入堂坐禅时使用。

八大执事是监院（库房负责人）、知客（客堂负责人）、僧值（又叫纠察）、维那（禅堂负责人）、典座（厨房、斋堂负责人）寮元（云水堂负责人）、衣钵（方丈室负责人）、书记。监院综理全寺事务，掌管全寺经济；知客掌管全寺僧俗接待事宜；僧值管理僧众威仪；维那掌管宗教仪式的法则；典座管理大众饭食斋粥；寮元管理一般云游来去僧侣；衣钵辅助住持照应事务，调和人事；书记掌管书启文疏。八大执事都是每年一任，由住持任命。

佛教的寺院是佛教徒出家修行的所在地。出家的佛教徒男女均有，男的称为“比丘”，女的称为“比丘尼”。“比丘”是梵语，义为乞食，言其乞食以自生活；又有怖魔、破恶、净命等义。尼是梵语中女声。“比丘”俗称为僧人，“僧”是梵语“僧伽”之略，义为众。凡三比丘以上和合共处称为“众”。“比丘”也俗称“和尚”，“和尚”是印度的俗语，若用梵文典语则是“邬波驮耶”，义为亲教师，与习俗所称师傅相同。“比丘”中有学问的称为“法师”，意谓讲经说法的师傅。蒙藏地区称僧人为喇嘛，相当于汉地所谓“和尚”。“比丘尼”俗称为“尼姑”。“尼”是“比丘尼”之略，姑是汉语。

佛教徒除出家外，亦可在家修行。在家的男佛教徒称“优婆塞”，在家的女佛教徒称“优婆夷”。“优婆塞”是梵语，义为清净士，又作近事男，言其亲近奉事佛法僧三宝。“优婆夷”义为清信女或近事女。在家佛教徒俗称“居士”，这是梵语“迦罗越”的义译，原多指居积财货之士，转而为居家修道之士的称呼。

佛教关于出家有一套制度，信徒若要求出家，可到寺院向一位比丘请求作为自己的“依止师”，这位比丘向全寺僧侣说明情由，征求全体意见，取得一致同意后，方可收留此人为弟子，为之剃除须发，并为之授沙弥戒，此人便为沙弥。“沙弥”是梵语，义为勤策男，言其当勤受比丘的策励，又有息慈之义，谓当息恶行慈。沙弥最小年龄为七岁。沙弥年满二十岁时，经过僧侣同意，召集十位大德长老，共同为之授比丘戒，此人便成为比丘。女子出家同样要先依止一位比丘尼，受沙弥尼戒，年满十八岁时，受式叉摩那戒，成为“式叉摩那尼”，义为学法女；两年后，至年满二十岁，先从比丘尼，后从比丘受比丘尼戒（这叫作二部受戒），成为比丘尼。

唐宋时代的汉地佛教，出家者先到寺院中作“行者”，做各种劳役，垂发而不剃发，可以从师受沙弥戒，等政府规定度僧的时日来到，经过政府的甄别，或经考验及格，得到许可，给予度牒，并指定僧笈隶属于某寺院，然后方取得僧人资格，可以剃度为僧。

佛教徒中比丘、比丘尼是独身修道的，必须清心寡欲，这是一件不容易的事，因此，按佛教制度，受比丘戒之前要有许多质问，凡不合条件的人，是不允许受比丘戒的。元代的中国佛教产生了一种受戒烧戒疤的习俗，俗称烫香洞，据说当时有位志德和尚受到元世祖的尊崇，当他传戒时，规定受戒者都必须爇顶香，作为终身之誓。这一规定实质上是为了以此区别喇嘛与汉僧的标记，含有民族歧视的成份，加之以残害身体的苦行来表述内心的诚笃是不足取的，因此，1983 年中国佛教协会召开理事扩大会议，决定废除汉族僧人烧戒疤这一陋俗，受到佛教徒的欢迎。

佛教徒在受比丘戒之后，如果厌倦出家的清苦生活，自己愿意还俗，非常容易，只要对任何一人声明，自己愿意舍戒，便可放弃比丘身份，改变独身生活，但如不舍戒，不放弃比丘身份，却私自违反戒条，这叫“破戒”，是要遭到一定惩罚的。受五戒的在家居士也可以根据自愿，随时对任何一人声明一下，便算放弃优婆塞、优婆夷身份。唯有菩萨戒是只有受戒，或者破戒，而没有舍戒之说。

（二）基督教的组织机构与教职人员

基督教的宗教活动场所，天主教和东正教叫教堂，新教叫礼拜堂。天主教和正教出家人聚居的地方称隐修院或修道院，天主教培训神父的学院也称修道院，新教培训宗教职业者的学校叫神学院。天主教有着按世俗封建君主集权制和等级森严的教阶制建立起来的严密组织。教会既是整个教派组织的称呼，也是各地各级组织的通称。天主教的指挥中心是梵蒂冈，最高组织机构是设在梵蒂冈的天主教罗马教廷。罗马教廷的最高首脑是教皇。教皇具有立法、司法、行政三大最高权力，在教内，他是基督在人间的代表，“永无谬误”，统领世界各地教会；在西欧中世纪，教皇还有任免国王的权力，成为“百王之王”。现任第 265 任教皇叫约翰——保罗二世，波兰人，原任波兰红衣主教，1978 年 10 月 16 日被选任教皇，任期终身。

罗马教廷除教皇外，还设有由教皇任命的枢机主教团（因穿红衣，中国称为“红衣主教”），分管教廷各部和各重要教区的事务，直接对教皇负责，构成天主教最高权力机关。

罗马教廷下属若干总主教区、教区、监牧区和代牧区，由总主教或主教负责。主要是主持本教区宗教圣事，如任免、晋升司铎，发展教会组织等。

天主教的教阶分三级，即教皇、主教和司铎。教徒升为司铎，一般先由修道院训练，由主教批准，祝圣为司铎。升司铎前，先行剪发礼，即在头上剪去五小撮头发以表示脱离世俗，达到“神职界”。

教士是宗教职业者的通称，神父是教堂直接管理教徒、进行传教活动的神职人员，出家在隐修院隐居修道的宗教职业者，男称修士，女称修女，终生不结婚。

新教的教派杂多，它的组织机构和教牧人员也各不相同。

新教组织机构大体上分主教制、长老制和公理制三种。

主教制以圣公会为主，把教牧人员分为主教、会长和会吏三个品级。长老制以加尔文派为主，长老是教会从事非宗教职业的宗教领袖，经教会选举，接受“长老”圣职，主管教会；比长老低一级的为“执事”，再低一级的是“牧师”，他由长老会议聘请，具体掌管事务。公理制以公理会、浸礼会为主。他们主张各教堂都是独立的教会，彼此之间只设联合性质的机构，而不设隶属关系的教务行政性机构。各教堂的全体信徒直接参予管理教务，专职牧师也由全体信徒聘任，在这一原则下，各教堂也可设自己的执事甚至长老，但多数不任终身职。

新教各派，一般都设有对外传教机构，称“差会”，但也有不从属任何教派的专门的独立组织。

新教的教牧人员分牧师和传道员。牧师是根据《圣经》耶稣自比牧人，教徒喻为羊群而来。牧师的职责是主持宗教仪式，管理教务，通常每一基层单位堂会设有一个牧师负责传教活动，传道员是教会下层的宗教工作人员。

东正教设牧首、都主教、大主教、大司祭、司祭、辅祭、修士等神职。各国东正教会是独立的，但也有松散的联系，不定期召开最高会议。目前有君士坦丁堡正教会、亚历山大正教会、耶路撒冷正教会、莫斯科和全俄正教会等等。按传统，君士坦丁堡主教拥有东正教普世牧首的称呼，但没有管理其他独立教会的权力。

（三）伊斯兰教的组织机构与教职人员

伊斯兰教集中举行宗教活动的地方称“清真寺”，也称“礼拜寺”。阿拉伯语直译为“麦斯基德”，意即“叩拜处”。在“清真寺”内的教职人员，最高职位的称教长，有的称“伊玛目”（阿拉伯语音译，意为“首领”、“表率”、“站在前列的人”）。寺中负责主持礼拜的称二教长或二掌教；负责宣讲教义的称三教长或三掌教；负责寺院烧水及其他杂务的称四教长或四掌教。

伊斯兰教徒通称“穆斯林”，教徒对该教学者尊称“毛拉”，宗教职业者通称“阿訇”或“阿洪”。

伊斯兰教虽是世界宗教，但没有世界性统一的宗教组织系统，也没有国家规模的统一的组织机构，即是说，伊斯兰教没有国际和国家级别的教会组织，它只体现于分散在各地的清真寺的寺院组织机构。

第三节　宗教的分类

对宗教进行分类，亦即对人类的宗教观念、宗教行为和宗教组织、宗教制度的大量的知识进行整理并使之系统化，这是几个世纪以来宗教学者的一个主要目标。

由于宗教是一个复杂的社会现象，加之，宗教的历史可以一直追溯到十几万年以前，因此，要对所有的宗教现象、宗教知识进行整理并使之系统化，无疑是一件十分困难的工作。

就学者们已经发现的范围说，人类社会发展到一定阶段之后，几乎无时无地、没有一个民族不在某种意义上信仰某种宗教。这样，任何一个企图对宗教进行较全面、系统研究的人，都会碰到各个地区、各个时代、各个民族的大量的宗教现象，而且数量非常之多，形式也五花八门。从内容上看，所谓宗教，一方面包括尚无文字的民族的神话传说，另一方面又包括最高级的宗教哲学的深奥思辨。从历史上看，无论远古时代的原始部落，还是今天的工业化社会，宗教几乎无处不在。这种情况给宗教研究者提出一个问题，搜集宗教资料本身，并不是一件困难的事，困难的是怎样才能将这些令人眼花缭乱的现象和材料，运用某种原则和方法，整理出一个头绪和条理来。许多宗教学家认为，分类法就是一个行之有效的方法。这个看法是不无道理的，因为通过分类研究，人们可以从中发现各种宗教的异同之处，并进而去寻找为什么这一地区、民族、人种会产生这种宗教？而那一地区、民族、人种会产生那一种宗教？同时还可以寻找并发现造成各种宗教所以异同的原因和从中找出一些带规律性的东西。

运用分类法去研究宗教，西方宗教学者做了大量的工作，他们从不同的角度，提出了许多分类研究的方法，下面就是其中几种较有代表性、较有影响的分类研究法。

一、地域分类法

这是一种普通而又简单的分类方法，即以地域分类为原则，把世界上某一个地域的宗教划为一类。这种分类法常见于许多关于比较宗教的教科书中。常用的类别有：

(1) 近东宗教，包括犹太教、基督教、伊斯兰教、琐罗亚斯德教以及古代崇拜；

(2) 远东宗教，包括中国、日本和韩国的宗教派别，其中有儒教、道教、大乘佛教以及神道教；

(3) 印度宗教，包括早期佛教，印度教、耆那教和锡克教，有时还包括上座部佛教以及南亚和东南亚受印度教、佛教影响的一些宗教；

(4) 非洲宗教，即非洲各部族的宗教，但不包括古埃及宗教；

(5) 美洲宗教，包括南北美洲两大陆土著印第安人的信仰及其活动；

(6) 大洋洲宗教，即太平洋诸岛、澳大利亚、新西兰各民族的宗教体系；

(7) 古希腊、罗马及受希腊文化影响的后裔的古典宗教。

还有一种更粗线条的地域分类法，只划出西方宗教(通常指基督教和犹太教)与东方宗教。

地域分类的根据是，由于种族起源的关系，同一地区的宗教常有许多共同之处。从这一点上看，地域分类法不失为一种宗教研究的分类法。但是，这种方法有明显的不足之处，这就是，历史上的许多宗教，尤其是一些影响较大的宗教，往往不局限于某一个地区(如伊斯兰教),而是具有世界性;有些则在其发源地影响并不大;而到另一个地区后却得到很大的发展(如佛教);其次,一个地区往往不是只有一种宗教,而是几种宗教并存,观点往往不同甚至相互对立;再者,地域分类法丝毫不能触及宗教的本质及其内在要素。基于这些原因,地域分类法在宗教研究中的作用是极其有限的。

二、人种——语言分类法

被称为"宗教史学之父"的缪勒曾指出:"特别是在人类智能的早期历史阶段,在语言、宗教和民族之间,存在着最密切的关系"。这一见解为按种族起源对宗教进行分类提供了基础。

缪勒认为,欧亚两洲居住着三大种族:都兰人(包括乌拉尔——阿尔泰人)、闪族人和雅利安人,与之相应有三大语系。起初,在某个遥远的史前时代,这三大种族中的每一个种族都构成一个统一体,但随着时间的推移,逐渐分裂成无数个民族,操不同的语言。但是,经过仔细考察之后,仍可辨认出原初的统一体(包括宗教的统一体)。缪勒这种宗教分类法的主要根据是语言的比较研究。他从语言的比较研究中力图论证各种神名的相似性,存在着相同的神话、宗教生活方面的共同术语,以及同一种族不同分支中的宗教概念和直觉的相似之处。缪勒的这种分类法在对闪族的研究中获得很大的成功,但对其他种族的研究却收效甚微。

在西方宗教学界,有不少学者赞同缪勒的这种宗教分类法。例如德国学者瓦德在《宗教的分类》一书,接受了种族与宗教之间相互关系的观点，并提出了一种全面的人种——历史分类法。这种分类法将人种分为五大类：(1) 大洋洲种族；(2) 非洲种族；(3) 美洲种族；(4) 蒙古种族；(5) 地中海种族。瓦德认为，每一种族都有其独特的宗教。他说："宗教的特点来自于产生或所依这种宗教的民族或种族"，"特殊的宗教乃是构成一个种族的不可缺少的因素或一部分"。

不管是人种——语言分类法，还是人种——历史分类法，它们的根据或长处是指出了宗教与种族之间的密切联系，但是，从宗教发展史的实际看，这种联系并不是绝对的，一成不变的，而是随着社会历史条件和时代文化背景的变迁而不断发生变化，因此，单纯用人种——语言分类法，很难对宗教作出全面、系统的研究。

三、哲学分类法

这种分类法以德国古典哲学家黑格尔为主要代表。黑格尔认为，人类历史是一个向着实现自由发展的巨大的辩证运动，历史的实体是精神，而宗教的历史则是精神达到自我完全认识的过程；精神忠实于自身的内在逻辑性，并遵循正题、反题和合题这一辩证法模式。因此，各个宗教代表演进过程中的几个阶段，即精神展现中的渐进的阶段。

黑格尔根据宗教在精神自我实现过程中的作用，对宗教进行分类。他认为，历史上的宗教与辩证法进程的各个阶段是相适应的，依此可分为三大类：低级发展阶段的是自然宗教，这种宗教主要以感官体验而获得直接知识为基础。它主要包括：直觉宗教即低级法术；表示意识自我分化的宗教，例如印度和中国的宗教;向下一阶段过渡的宗教,如古代波斯、叙利亚、埃及的宗教。中间阶段的是精神个体宗教。黑格尔把犹太教(崇高的宗教)、古代希腊宗教(美的宗教)、以及古代罗马宗教(实用的宗教)列入这类宗教。处于最高阶段的是绝对宗教,即完全精神性的宗教,黑格尔认为基督教属此类宗教。

黑格尔的哲学分类法的特点是富有思辨色彩,把宗教分为建立在抽象概念的基础之上,并把宗教与哲学紧密地紧合起来。这种方法对于人们把宗教理解为一个不断发展变化的历史过程是有启迪作用的,但它的缺陷也是十分明显的,例如,这种分类法把信徒占人类总数七分之一的伊斯兰教排除在外,这就很难说它是全面的;此外,这种分类法关于历史发展的假说也引起很多争论。

四、形态分类法

形态分类法是按宗教形式的演进对宗教进行分类。这种分类法的开创者是英国人类学家泰勒。泰勒在其《原始文化》一书中提出“万物有灵”的观点,认为一切宗教的本质因素是信仰神灵。但是,宗教的每一阶段都有明显的可辨认的特征,但又超越前一阶段而前进了一步,泰勒的这种基于“万物有灵”论而得出的宗教分类法引起了宗教学界的广泛兴趣。人们从对大量的宗教现象和宗教资料的研究中进一步指出:在不发达民族中普遍存在的祖先崇拜乃是对死者灵魂的敬拜;拜物教是对据有魔力和超自然力量的事物的崇拜,是它把精灵同特殊的事物或地方联系起来而产生的,并转而导致偶像崇拜;图腾崇拜是把特定的人群与其守护神灵联系起来的一种信仰体系；多神教则是由于对某些特定的神灵和精灵的兴趣消失了，代之以对代表同类精灵实体的“种类”的神的关注；一神教乃是对至高无上、独一无二的神的信仰。这种由泰勒肇端的宗教分类法，由于它的理论根据合于逻辑，内容十分丰富且令人信服，因此在宗教研究史上产生了深远的影响。

除以上几种方法外，还有所谓规范分类法、进化分类法和现象分类法也颇有影响，同时，以宗教观念的内容，宗教教义的形式，宗教崇拜的性质，宗教与文化的关系为基础的各种分类法也散见于西方宗教学界。这些分类法都从各自的角度对宗教现象、宗教资料进行相对系统的整理，对宗教研究的系统化起了不同程度的推动作用。

与以上几种分类方法比，马克思主义经典作家对于宗教的分类似更侧重于揭示宗教的历史发展过程。①

马克思和恩格斯在进行科学研究时十分重视科学的分类。恩格斯说：“科学的分类，每一种科学都是分析单个运动形态或一系列相互关联和互相转变的运动形态的，同时科学的分类就是这些运动形态本身之依据其内部所固有次序的分类和排列”。② 恩格斯在这里把对象“内部所固有的次序”作为分类的依据，并把这种分类方法贯彻到宗教研究之中。

在恩格斯的著作中，对宗教发展的历史进程及宗教在不同阶段所表现的历史形态，提出了三种不同的说法。

第一种：从“自发宗教”到“人为宗教”。在《布鲁诺·鲍威尔和早期基督教》一书中，恩格斯写道：“事情很清楚，自发的宗教，如黑人对偶像的膜拜或雅利安人共有的原始宗教，在它

① 参阅《马克思恩格斯列宁斯大林论宗教》，第90—98页。
② 恩格斯：《自然辩证法》，人民出版社1955年版，第209页。

产生的时候，并没有欺骗的成份，但在以后的发展中，很快的免不了有僧侣的欺诈。至于人为的宗教，虽然充满着虔诚的狂热，但在其创立的时候便少不了欺骗和伪造历史。而基督教，正如鲍威尔在批判新约时所提出的，也一开始就在这方面表现出可观的成绩。”①恩格斯这个说法实际上把历史上的宗教分为“自发宗教”与“人为宗教”两大类，把宗教的历史发展视为由“自发宗教”与“人为宗教”两大类，把宗教的历史发展视为由“自发宗教”向“人为宗教”的发展过程。

第二种，从“多神教”到“一神教”。在《反杜林论》中，恩格斯说：“最初仅仅反映自然界的神秘力量的幻象，现在又获得了社会的属性，成为历史力量的代表者。在更进一步的发展阶段上，许多神的全部自然属性和社会属性都转移到一个万能的神身上，而这个神本身又只是抽象的人的反映。这样就产生了一神教，”②在《路德维希·费尔巴哈与德国古典哲学的终结》一书中，恩格斯又指出：“由于自然力被人格化，最初的神产生了。随着宗教的向前发展，这些神愈来愈具有了超世界的形象，直到最后，由于智力发展中自然发生的抽象化过程——几乎可以说是蒸馏过程，在人们的头脑中，从或多或少有限的和互相限制的许多神中产生了一神教的唯一的神的观念。③”恩格斯的这种分类法是以崇拜的对象神灵为依据，而对神灵的信仰乃是宗教的核心，因此，这种分类对宗教研究产生深远的影响。

第三种，从“部落宗教”到“民族宗教”再到“世界宗教”。恩

① 《马克思恩格斯全集》第1卷，第327—328页。
② 《马克思恩格斯全集》第3卷，第335页。
③ 《马克思恩格斯全集》第4卷，第229页。

格斯在《布鲁诺·鲍威尔和早期基督教》中曾提到古代的一切宗教都是自发的部落宗教和后来的民族宗教；在《路德维希·费尔巴哈与德国古典哲学的终结》一书中又继续指出了从“民族宗教”到“世界宗教”的历史进程，并以历史唯物主义的观点论证了这种发展的社会历史根据，指出“民族神一旦不能保卫本民族的独立和自主，就会自取灭亡。”而“一种新的世界宗教是不能这样用皇帝的敕令创造出来的”，而是“世界帝国”的产物。恩格斯这种把宗教分类还原于各自社会历史条件的方法，对于我们今天的宗教研究具有指导性的意义。

以上论列的各种宗教分类法。分别从不同的角度把宗教现象、宗教资料系统化，这对于我们今天的宗教研究无疑是具有重要参考价值和启发作用，特别是马克思主义经典作家把宗教分类还原于各自的社会历史条件，着重从不同阶段宗教的不同历史形态方面去揭示宗教的历史进程的方法，对于我们探讨宗教的产生与发展问题，尤其具有指导意义。

第四章　宗教的起源与发展

历史唯物主义的宗教观坚持把宗教还原于一定的社会历史条件，并且坚持用特定的社会历史条件去说明宗教，这为我们研究宗教的起源与发展提供了一条指导性的线索和方法论的根据。

第一节　宗教的起源

宗教有没有起源，这在宗教学界是有争论的。有些宗教学家、特别是有些神学家认为，宗教是没有起源的，说宗教有起源便是对神或上帝的亵渎。在这些神学家看来，神或上帝是永恒的、不生不灭的，因此，对神灵的崇拜是自古就有的。宗教的信仰，宗教的感情，是人的本性或天性，是任何时代任何民族的人所共有的，是与生俱来的。古希腊哲学家柏拉图就曾说过："全人类，希腊人和非希腊人同样都相信神的存在。"[①]伦敦大学教授马林诺夫斯基也说："无论怎样原始的民族，都有宗教与巫术，科学态度与科学。……一切原始社会……都很显然地具有两种领域：一种是神圣的领域或巫术与宗教的领域。一种是世俗的领域或科学的领域。"[②]美国学者摩尔也说；"全世界各处的各时代的人，不有此种形式的宗教，必有彼种形式

① 柏拉图：《法律篇》，8860。
② 马林诺夫斯基：《巫术宗教科学与神话》。

的宗教，这是现时在人类学家之中一种通行的意见。”①中国有个叫杨杏佛的则说得更加直截了当：“宗教是没有起源的，说宗教有起源便不是宗教的观点。宗教可以说是和天地同时发生，同时进化的。”②

宗教真的没有起源吗？让我们回到人类历史的源头，看看宗教是不是与人类同时发生、同时进化的。

一、人类之初无宗教

根据现代自然科学的研究成果，人们知道，大约在45亿年前形成了人类现在居住的地球。地球上起初只有无机物，然后才发展出有机物、植物和动物。动物的发展又从水中的鱼类，到两栖动物、爬行动物再到哺乳动物，哺乳动物中的一支经过了长期的演化，才逐渐发展成为人类前身的类人猿。

根据古生物学和考古学的研究成果，人们知道，大约在距今300万年前，古猿已发展成为人类（真人），其后又经历了早期猿人、晚期猿人、早期智人（古人）和晚期智人（新人）等阶级，才逐渐发展成现代人类。

在宗教学界，绝大多数人对这样一个观点是不会有异议的，即宗教是一种意识形式，动物没有意识，因此，动物没有宗教。著名的德国古典哲学家费尔巴哈在其《基督教的本质》一书中，开头第一句话就是，“宗教根源于人跟动物的本质区别：动物没有宗教。”③马克思主义经典作家也一再指出：“动物是

① 摩尔：《宗教的出生与成长》。
② 杨杏佛：《宗教与人生》。
③ 《基督教的本质》商务印书馆，1984年版第29页。

和它的生命活动直接同一的，它还没有把自身同自然界对立起来，不对任何东西发生‘关系’，因此，动物没有作为自身同周围环境的关系的一种反映的宗教。”①

人类发展史告诉我们：由猿人向现代人的过渡，经历了几十万年的漫长过程。当人类刚刚从动物中分化出来时，还处于一种半人半猿的状态，还不能把自己同自然界分开。这个时期人的思维器官——大脑还不发达。据专家研究，最大的猿类的头盖骨容积为 600—685 毫升。考古学家发现的最早人化石——爪哇猿人为 800—900 毫升，北京猿人为 1000—1100 毫升，更后一个时期的尼安德特人为 1100—1600 毫升，现代人的脑容量为 1200—1700 毫升。早期人类的大脑结构，决定了这时期人类不可能形成复杂的抽象思维，而只能反映谋取食物与制作简单工具等有关劳动过程。考古学家根据“北京猿人”的下颚骨的特征判断，“北京猿人”还不能频频改变语言音节，他们的语言只能用一些分化得极为微弱的声音所构成，连表达简单的思想也必须用面部表情或身体动作来作补充。拉法格在《思想起源论》一书中运用了大量的考古学的材料后指出：“在野蛮人的语言中，人还没有表示一般概念的词，如‘人’、‘物体’等，也没有时间、原因等等抽象思想的词。”②“在许多野蛮人的语言中，没有表现圆、硬、热等抽象概念的词，其所以没有，是因为野蛮没有达到创造想象上的存在或形而上的实质，例如不说硬的，而说‘象石头’，不说‘圆’的，而说‘象月亮’，不说热的，而说‘象太阳’。因为硬的、圆的、热的这些属性在他们的脑子中还没有与石头、月亮、太阳分离开，只是在

① 详见《马克思恩格斯全集》第 3 卷，第 34 页。
② 拉法格：《思想起源论》第 60 页，第 62 页。

长期的脑力劳动之后，这些品质才从具体物分离、抽象出来。”[①]拉法格的这个分析是有道理的，因为人们思想发展的程度和语言发展的程度有密切的联系，当人类还没抽象的词的时候，当“北京猿人”连表达最简单的思想都须表情或动作来作补充的时候，很难想象他们能构成神灵之类的宗教观念。

其次，考古学的研究成果也表明，在人类的初期，并没有宗教观念和宗教信仰。1891 年在印度尼西亚的爪哇特里尼尔发现的晚期猿人化石，根据放射性同位素测定，这些猿人距今约 50—80 万年，在这些猿人化石遗址中，没有发现任何宗教信仰的痕迹；1926 年在我国北京周口店发现的“北京猿人”，他们生活在距今 50 万年前，在发掘周口店龙骨山“北京猿人”生活的山洞时，发展了猿人生活的大量遗迹，但同样没发现任何证明他们已有宗教观念的痕迹。根据现有的考古资料，在所有古人类遗址中，只有到了“尼安德特人”时代，才存在着似乎是宗教的遗迹，另外，中国的“山顶洞人”也被认为是有葬礼的遗迹。“尼人”生活的时代距今约四万年至十几万年，“山顶洞人”的遗址被认为是二万五千年前至五万年前的东西。这说明，在人类之初的相当一个历史时期内，并不存在任何宗教观念和宗教信仰。

再次，比较人种学的研究成果也表明，人类初期没有宗教。上一个世纪，学者们发现了至今仍然处于最古老最原始的原始氏族，他们对不死论如同对上帝一样没有任何一点观念，比如火地岛发现的野蛮人，其语言含糊不清，只知道使用一些精笨的石器，不埋葬死人，不举行任何仪式，没有任何宗教信

① 拉法格：《思想起源论》第 60 页，第 62 页。

仰的迹象;锡兰的维达人,即原始矮人(最古老的印度"原始人"的一支残余),印度西朗人以及澳洲黑人的若干种族的情况也是这样。分布在巴西内地亚马逊河上游等地许多未开化的原始氏族既不知道神,更不懂上帝;在苏门答腊岛的密林中发现的库布部落,不会打猎,不会生火,过着无火的生活。他们既无固定住所,更无时间观念,吃的是野果、树根、蜥蜴、毛虫等等。这样的部落无论如何是不会有宗教观念的。

从以上几个方面,人们不难看出,所谓宗教是人类的天性,是与生俱来的,"宗教与人类同时发生,同时进化"等等说法是毫无根据的。

二、各种宗教起源论

宗教既不是与天地并生,与人类共存,那么,它究竟起源于何时?是怎样产生的呢?围绕着这些问题,历史上有各种不同的说法,形成各种宗教起源的理论。

关于宗教起源于何时的问题,宗教学界似比较一致认可追溯到"尼安德特人"(即"尼人")时代,距今约十几万年。至于宗教是怎么产生的,这则是宗教学界长期来聚讼纷纭的一个重要问题。

有些宗教学家认为,宗教起源于"万物有灵论"。这种主张以英国著名的人类学家和宗教学家泰勒为代表,他在《原始文化》一书中,对原始人世间生活及其思想文化的形式进行了大量的考察,认为原始人出于对"诸如梦境、昏厥、幻觉、疾病,乃至死亡，感到困惑莫解，亟欲探知其究竟”[①]，由此导致了灵魂观念的产生。此种灵魂后来又逐渐演化为“精灵”和“神祇”等，最终则演化为“独一无二的主宰神”。在泰勒看来，世界上各种各样的宗教，都是以原始的“万物有灵”信仰为滥觞、为源头的。

泰勒的“万物有灵论”的宗教起源说，受到各国学术界的普遍重视和瞩目，相当多数的宗教学者接受了泰勒关于原始人信仰万物有灵这一说法。但也有不少神学家和宗教学家对于泰勒的“万物有灵”这一说法持有异议。例如，二十世纪初的教权主义派就针对“万物有灵论”另创“原始一神论”，认为：一神的观念亘古有之，它不以时间、地点、空间为转移，之所以会这样，因为这是上帝的启示。“原始一神论”的代表性人物是作为语言学家和民族志学家的天主教神甫威廉·施米特。他在《一神观念之由来》一书中，对这种思想进行了详细的论述。

19 世纪末叶之后，对于宗教起源问题有过较多的讨论，在当时宗教学界比较有影响的另一种观点是“前万物有灵论”。[②] 持此论者既赞同泰勒的“万物有灵论”，又认为在万物有灵信仰出现之前，曾存在着一种更为原始的宗教观念，亦即“前万物有灵论”。

“前万物有灵论”的主要代表人物有著名人类学家罗伯特·马雷特和詹姆斯·弗雷泽。罗伯特是第一个使用“前万物有灵”这一术语的人，后来逐渐为宗教学界所引用。弗雷泽在其

① 谢·亚·托卡列夫《世界各民族历史上的宗教》，魏庆征译，中国社会科学出版社，1985 年版，第 11 页。此节中宗教起源的有关资料曾参考是书。

② 详见《世界各民族历史上的宗教》，第 15—17 页。

大部头名著《金枝》中，详细地考察和阐述了对于灵魂及其变异的种种信仰。根据弗雷泽的观点，人的智力发展经过了三个阶段，即巫术——宗教——科学。在巫术阶段，人的智力尚无法形成灵魂或精灵的观念，他们崇信自身的法术，只是到了后来，人的智力水平提高了，才产生了灵魂观念。按照弗雷泽的这一说法，巫术先于宗教，对此，宗教学界称之为“巫术论”。

另外，还有一种较有代表性的宗教起源论，即图腾论。著名宗教社会学家杜尔克姆是其代表。

通观以上各种宗教起源论，有一个共同点，即都反对宗教是与天地并生的，从这一点说，以上诸说均有可供借鉴的成分。

三、宗教是一定社会历史条件的产物

按照费尔巴哈的说法，宗教是人的一种自我意识，所以动物没有宗教。费尔巴哈的这个观点被宗教史的大量事实证明是正确的。因为，当人还没有把自己从自然界中分离出来，还没有形成自我意识或自我意识十分微弱的时候，宗教是不会产生的。

但是，正如马克思在《资本论》中指出的：“以至所有抽掉这个物质基础的宗教史，都是非批判的。事实上，通过分析来寻找宗教幻想的世俗核心，比反过来从当时的现实生活关系中引出它的天国形式要容易得多。后面这种方法是唯一的唯物主义的方法，因而也是唯一科学的方法。”[1]这就是说，意识

① 《马克思恩格斯选集》第3卷，第410页。

的东西固然是宗教产生的其中一个主要条件，但人们不能单纯从人的意识本身去寻找宗教产生的根源，而应到当时社会物质生活条件中去寻找宗教产生的根据。例如“爪哇猿人”、“北京猿人”时代所以没有宗教，思维能力的极度低下，自我意识的极端微弱固然是其中一个重要原因，但是，当时生产力的过度低下，生产斗争的极端简单，生产范围的极度狭小，人们还不能认识到周围许多自然现象对于人类的生活价值，对它们不抱什么希求和期望，这一切更是当时人类不会产生宗教崇拜的主要原因。后来，随着人类生产规模的逐步扩大，生产工具的不断改进劳动生产力有了较大的提高，这时，人们逐步认识到自然现象同人类生活的联系，从而对许多自然现象抱有某种希求和产生利用它、控制它的欲望，在此基础上，自然现象才逐渐被神化。可见，宗教现象是同人类生产的一定阶段相联系的，是生产力发展到一定程度的产物。

其次，就人类的思维能力和自我意识角度说，它们本身也是一定物质生活条件的产物。人类把自身同自然界分离开来的意识，正是人类社会实践，特别是生产斗争的结果。如果没有长期的生产、生活实践，就不会产生自我意识和培养出一定思维能力，从而不可能产生灵魂、魔力等表象。反之，当人们经过长期的生产、生活实践，逐步把自己同自然界分开，有了较清楚的自我意识，并认识到自然现象与人类之间，自然现象与自然现象之间的某些联系，才有可能产生作为考察人与自然现象之间，自然现象与自然现象之间相互关系的虚幻观念——精灵与神。

再次，从人类初期宗教信仰的内容看，宗教的产生与人类的物质生活条件有着最密切的联系。人们最初所崇拜的多是与人们的生产、生活有着最密切联系的自然现象。因此，首先被歪曲地反映为神灵的是自然力量，这有如恩格斯所指出的："在历史的初期，首先是自然力量获得了这样的反映，而在进一步的发展中，在不同的民族那里又经历了极为不同和极为复杂的人格化。"[①]原始人赖以生活的是自然，对他们的生活有直接威胁的也是自然。从动物界中分离出来的人类，已不象动物那样单纯地适应自然界，而是把自然界作为自己的改造对象，他们希望支配自然，控制自然，让自然来为自己服务，但他们低下的生产力和智力水平，使得他们最后跪倒在无法驾驭的自然力面前，把它超自然化、神化，崇拜它、祈求它的恩赐和帮助。这正如恩格斯所说的：史前时期"这种种关于自然界，关于人本身的性质，关于精灵，关于魔力等等虚假的表象，大抵是以消极的经济因素为基础；史前时期低级的经济发展把关于自然界的虚假现象作为补充，有时也当作条件，甚至当作原因。"[②]

从以上几个方面可以看出，宗教观念、宗教信仰，既不是从来就有的，也不单纯是人类意识的产物。它是与人类生产的一定阶段相联系的历史现象，是一定物质生活条件的产物。

第二节　宗教的历史发展

宗教在原始社会的一定阶段上产生之后，随着人类社会的不断发展，而经历了漫长的历史发展过程。按照历史唯物主义的基本观点，宗教本身既无历史，也无内容，它的内容在世

---

① 《马克思恩格斯选集》第3卷，第354页。
② 《马克思恩格斯选集》第1卷，第484页。

俗的基础之中,它的历史即是社会物质条件的发展史。这是我们对宗教这一社会现象进行历史考察的方法论根据。当然,这不等于说我们把社会物质条件的发展本身作为我们的考察对象,只是说,我们不打算离开社会的物质条件去孤立地考察宗教的历史发展,而准备把历史上的各种宗教现象放到当时的社会条件下去考察,力求在历史唯物主义的指导下对宗教的历史发展勾画出一个大致的轮廓和线索。

一、原始宗教

人类历史上最早出现的宗教,宗教学上通常称之为原始宗教、自然宗教或自发宗教。恩格斯在《布鲁诺·鲍威尔和早期基督教》一文中,把原始社会的宗教称之为"自发的宗教",而把阶级社会的宗教称为"人为的宗教",并指出"自发宗教"在它往后的发展中逐步向"人为宗教"转变。西方宗教学者也多把原始时代的宗教称为"原始宗教"或"自然宗教",而把阶级、国家出现之后的宗教称为"神学宗教"或"国家宗教"等等。世界上各个地区、不同的宗教学派尽管对于历史上的各种宗教称谓不尽相同,但有一点是共同的,即都认为原始宗教是人类历史上最早出现的宗教。根据历史是从哪里开始,人们的思想进程也应从那里开始的原则,对于历史上宗教发展过程的叙述,我们拟从原始宗教开始。

费尔巴哈曾经说过:"自然是宗教的最初、最原始的对象,这一点是一切宗教、一切民族的历史充分证明了的。"[①]费氏

① 《费尔巴哈哲学著作选集》下卷,三联书店,1962年版,第436页。

的这一说法合乎宗教史的实际,人类最初的宗教,多是一种直接以某种自然力和自然物为崇拜对象的,因之,人类最初的宗教形式,多表现为对大自然的崇拜。

（一）大自然崇拜

原始宗教刚产生的时期,人们将大自然的许多现象,如天体、大地、日月、星辰、名山、大川、雷电风雨等等加以神化,并对它崇拜,这是一种普遍的现象。原始宗教的这一崇拜形式,实际上是当时人类社会发展水平的产物。

人类刚从动物界分离出来的时候,在许多方面都带有动物的深刻印痕,他们虽然不象动物那样混同于自然界,完全受自然界的支配,而已经有了初步的自我意识。但是正如马克思所指出的:“自然界起初是作为一种完全异己的有无限威力的不可驯服的力量与人们对立的,人们同它的关系就象牲畜一样,服从它的权力。因而,这是对自然界的一种纯粹动物式的意识。”所谓“动物式的意识”,也就是最初的人类,由于生产力和智力水平的极端低下,他们把各种自然现象和自然力当作与人们相对的异己力量,屈服于它并对它崇拜,由此产生的以大自然为崇拜对象的自然宗教。

当然,由于世界上各个地区原始部落的生活条件不尽相同,由此造成具体的崇拜对象也各不相同。所谓“山居祭山,海居祭海,城居祭城隍,乡居祭土地”就是这种由不同的生活环境造成不同崇拜对象的写照。

首先,对天体的崇拜是大自然崇拜中一种最具普遍性的现象。由于天体的一切变化,对于原始人来说,完全是变幻莫测、不可捉摸的,同时,各种天体现象,如日月、星辰、雷电、风雨对他们的生活又有直接的影响,所以天体现象引起了原始人的重视。例如,太阳和月亮有时给他们带来温暖和光明,有时又给他们带来黑暗与寒冷,风雪雨露,有时给他们带来意外的收获,有时又给他们带来不测的灾难。因此,原始人把天体当做一种最大的神秘物,对它产生敬畏、依赖等宗教感情。

在天体崇拜中,对太阳的崇拜最为普遍,这也许因为太阳与人类生活的关系最密切。在古埃及,太阳是统治着死寂的沙漠的天火的森严可怖的自然力,同时又是人在生活上必须的热和火的根源,所以在古代埃及盛行拜日教。拜日教的中心是伊鸟怒城,称为"太阳城"。古埃及的铭文说:太阳"自己创造自己,人们都不知道它的名字……它存在的时候,除它以外没有任何别的东西……万物是由于它的愿望而产生出来的。"[①]古希腊曾建有日神"希利奥斯"之庙,古罗马也有日神"梭尔"之庙。我国古代,也盛行过日神崇拜,甚至把日神视作百神之主。生活在我国北方的鄂伦春族太阳神为"得勒钦",每年正月初一都要朝它跪拜祷告祈求赐福给他们。在日本,现在还有人供奉被认为是太阳化身的开国女神"天照大神",等等。

在原始人的天体崇拜中,月亮星辰的崇拜也较普遍,地处印度洋的安达曼群岛的矮小黑人崇拜星辰,认为月亮是太阳的妻子,而星辰则是它们众多的子女;在一些地处旱热带的原始部落,太阳被视作可畏的恶魔,而崇拜作为清爽温柔的化身的月亮;星星的作用虽不如日月大,但一到夜晚,星光闪烁,时隐时现,变化莫测,给人予无尽的遐想,加之,各种星辰排成各种图象,流星、彗星的出现,银河的移动,陨石的堕落,都极易使人产生神秘感,进而把它神化并加以崇拜。我国古代文献

① 阿甫基诺夫:《古代东方史》,三联书店 1956 年版,第 327 页。

中，就有许多祭星的记载：如《周礼·大宗伯》云："以实柴祀日月星辰"，《尔雅·释天》称"祭星日布"，《礼记·祭法》说："埋少牢于泰坛，祭时也；相近于坎坛，祭寒暑也；王宫，祭日也；夜明，祭月也；幽宗，祭星也。"可见，我国古代也曾流行过星辰崇拜。

至于对风神、雨神、雷神的崇拜，世界各个地区、我国古代各民族都流行过，这是原始时代自然崇拜的残余。原始人栖山林，居洞穴，风雨雷电对他们的日常生活和生产有十分密切的联系，加之，风雨雷电这些自然现象变幻莫测，这就使他们对这些自然现象产生敬畏、依赖和神秘感，进而把它们神化并加以崇拜。以求得它们的护佑与恩赐。由于风对于原始人的林栖穴居的生活好处不多，相反，狂风引起的山呼海啸、树倒屋塌、庄稼荒芜，他们却有很深的体会，因此，原始人多把风神视为凶神、恶神。反之，雷神由于声厉力猛，势不可挡，加之，受其害的是个别人，又带有很大的偶然性，或许还由于遭雷打的有时是一些作恶之人，因此，我国古代把雷神视作伸张正义、对恶人执行刑罚的善神。

其次，土地崇拜也是原始人大自然崇拜中较普遍的一种崇拜形式。由于原始人看到万物都因地而得生长，因此把地看成是一个巨大的生物和一切东西的负载者，特别在发生地震那种骇人的现象时，原始人的头脑更会产生各种猜测和幻想；进入农耕时代之后，土地成了人们生产、生活的重要条件。人们虽然对它仍有神秘感，但更多的是因为人们依赖它才崇拜它。土地滋养着万物，人们春播秋收，没有土地的帮助就不能生活。因此，在世界上不少民族和地区有"地母"之称。祭祀土地的现象也很普遍。我国很早就有关于祭祀土地的记载，如

《周礼·大宗伯》云:“以血祭祭社稷”,这里所说的社稷的社就是指地神。《礼记·郊特性》曰:“社,所以叫地之道也,地载万物,天垂象,取材于地,取法于天,是以尊天而亲地。”这里不但说明“社”即地神,而且指出了所以崇拜土地的原因,即“地载万物”,取材于“地”,舍地人们无法维持生计,因此要“亲地”、“祭社”。祭祀土地的仪式一般是把祭品撒在地上或灌注于地,让地吸收,有些原始部落甚至用人献祭,菲律宾的土著民族,以前在播粟之前必杀人献祭,我国古代也有以血甚至用农夫祭土地的记载:《春秋公羊传》说:“……盖叩其鼻,以血社也。”《管子·揆度》云:“轻重之法曰……自言能治田土,不能治田土者,杀其身迹以衅其社。”另外还有一种祭祀仪式是把祭品埋入地下,孟加拉国的康德人曾存在过杀人祭地的迷信,其祭法是将人杀死后,把血肉或血肉烧成的灰分给各户埋于耕地之下,以祈求谷物丰收或对地神护佑的报答。我国在解放初期,有些地区和民族还存在地神崇拜的残余,根据有关调查资料,云南巍山县一带的彝族,逢农历正月初一要祭地母,彝语称“本斯”。祭法是以一树枝代表“本斯”,敬献鸡血鸡毛,祈地母保佑丰收;昆明西山区谷律一带的彝族,逢农历六月二十四祭地神,称为“青苗大会”。云南勒山的阿细人,逢农历九月择日祭地神,杀白公鸡为祭品。

原始宗教中的大自然崇拜,还表现为对山神、石神的崇拜和祭祀。山峰之成为崇拜对象,多由于它雄伟险峻,高大耸天,容易使人产生威严与神秘之感,有些山则奇形怪状,或象狮,或类虎,给人以丰富的联想和猜测。因此,凡是高大、怪异的山峰,往往被人们神化,成为崇拜对象。例如,我国云南沧源县班洪部落的佤族人就把卡佤山区的最大的山“鹿埃姆”(即公明山)和部落附近的大山“鹿埃松”看成是最大的神。有些彝族地区把山看成是神灵的处所和撑天的柱子。《勒俄特衣》说:“四根撑天柱,撑在地四方,东方的一面,木武哈达山来撑;西方的一面,木克哈尼山来撑;南方的一面,大木低泽山来撑。”在他们看来,山是山神的化身,山神有撑天之力。有些地区的少数民族,把山神看成是力量最大、能制服一切妖魔的大神。四川小凉山的毕摩在作法时念的《请神经》,所请的多是山神;有些地区则把山神看成是地方的保护神而不断进行祭山活动,如云南凉山彝族,每逢农历二月初八、六月二十五和腊月三十日要祭山神;云南弥勒西山彝族支系阿细人的村寨都有一简易的山神庙,并以石头或树枝作为山神的象征供奉于庙中。山神庙在我国山区非常普遍,可见我国古代山神崇拜之盛。

对石神的崇拜,在我国一些带有原始宗教遗风的少数民族宗教中,仍很流行。原始人以石头磨制生产工具,又用石头作为同猛兽作斗争的武器,使他们对石头怀有特殊的感情,并产生对石头的依赖和崇拜。据调查,解放前云南有些地区的彝族,每逢农历十月要祭石神。弥勒山区攀枝邑的彝族,把村边的三大巨石作为石神的代表进行祭礼。昆明西山区谷律乡的小河口村,路边有一只红沙石“石狮”,彝民认为是石神象征,逢年三十晚,村民要端三碗饭,一碗酒,一碗茶去那里祭祀。祭者对其烧纸、烧香、叩头,并将纸钱贴在头、身之上。初一、初二还要用糯米糍粑去供奉,目的是求得家人平安。云南峨山县太和村的彝族,认为石神主宰生育儿女,祭石的目的则在于促进生育。其祭法是在农历二月第一属牛日祭“米夏哈”(龙)时,于两棵“龙树”前各置椭圆形的石头一块,祭龙时也祭石,以鸡、猪为牺牲,连祭三天,村人聚集于石前会餐,在祭祀的第二天,由两个已婚但尚未生育的男青年各抢其中一石，围绕龙树旋转，其他青年向他们身上泼水。目的是求石神保佑他们人丁兴旺。

除山、石之神外，河川、湖海等自然现象也常常成为原始宗教的崇拜对象。实际上，在人类社会初期，举凡那些与原始人的生产、生活有较密切联系的自然现象，几乎无一不在特定条件下成为原始人的崇拜对象。究其原因，依赖感是其中一个重要因素。

（二）动植物崇拜

动植物崇拜是狩猎经济与农耕采集经济在宗教意识方面的反映。原始人在相当长一个时期内以靠猎取动物为主，“动物是人所必须的东西，没有动物，人就不能生存，更不消说过人的生活了。我所必须的东西，就是我们所依赖的东西，既然一般自然界作为人类存在的基本原则，可以成为宗教的对象，那么作为自然界部分的动物界当然也能够而且必须成为宗教崇拜的对象。”①也就是说，动物是人类赖以生存的必要条件，因此，动物终于成为原始人的崇拜对象，正如自然界成为人类的崇拜对象，是因为自然界是人类存在的基本原则一样。马克思也曾指出：“人在自己的发展中得到其他实体的支持，但这些实体不是高级的实体，不是天使，而是低级的实体，是动物，因此就产生了动物崇拜。”②

动物崇拜在世界各地的原始宗教中十分普遍。在位于法国南部的得鲁瓦·弗雷尔山旧石器时代遗址的洞穴中，发现了有半人半兽的“兽王”像；在法国南部拉塞尔洞发现有手拿

① 《费尔巴哈哲学著作选集》下卷，三联书店 1962 年版，第 543 页。
② 《马克思恩格斯全集》，第 27 卷，第 63 页。

牛角主持宗持仪式的妇女浮雕；在位于小亚细亚的萨勒特·许余克的新石器时代的遗址，发现有七千年前的原始祭石及壁画中的雄牛和兀鹰；在西班牙、奥地利等地也发现了旧石器时期的洞画和动物塑象。这些都被认为是原始人动物崇拜的遗迹。我国古代也曾盛行过动物崇拜，对此，我国古代的神话集《山海经》有许多记载和描述。这本书把所有神灵，不管是历史传说中的人物，或各地区的神灵，都描写成动物或与动物有关。例如，《南山经》中的神灵全与鸟、龙有关系，“其神状皆鸟身”或“龙身而鸟首”、“或龙身而人面”；《西山经》的神灵都与马、牛、羊、虎、豹有联系，神灵的形状多“人面马身”或“人面牛身”或“羊身人面”，其中提到的西王母是“其状如人，豹尾虎齿而善啸。”《北山经》所提到的神灵都与蛇、马、猪（彘）有关系，其神“人面蛇身”或“马身人面”、“彘身人面”等等。《山海经》的这些记载，反映动物与当时人们生活、生产的密切关系，同时也反映人们对动物的神秘感、依赖感以及在这种心理指导下对动物的崇拜。

原始宗教中的动物崇拜，崇拜的种类很多，小至昆虫、龟蛇，大至虎豹熊罴。我国古代就有把蚕当作神来崇拜和祭祀的记载。《周礼》云：“王后帅内外命妇享先蚕于北部”，后来，历代皇后常常按期祭蚕神。现在，北京北海公园还有蚕神之遗址。妇女祭蚕神，这是古代社会的男耕女织经济的反映。我国古代的所谓“腊八之祭”，就包括祭昆虫；古代埃及人崇拜并祭祀甲虫神波塔，以弗所人则崇拜蜂神。印度耆那教教徒认为伤害一只极小的昆虫也算犯下了与杀人一样的大罪，他们“为动物，甚至最下等的最惹人憎恶的动物设立许多正式医院，并且付钱给穷人，要他们到专门给臭虫、跳蚤预备的地方过夜，好让这些毒虫大嚼一顿”。[①]

对牲畜的崇拜也是原始宗教动物崇拜的一项主要内容。其中,尤以对牛神的崇拜为最普遍。古代波斯人把对人生活有重大影响的乳牛当作神来崇拜。古埃及最受崇拜的是神牛阿波斯,据说这种牛有三十多种心理特点,一被发现,人们就把它饲养在特地为它建造的神殿里,以供拜和询问吉凶,神牛一死,全国哀悼,直至发现新的神牛为止。神牛的尸体被涂上香料,做成木乃伊,放在大石棺里,并举行隆重的葬礼。1981年发现的一个神牛石棺竟比埃及国王的石棺还要壮丽。直到近代,印度还有崇拜牛神的遗风。印度人一年一度用彩布和鲜花把公牛打扮起来,在它面前跪拜,许多乡村还把公牛象活佛一样供着,它死后要举行盛大的葬礼。我国古代也很盛行牛神崇拜,直到解放前,我国一些少数民族还有崇拜牛神的习俗。例如,黎族人认为牛和人一样有灵魂,家家户户都珍藏着一块被称为“牛魂”的宝石,每逢三、七、十这三个月,牛的主人要给牛喝一种用牛魂石浸泡过的酒,对它表示报答和祈祷。给牛灌酒时,牛的主人持剑蹲在牛前念咒语祭告山鬼,事后把它放在深山野牧。有些地区还由此进一步形成了牛的节日(3月8日),一般喜欢在这一天修建牛栏,禁忌杀牛。

牛神崇拜在很大程度上是由牛在农耕中的地位和作用决定的,当牛成为原始人或古人进行生产的最主要工具的时候,牛的被神化是很容易发生的,反之,当现代农业尤其是那些完全实现农业机械化的地区,牛已被拖拉机、收割机等所取代,那么牛神崇拜自然只能成为一种历史的陈迹。

---

① 《费尔巴哈哲学著作选集》下卷,三联书店1962年版,第542页。

另外，崇拜野兽也是动物崇拜中较普遍的一种现象。古代苏门答腊人对老虎怀有很深的敬意，他们宁可让老虎伤害甚至毁掉自己，也不愿意杀害这种动物。他们不敢直称老虎的本名，而称它为老祖宗和老头子。古印度人则崇拜猴子，在班拿勒城有专门供奉活猴的庙宇。古埃及人们则崇拜狮子。我国东北地区的赫哲族则供奉“虎神”、“豹神”、“鹿神”、“野猪神”等等。野兽崇拜是由于野兽与原始社会人类的生活有密切关系，它是狩猎经济在宗教意识方面的反映。

除了上面所列举的种种动物是原始宗教的崇拜对象外，龟、蛇、鳄、鲨鱼、鸟类等，也曾是动物崇拜的对象，其中，尤以对鸟和蛇崇拜更带有普遍性。拜蛇最盛行的地方是印度，有的人甚至相信被蛇咬死乃是一种福份。马德拉斯有一个蛇庙，香火甚盛。我国也有拜蛇的风俗，《搜神记》中谈到东越闽中郡崇拜大蛇，每年八月送一个小姑娘到蛇洞祭祀，后来有一个智勇双全的小姑娘名叫李奇，她自告奋勇去祭蛇，结果把大蛇砍死，越王知道后就聘她为王后；古代希腊罗马，蛇被奉为医药之神，古希腊神话有不少神也是蛇同其他动物混合而成的。对鸟的崇拜历史上也有很多记载，如印度古代经典称鸟为“神的使者”；古代埃及科普科人崇拜鹤和鹰，在他们的遗嘱中写明要按时喂养鹤、鹰及其他鸟类。猫头鹰和乌鸦则常常被人看成是不祥之物，可在美国北部也有一些民族信奉乌鸦为神的；在缅甸旧部的阿瓦地区，人们把鹦鹉视若子女，若家里死了一只鹦鹉，妇女则要放声大哭：“我的儿子死了，我的儿子死了。”然后把它象自己独生子一样，郑重其事地埋葬起来。

对于动物的崇拜，除了我们在上面一再指出的，是由于原始人对动物的依赖感之外，还由于原始时代的初民还没有把自己完全与动物分开。在原始人看来，动物和人并没有什么根本的区别，它同样有思想、感情、灵魂等等。因此原始人为了维持生活必须猎取并宰杀动物，但又怕动物灵魂的报复，故需要祈求动物的饶恕。

另外，原始人类与动物比，尽管有许多优越性，但这种优越性并不是绝对的，动物中有许多高超的功能是人所望尘莫及的。如鸟类能展翅高飞，猛兽则力大无比，狗嗅觉极其灵敏，鹰眼睛十分敏锐，这些都是人类所做不到的。原始人对于动物，既十分需要它来维持生活，又常常感到自身的软弱无力，因此就逐渐萌发祈求动物宽恕、恩赐和保护等心理，转而产生一种幻想，把动物神化，并作为一种超自然的力量加以崇拜。

植物崇拜亦然，原始社会的采集经济和农耕经济，在原始人的生活中一直占有十分重要的地位。如同原始人把动物及其他自然现象看成是有灵魂一样，植物也被认为是有灵魂的，为了求得植物之神的恩赐与护佑，原始人亦崇拜它并向它献祭。

植物崇拜的种类很多，但以农作物崇拜为最常见。古代秘鲁人崇拜玉蜀黍，我国的瑶族、布朗族、景颇族和佤族等少数民族崇拜“谷魂”和“谷神”。有些地区的景颇族在运谷时要举行“叫谷魂”仪式，将打谷时被惊走的谷魂叫回来。壮族地区崇拜禾神，农家常于厨房角落挂几束稻穗或玉米花，认为如此方能获得丰收。播种时，往往以少量的谷种或花生壳撒于村口路旁，祈求禾神，让禾苗长得齐。在农作物生长期间，有的村寨于七月间集体举行“祭青苗”仪式，以猪、酒供祭于村外，届时，禁止人行，老少集饮，唱和农歌，秋收时，要举行“吃新米”活动，即到田里收几把稻禾（够一家人吃一餐），做成“新米饭”，再加鸡、鸭、猪肉等到田头供祭禾神之后,才开镰收割,收割完毕,有的地方则举行歌墟活动,一者以庆丰收,二者以酬禾神。

除农作物崇拜外,植物崇拜中较普遍的是祭树神。大树之为神,散见于世界各地。费尔巴哈在《宗教的本质》一书中例举了这方面的大量事例,他说:"希腊人相信当一棵树被倒时,树的灵魂——树神——是要悲痛的,是要哀求司命之神向暴徒报复的,所以罗马人不拿一口小猪献给树神作禳解,就不敢在自己的大地上砍倒一棵树。"①我国的福建、台湾一带有"大树公"崇拜,一旦一棵树有较长的树龄或比较高大,当地居民就要把它当做神木,不但不敢随便砍伐,还要向它烧香、献祭。台湾阿里山的神木是非常出名的。哈尼族在解放前还遗留着一种以祭龙树为中心的生产祭祀。大马散的佤族居民在砍伐树木作木鼓时,要先对选好的大树射击两枪,把树魂赶走,然后才着手砍伐。西里伯岛的一些原始部族在砍伐树木时,要在附近建造一间小屋,供奉一些小衣服和食物,让树神来居住,然后再进行砍伐。在我国民间还有"桃符"一说,认为桃树有驱灾赶鬼的神秘力量。因此在逢年过节时,往往准备好多年饭,在饭上插上桃花,以达到驱邪保平安的目的。

(三) 祖先崇拜

祖先崇拜是以灵魂崇拜为基础的,更准确点说,是以鬼魂崇拜为基础。因为,在原始人群中,灵魂与鬼魂观念是有差别的,灵魂经常与肉体结合在一起,只有在做梦或生病时才离开肉体,这种灵魂,因它与原始人没有多大的利害关系,因此一般不成为崇拜对象。鬼魂则不同,它是人死后离开肉体的灵

---

① 《费尔巴哈哲学著作选集》,下卷,三联书店 1962 年版,第 461 页。

魂，这种灵魂可以随时变更形体，既可护佑于人，又可加害于人。因此鬼魂在原始社会成为原始人的崇拜对象。在鬼魂崇拜的基础上，人们进一步把同自己有血缘关系的祖先的鬼魂，特别是那些生前对本氏族、本部落有重大功绩、被认为最强大有力和英勇善战的部族首领的亡灵，看成是本部族的守护神，并对它加以崇拜，这就形成了原始宗教的祖先崇拜。

祖先崇拜在原始宗教中占有很重要的地位，世界上的不少地区，我国的许多民族，祖先崇拜常常是原始宗教中的最主要的表现形式。例如，祭祖宗一直是汉民族古代宗教中的主要形式，在鄂伦春族、彝族、壮族、黎族、傣族、高山族等少数民族地区，祖先崇拜也一直是古代宗教的主要崇拜形式。

祖先神一般被认为是善神，它能保护本部落、本民族人丁兴旺，事业成功。壮族人对一般的鬼魂十分害怕和憎恨，但对祖先神的崇拜却十分虔诚。壮族的祖先崇拜最原始的有石祖和“白马三姑”崇拜。在广西考古中曾发现了几具石祖，据鉴定是新石器时代的东西，石祖上雕有男性生殖器的形象，这是壮族先民性崇拜的反映，也是壮族早期祖先崇拜的主要内容之一。“白马三姑”又称“白马姑娘”，有祠祀，也有家祠，每隔数年必请巫师跳神，连续几昼夜，叫“调白马”。“白马姑娘”之由来已无从确考，据推测是母系社会祖先崇拜的遗迹。

西双版纳的傣族，把村寨称为“曼”，有共同血缘关系或历史关系的许多村寨组成一片，称为“勐”。“曼”的守护神称“丢拉曼”。“勐”的守护神称“丢拉勐”。这些守护神都是由祖灵转化来的。“丢拉曼”一般是建寨时作出特殊贡献的祖先或保卫本寨而献身的英雄，它开始时只是氏族的祖灵，后来随着氏族公社过渡到村社，就变成村寨的共同保护神。

我国高山族中泰耶尔族、朱欧族、派湾族等，许多居民都认为亲族死者的亡灵，会在冥冥之中保护、照顾亲人。因此，大多将死者埋于屋内床下；在一些地区的原始部族中，也有举行“人肉圣餐礼”的，他们为获得死者亡灵的保护，以虔诚的心情分食死者的肉，或将死者的脂肪涂在活人身上，以表示活人与死者的联系，以达到受死者灵魂保护的目的。

（四）图腾崇拜

图腾崇拜是自然崇拜和祖先崇拜结合在一起的一种原始崇拜。“图腾”（totem）一词源于美洲印第安人鄂吉布瓦人的方言，意为“他的族类”、“他的亲属”或“他的氏族标记”。

原始社会的基本结构是氏族制度，最基本的社会单位是氏族集团。以血缘为纽带的各个氏族集团在追溯自己的远祖时，往往把他们想象为某一类动物或植物（其中动物占绝大多数）。这些动植物就是他们的图腾。原始人常常把图腾作为本氏族的标记，认为它的盛衰象征本氏族的盛衰，因此要保护图腾，崇拜图腾。

图腾崇拜的对象，不管是动物还是植物，都不是指某一个别的个体，而是指该物类的全体，不是指一只熊或一丛竹，而是所有的熊和所有的竹。就这一点说，其崇拜对象具有综合性质。

图腾崇拜在原始宗教中是一种带有世界性的普遍现象，其中以澳大利亚土著居民的图腾崇拜为最盛行。他们所有的部落都有图腾崇拜，一个部族内的氏族图腾多达几十、几百；如澳洲内陆的阿兰特部族和露立惹部族的图腾总和达 442 种。北美印第安人也普遍有图腾崇拜。图腾多是动物，如狼、熊、龟、海狸等。他们每一村落的入口处都树立有高达三十余尺的图腾柱，柱上刻着图腾形象，每一家都画有图腾标记或放着图腾标记物。哥伦比亚原住居民把图腾雕刻在屋内梁上；易洛魁人则把图腾如海狸、熊或其他动物的皮盖在屋顶上。非洲的一些部落以牛为图腾，据说部落的一个女人曾生下一个牛犊，所以他们相信同他们有亲缘关系。东非班图族马尚人每个氏族都有一个动物图腾，羚羊氏族的居民认为他们和羚羊有血缘关系，视羚羊为本氏族的保护者，因此不得打杀，不能食其肉，吃了羚羊的要敲掉牙齿。希腊的阿喀亭人以熊为其族名，米尔米东人的字义与蚁同。阿菲欧琴人自命为蛇之人，而且自称不怕蛇咬，古代雅典的少女在举行熊礼拜时要披熊皮并自称为雌熊，所有这些都可看做古希腊图腾崇拜的遗迹。古罗马以狼、马、野猪、鹰及牛头人身的怪兽为标记的五种军旗，据说是来源于图腾崇拜。

我国古代的图腾崇拜也很盛行。《纲鉴》中记载的黄帝"国于有熊，故号有熊氏"，可能是由于黄帝是一个崇拜熊图腾氏族的酋长；而关于黄帝训练熊、罴、貔、貅等野兽，与蚩尤战于涿鹿之野的传说，可能是把历史上熊图腾氏族联合罴、虎等几个氏族和蚩尤为首的部族进行过部族之间的战争的神话化。又如《毛诗·商颂》中的"天命玄鸟，降而生商"的记载，可能是出自商部族图腾崇拜的传说。

图腾崇拜在我国少数民族地区尤为普遍，有些图腾崇拜与古代神话常常融为一体。例如珞巴族崩尼部落的《尼英姐妹寻配偶》的神话，就带有图腾崇拜的色彩。神话说，在远古时代，有个全是女性的村落，那里有尼英、尼略两姐妹，他们很想生育后代，于是便四处寻找配偶，一天，姐姐尼英上山砍柴遇见经常给她送肉的老虎，便与它结为夫妻；妹妹尼略遇见"达费”(梳子)、“育节”(刀)、“达基”(姜)“麦觉“(鸡蛋)变成的四个男子,她选中育节(刀)作自己的伴侣。她俩都生儿育女,繁衍出虎氏族和刀氏族。虎氏族把虎看成是男性,对其忌讳直称,而改称“阿邦”、“阿巴”、“阿洛”,意为叔叔、伯伯和爷爷。凡猎获到虎,都要举行隆重的“索苗仁”或“达目巴”仪式。猎获者全家列队向虎“请罪”,祈求宽恕,随后猎获者从家中背出虎的头骨和竹篾编的虎身先行,巫师、本部族的男子随后,边舞刀,边呐喊,将虎的魂送到安置在村外的乌佑房,以示归还。仪式要进行三至九天,前后要宰杀大量的牲畜,并以酒肉招待客人。女性和猎获者禁吃虎肉。有些民族、部落所崇拜的图腾,并不是虎、豹等凶猛的野兽,而是一些等而下之的弱小动物。如布朗族的图腾是竹篾和癞蛤蟆等小动物。布朗山老曼峨一带的布朗人崇拜竹鼠,认为竹鼠代表祖先的魂灵,出洞的竹鼠都不能打,而要远远的避开它,否则亲人就要死掉。后来,这种观念发生了一些变化,他们认为如果是费力从土洞里挖出来的竹鼠,还是可以吃的,不过要先举行一种特殊的仪式。在每年的四月和九月,人们要集体去挖竹鼠,逮到了竹鼠,把它拴到一根棍子上,给它戴上鲜花,由两人抬起,绕寨一周然后抬到头人“达曼”的家里,将竹鼠头砍下留给“达曼”,其余的砍碎分给每家一点。各家接到鼠肉,都要朝火塘上的三脚架点拜三次,表示竹鼠给大家带来了“谷魂”。如果挖着母竹鼠,就预示明年将大丰收。

图腾崇拜是原始社会采集、狩猎、农耕经济在宗教意识形态的反映,同时它又对当时的文化艺术以很大的影响。在原始部落的装饰、图画、雕刻、音乐、舞蹈等方面,图腾崇拜都留下了深刻的印痕。许多原始部落,除了在装饰物、服装、住屋、武器、用具等上面都涂画或雕刻图腾形象外，甚至用涂色、切痕、鲸纹等方法在肉体上留下图腾标记。例如，澳洲南部崇拜袋鼠图腾的原住民，他们在背上绘三个圆圈，两臂上又各绘两个小圈。以代表袋鼠的嘴。切痕，是依照图腾的花样用刀切开皮肤，在痊愈后留上永久的伤疤。这种切痕多留于胸、腹、背和四肢。有一些地区的土著部落，对八岁以上的儿童都要施行切痕。纹鲸大多纹于脸或上躯。人们用各种方法使图腾标记留于人体上的目的，是使图腾的精灵常附于身上，以受其保护。原始部族的跳舞歌唱，同图腾崇拜的仪式也有密切的联系。舞蹈和歌唱的内容，许多是模仿图腾的动作和声音，例如以鸵鸟为图腾的氏族，人们在舞蹈时就模仿鸵鸟的动作，以田蛙为图腾的氏族，人们的舞蹈和歌唱常模仿田蛙的动作和声音。

原始宗教的表现形式，除了上面所论列的，还有灵物崇拜、偶像崇拜、女始祖和女阴崇拜，“且”崇拜和男性始祖崇拜等等，这些崇拜与我们上面所列举的那些崇拜一样，具有下面一些特点：(1) 自发性。原始人对于各种超自然力的崇拜完全是自发形成的，“并没有欺骗的成分”，并不是某个人或某个社会集团有计划地创造出来的，因此这种宗教又称“自发宗教”或“自然宗教”。正如恩格斯所说的：“事情很清楚，自发的宗教，如黑人对偶像的膜拜或雅利安人共有的原始宗教，在它产生的时候，并没有欺骗的成分，在以后的发展中，很快地免不了有僧侣的欺诈。”[①](2) 全民性。原始社会经济生活和人与人之间的平等关系，导致了原始宗教具有全民的性质。在原始宗教中，人与神的关系，更多地表现为神与该氏族全体成员的关

① 《马克思恩格斯全集》，第 19 卷，第 327—328 页。

系，而不是与某一个个人的关系。当人们遇到某些重大事件，如征战、灾害、收成等，都要举行宗教活动，但这些宗教活动都是以集体的名义，由酋长、祭司指挥本氏族或部落的全体成员进行，而不是以个人的名义进行。神灵的护佑与否也是对于整个氏族，而不是祸福某一个人。神职人员也非终身制、世袭制，而是民主选举产生。这种宗教活动的全民性质，是由当时生产力水平极度低下、全体氏族成员只有休戚与共、平等共处才能生存的社会条件决定的。(3) 实用功利性。原始宗教的崇拜对象，往往与原始人的日常生活有着密切的联系。他们之所以崇拜神灵，动机很简单、明白，就是要祈求神灵对他们的现实生活给以护佑与帮助，决没有祈求来世幸福的动机。[①] (4) 多神崇拜和崇拜对象的直观性。由于原始人智力水平的极度低下，他们不可能虚构出一种高度抽象的、统一的神，而多是一些与他们日常生活有直接关系的自然界、动植物或本氏族的祖先，这就决定了他们崇拜对象的多样性和直观性。原始宗教的这些特点，从归根结底的意义上说，是由原始时代的氏族制度和社会历史条件造成的。而当这种宗教一旦形成之后，又反过来对氏族制度和社会经济、文化、道德生活等产生深刻的影响。

首先，由于原始宗教的全民性质，其宗教活动多关系到该氏族全体成员的利益，因此，这种宗教活动对于维系该氏族、增强氏族成员之间的联系和团结具有积极的作用。

其次，原始宗教多表现为人与自然之间的相互关系，亦即原始人自己无力与各种自然现象进行斗争，因此往往借助于

---

① 参见朱来常：《宗教与文明》，安徽人民出版社 1986 年版，第 39—42 页。

某种超自然的力量，这在相当程度上把自己的命运托付给“神”或其他超自然的力量，因而具有很大的“麻醉”作用；但是，当原始人以为有某种超自然力量在保佑自己的时候，特别是他们在进行某种巫术活动，以为自己的巫术或法术能够支配和控制自然的时候，这在客观上又增加了他们向自然作斗争的勇气和力量，从这个意义上说，原始宗教（包括巫术、法术等）有时又具有某种积极的意义。当然，对于原始宗教在生产斗争中、在人与自然相互关系上的作用问题，国内外学术界意见纷纭、观点歧异，有时甚至截然对立。例如有些学者认为：“原始的宗教信仰，是人们幻想借助神秘力量来摆脱生活中遇到的各种困难，反映了他们征服自然的倾向和要求，因此在这种意义上说，它在一定程度上增加和鼓舞了当时人们与自然斗争的勇气和力量。”①但是，有些学者则认为：“原始宗教的根本作用是麻醉作用，人们用它来进行自我麻醉，使自己心安理得地、驯服地听命于自然力的摆布。这种根本作用集中地表现于原始宗教的仪式和禁忌方面。”②并且进一步指出，这些“仪式和禁忌，实质上是人们在向自然界斗争中遇到过的困难和失败的记录”。③ 这两种观点显然是对立的，但二者之间并非毫无相通之处。因为从一定意义上说，它们是分别从两个不同的侧面去观察、考虑问题，是从两个不同的方面揭示了原始宗教的两重属性。

第三，原始宗教对于原始人的道德生活有着明显的影响。

---

① 夏清洲：《试论宗教在人类历史上的积极作用》，载于《光明日报》1957年6月30日。
② 朱天顺：《原始宗教》，第74页。
③ 朱天顺：《原始宗教》，第75页。

原始宗教的习惯规范往往具有全氏族道德规范的意义,有些原始宗教的习惯规范具有调整氏族社会人与人关系的作用。对此,马林诺夫斯基在《巫术科学宗教与神话》一书中曾经指出:“用群众来举行宗教的信条,是在原始社会维持道德上所不可缺少的手段……原始社会以内,完全没有根据裁判与惩罚的法律,所以原始组织原始文化的基础所以能够形成,全凭不假外力的道德规律。所以道德规律自然具有绝顶的重要。然而这样道德规律的可能,必要靠着社会以内没有私家的道德教训,没有个人行为标准,没有道德意见上的分歧,但有共信共守的普遍规律。”①马林诺夫斯基这里所说的“共信共守的普遍规律”,实际上就是原始宗教中的某些信条。

另外,原始宗教所依恃的超自然力量,对于原始人的行为具有很大的威慑作用,因此在维护社会秩序方面,原始宗教往往具有特殊的意义,特别是在惩处某些违反社会公德,如偷盗、奸淫等,它具有更大的约束力。例如,在坡里尼西亚,对于以下的越轨行为,如不履行对家庭的义务、看不起穷亲戚、近亲犯奸等,一般社会不加以干预,而交由神灵去惩罚。

第四,原始宗教对于原始的社会文化的影响也是不容忽视的。人类学、民俗学、考古学等大量的研究成果表明,人类远古时代的音乐、美术、舞蹈、绘画、雕塑等文化艺术,既与原始人的生活活动有着密切联系,又都受到原始宗教的深刻影响。

当然,原始宗教也给人类留下了许多愚昧、落后的鬼神观念和迷信活动,这些东西在今日已成为我国人民进行四化建设和精神文明建设的障碍,因此,用历史唯物主义的观点对历

---

① 马林诺夫斯基:《巫术科学宗教与神话》,上海文艺出版社影印本,第70—71页。

史上的原始宗教进行科学的分析，是当前宗教研究中的其中一个重要的任务。

二、人 为 宗 教

氏族社会后期，随着社会生产力的不断发展，私有制、阶级和社会分工相继出现，由此导致了整个社会制度的根本性变革，与之相应，与氏族制度为社会基础的整个原始宗教也逐步走向衰微，代之而起的是以私有制和阶级社会为依托的“人为宗教”。

所谓“人为宗教”，是相对于原始社会的“自发宗教”而言，阶级社会的宗教，不象原始宗教那样是全体氏族间自发形成的，而是借助于有意识的人为力量而发展起来的，用恩格斯的话说：“多少是人工造成的。”①正是在这个意义上，我们把阶级社会的宗教，称为“人为宗教”。

当然，说阶级社会的宗教是“人为宗教”，还仅仅是从总体上立言，并不排除“人为宗教”中有某些自发的成分，正如恩格斯曾经指出的：“基督教同任何大的革命运动一样，是群众创造的……事实上是自发地形成的。”同时，“人为宗教”的所谓“人为”，是指这种宗教的建立，多借助于有意识，有目的的人为力量，但这不意味着这种宗教的建立，没有其现实的客观基础，是靠“皇帝的一道敕令”创造出来的，恰恰相反，如果没有私有制的出现，如果社会不存在阶级，如果社会生产力还没有达到进行社会分工的水平，那么，任何“人为”也不可能创造出

---

① 《马克思恩格斯全集》，第21卷，第328页。

相应的宗教来。

与原始宗教相比，人为宗教究竟发生了一些什么变化？具备一些什么基本特征？这些变化和特征究竟是怎样造成的呢？

（一）人为宗教的基本特征

人为宗教的头一个显著特征是带有鲜明的阶级属性，而不象原始宗教那样具有全民性质。

原始社会全体成员之间的平等关系，民主的集体经济生活，决定了原始宗教活动的全民性与民主性。在原始社会，凡有关气象、灾异、收获丰歉、征战等事，要求神灵预告吉凶祸福或祈求帮助时，都以集体的名义，由族长和祭司指挥大家进行宗教活动。至于个人的病伤灾变，人们也把它当作有关集体生活的事看待。但可以由个人或通过巫师帮助，搞简单的宗教仪式或巫术祈求神灵保佑。原始宗教的集体的或个人的两种宗教活动都说明全体氏族成员都具有与神灵发生关系的平等权利。原始宗教的不少活动虽是由族长、祭司、巫师指挥，但这并不影响个人的神权，因为宗教活动的着眼点是为了全体，加之，族长、祭司、巫师的职务，在原始社会的很长时间内，是由全体公社成员推选出来的，他们尽管充当祭祀的代表，但不成为全体成员与神灵接近的障碍。因此，在原始宗教里，全体公社成员具有与神灵接近的平等权利，而神灵对人也是“一视同仁”。原始宗教的全民性与平等性随着社会生产力的发展、私有制和阶级的出现，开始发生变化。

首先，由于生产力的发展，社会生活资料有了盈余，这为私有财产的产生提供了条件。族长、军事首领、祭司利用职权，侵占了部分公共生活资料，逐渐从原来的人民的公仆，变成人民的压迫者，成为人类历史上的第一个剥削阶级—奴隶主。奴隶主阶级为了维护和巩固他们的特权，在人们对超自然的神灵盲目崇拜和普遍信仰的情况下，运用神权无疑是最具有影响力的一个办法，因此，奴隶主阶级十分自然要千方百计控制并垄断神权。与宗教活动有密切关系的一些重要职务，如族长、祭司、巫师等，逐渐由推选制变成世袭制。恩格斯在谈到易洛魁人和印第安人的这方面的情况时指出："在递补遗缺时，最亲近的同氏族亲属—兄弟或姐妹的儿子，逐渐享有了优先权，除非有理由摒弃他"。[①] 不仅易洛魁人和印第安人是这样，古埃及、古罗马、古代中国都是这样。例如，我国古代传说中的尧、舜、禹都是氏族社会的领袖，他们的职位是由禅让（推选）而来的，到了帝禹之后，逐渐被世袭制代替了。在氏族社会中，族长等重要职务往往与宗教活动有密切的关系，常常履行祭司的职能。这样，祭司等宗教职位也逐渐世袭化。当族长、祭司等变成了奴隶主并逐步世袭化之后，为了加强他们在宗教活动中的地位和作用，他们故意把宗教观念和仪式复杂化，使得一般平民如果不通过族长、祭司的中介，就不可能与神灵接近；并且在宗教活动中人为地增加了更多神秘主义的成分，原来可以由个人进行的许多宗教仪式和巫术，也变成如果不通过族长、祭司的参与便失去效果。就这样，个人的许多神权被剥夺了，族长、祭司、巫师变成了半神半人，神灵的权威和作用，转移到他们身上。

其次，随着私有制的出现，财产的差别逐渐反映到宗教观念上，神灵的护佑与否被同祭品多寡厚薄联系起来了。认为祭品越丰厚，越能得到神灵的恩宠与护佑，反之，神灵将不予理

① 《马克思恩格斯选集》第 4 卷，第 102 页。

会。这就把那些经济贫穷的平民与奴隶逐出了神灵的保护伞之外,神灵成为能够提供丰厚祭品的奴隶主阶级的保护神。

再次,阶级和国家的出现使得宗教中的诸神有了高低、大小之分,某些至上神成为最高统治者的崇拜和祭祀对象,一般平民只能崇拜和祭祀自家的门神与灶神,所谓:"庶人立一祀,或立户或立灶。"[①]这样,广大的平民与奴隶在很大的范围内被剥夺崇拜与祭祀的权利,而统治者阶级成为重要神灵的代表与化身。至此,宗教成为统治阶级手中的工具与平民百姓了不相关。从以上几个方面看,随着人为宗教的产生,宗教渐渐失去其全民的性质而逐步向阶级的宗教转变。促成这种转变的根本原因,是私有制和阶级的出现。

人为宗教第二个重要特征是带有鲜明的社会属性。

与原始宗教主要是自然压迫的产物不同,人为宗教主要是社会压迫的产物。原始人的极端低下的生产力使得他们在大自然面前常常处于无能无告的地位,他们不得不把自然力及自然现象作为一种完全异己的力量加以崇拜。但是,随着工具的改善和技术的进步,社会生产力有了长足的提高。这时,自然界的压力在逐步减少。与之相应,人们对自然界的依赖感在逐渐减弱。但是,生产力的发展对于广大平民百姓,不完全是一种福音,相反,生产力发展所造成的私有制和阶级的出现,使广大平民百姓刚在自然压迫下稍获喘息的机会,马上又被掷进社会的重压之中。少数统治者为了满足他们穷奢极欲的需要,把社会产品搜刮殆尽,为了获得更多消费品,统治者强迫劳动者从事比以前更繁重、更艰苦的劳动。而给他们的报

① 《礼记·郊特牲》。

酬甚至无法维持最基本的生存的需要。被压迫者所处的非人境地，曾经激发起他们进行反抗和斗争的欲望和举动，但是，这种欲望和举动很快被统治阶级强大的国家机器碾得粉碎，他们在走投无路的情况下，只好象原始人把自然力作为异己力量来崇拜一样，把社会力量作为一种异己的超自然的力量来崇拜。因此，人为宗教的产生，虽然不无自然的压力，但主要的根源是来自社会的压迫；与此相联系，人为宗教虽然不无自然的属性，但主要的是社会的属性。

第三，人为宗教的另一个重要特征是出现了一批专门从事宗教事务的神职人员。

在原始宗教中，祭司、巫师也和族长、军事首领一样，是经过民主推选而产生的。有的是临时职务，有的是兼职的。但是，随着阶级和社会分工的出现，祭司、巫师便逐步走上世袭化和职业化的道路，并随着社会的发展，逐渐孵育出一个专门从事宗教事务的神职人员组成的僧侣社会集团。

专业神职人员是作为神与人的中介人的特殊身份出现在社会上的。在人为宗教中，宗教的天国与尘俗世界是两个根本不同的世界。生活在尘俗世界的凡夫俗子是无法同天国的神灵直接联系的，只有通过神职人员这个中介人，才能把这两个世界，把人与神沟通起来。神职人员的出现，神权完全被集中到这些人的身上，普通人的神权，如同其他权利一样，进一步被剥夺了，他们不但在政治上处于受压迫受剥削的无权地位，而且连灵魂的命运也被那些专业神职人员所掌握。

第四，与专业神职人员的存在相联系，人为宗教还有一个重要的特征，这就是它往往具有较严密的组织形式和较系统的神学理论。

在原始宗教中，由于神职多是临时或兼职的，因此，既无可能也无必要设立一个独立的统一的宗教组织，但是，随着专业神职人员的出现，独立、统一的宗教组织的建立不但必要，而且可能。随着宗教的不断发展，各种神职人员增多，且日益专业化，这就要求建立一些较严密的组织形式，以适应宗教发展的需要。在国家宗教阶段，这种组织形式已逐渐达到国家级程度，亦即宗教组织在一个国家内达到统一和规范化，随着世界宗教的出现，宗教组织便日趋国际化，天主教罗马教廷的权威的国际性自勿庸置肓，新教与正教的许多组织也具有跨国界的性质。专业神职人员的组织化，给人为宗教带来了一个巨大变化，即宗教不再只是一种社会意识形态，而且是一个重要的社会实体，一股重要的社会力量。

另外，由于有了大批的专业神职人员，他们有足够的时间对宗教的教义等进行系统的甚至是烦琐的研究和论证，制定出一整套复杂而又规范的宗教礼仪，在宗教行为上的复杂化、规范化，并随之出现卷帙浩繁的宗教经典。

第五，与人类抽象思维能力的不断提高相联系，人为宗教的另一个重要特征，是崇拜对象的不附着任何自然物而是一个独立的精神实体且日益一元化。

在原始宗教中，人把自己的想象力，自己的本质附在一定自然物或自然现象之上，自然始终是原始宗教的基础。人为宗教则不然，它们的崇拜对象多是脱离了具体事物的独立的精神实体。崇拜对象的这种转变与人类思维能力提高有着密切的联系。由于人类思维发展到具有抽象概括的能力，因此，人们的思想能够远离具体事物，而对现实的各种客观因素进行抽象和重新组合，产生自己所需要的种种幻想形象。人为宗教的神灵，就是这种远离现实，不附着任何具体物的幻想形象。

既然人的思维能力已经能够离开具体的事物而抽象出某种幻想实体，加上现实世界中统一君主的出现以及自然、社会各种现象的相互联系的统一性被认识，宗教崇拜对象也就逐渐由分散走向集中，由多神走向一神。最后，至上神和绝对唯一神终于取代了原始宗教的分散众神，人为宗教的崇拜对象因之而趋向一元化。除了以上论列的基本特征，人为宗教还有许多具体的特征。如在古代的国家宗教中，主要神灵与统治国家的君主一般被肯定为具有特殊的关系；现代西方的有些宗教，由于教义与社会生活密切结合使宗教日渐带有伦理的色彩，等等。由于人为宗教的具体表现五花八门，因此它的具体特征也就难以尽说。但是，无论哪一种人为宗教，它一般都具有以上所论列的几个基本特征。

（二）古代阶级社会的国家宗教

随着氏族社会的解体，原始宗教赖以存在的基础不复存在了，原始宗教便逐步走向衰微。与之相反，随着阶级的产生与发展，人为宗教也产生了并不断得到发展。人类自出现阶级至今已有几千年的历史，人为宗教也经历了一个漫长的历史发展过程。

随着氏族制度的解体，原始社会末期，各氏族、部落之间出现了激烈的斗争，结果，有些部落被消灭了，它们所崇拜的氏族神也随之消失了；有的部落强大起来了，它们所崇拜的氏族神的权威也随之扩大，迫使被征服的部落不得不供奉崇拜它。这种情况正如恩格斯在《布鲁诺·鲍威尔和早期基督教》一文中所指出的，“古代一切宗教都是自发的部落宗教和后来的民族宗教，它们从各民族的社会和政治经济条件中产生，并和它们一起生长。宗教的这些基础一旦遭到破坏，沿袭的社会形式、继承的政治结构和民族独立一旦遭到毁灭，那么与之相适应的宗教自然也就崩溃。……民族神一旦不能保卫本民族的独立和自主，就会自取灭亡。”①

原始社会末期各氏族、部落之间相互斗争的结果产生了为数众多的奴隶主国家，例如，古希腊在氏族制度瓦解后相继出现了两百多个各自独立的城邦国家；我国在氏族制度解体后也形成几百个小国家。这些各自独立的小国家，一般都有自己的守护神，这种守护神多是由胜利部落的氏族神转化而来的，他们运用自己政治力量，迫使被征服的部落就范，把本氏族所崇拜的神灵变成整个国家的崇拜对象。但是这些小国的守护神多数好景不长。因为随着各个小国之间的纷争、吞并，那些被灭亡了的小国的守护神，很快就步失败部落氏族神之后尘，被胜利了国家的守护神所取代，而随着统一的奴隶制国家的建立，群神割据的局面很快被统一的至上神所取代。至此，宗教的发展走完了由氏族神到分散的国家守护神再到统一的至上神的历程。

人为宗教的由分散走向集中，由多神走向一神的历史发展过程以及这种历史发展的社会根据，我们可以从古代埃及、古代巴比伦、古代印度、古代中国等大量的宗教史实得到印证和说明。

埃及宗教最古老的形态，当推对地域性的诺姆②守护神的崇拜。在其往后的发展过程中，每当某一“诺姆”成为埃及全国统一的中心时，其守护神也就随之成为全国性的崇拜对象。

① 《马克思恩格斯全集》，第19卷，第333页。
② 诺姆为古代埃及的行政单位，相当于省或州。

全埃及最古老的统一的守护神得算鹰神霍鲁斯。霍鲁斯原为希埃拉孔波利斯和埃德福的守护神，后来，这一地区的统治者完成了统一埃及的大业，他们便将本地区的守护神推为全埃及的太阳神；后来，王都迁至孟斐斯，孟斐斯所奉之神善塔赫遂上升为埃及官方所奉的主神；至古埃及第五王朝时，该王朝发祥地之守护神阿图姆又成为埃及之至高神；到了古埃及第十一和十二王朝时，底比斯成为再度统一后的埃及的中心，原来默默无闻的该地区的守护神阿蒙，又随之跃居为全埃及之最高神。① 古代埃及宗教的这一历史发展，说明了诸神的盛衰及多神走向一神等，都有其深刻的社会历史背景和现实的根据。古代巴伦也有类似的情况。

两河流域的古代文明，最早属苏美尔人。苏美尔人是美索不达米亚地区最古老的闪米特居民。上古的苏美尔人公社，是一种规模不大的地域性聚落。每一聚落均奉行各自的公社崇拜，亦即崇拜各自地域的守护神。后来，随着各公社之混融和统一国家的建立，逐渐形成了至尊无上的统一神。其中最有名的是安努、英利尔和伊阿三大神。安努源出于苏美尔语“安”，意即“天”，似为天之化身；英利尔源于苏美尔语“利尔”，意即“风”(另有一说指“水”)；伊阿有说指地神或渔民的守护神。此三大神在统一国家建立之后，成为了至尊的全民神。到了公元前20世纪左右，当巴比伦征服了其他城市，统一了两河流域，成为了统一国家的首都时，巴比伦的守护神马尔都克亦随之成为凌驾于诸神之上的最高神，更有甚者，巴比伦神庙的祭司们，还把其他诸神都说成是马尔都克的化身。例如，把原为拉

① 古埃及宗教资料参见前苏联学者托卡列夫著《世界各民族历史上的宗教》第15章。

伽什城邦守护神的尼努尔塔视为勇武之马尔都克；把始为地下之冥神，后为库图城邦守护神的奈尔加尔视为征战的马尔都克：把原为水神的英利尔视为威权之马尔都克。到了公元前8世纪左右，当亚述人征服了两河流域之后，原为亚述人部落神的亚述尔又取代了马克都克，成为国家的正式守护神。总之，在古代的两河流域，神在神灵世界的权位与信奉者在现实世界中的地位是同步消长的。

古代印度原是一个多神信仰的社会，在吠陀时期，雅利安人所信奉的神灵之多，简直不胜枚举，据说多达3399种，如此众多的神灵，原来并没有形成一个统一的系统，而是随着现实世界中信奉者地位、权势的盛衰消长而有所变化；至婆罗门时期，由于婆罗门种姓在现实世界中统治地位的确立，他们所信奉的“婆罗赫摩”（即“大梵”）才一跃而升为至高无上的统一神。古印度宗教发展的历史，也说明宗教世界中神灵的地位、权势与世俗社会中信奉者的地位权势是密切联系着的。

古希腊、罗马亦然。随着氏族制度的解体和地域性公社的形成，古希腊原有的氏族神逐渐让位于地域和公社的守护者——英雄和神祇崇拜，直至古希腊、罗马末期，地域性的公神崇拜一直是希腊宗教的特点所在；但是到了城邦国家出现之后，转而出现了城邦守护神崇拜；而随着古希腊诸城邦文化和经济的统一，又出现了城邦诸神的大合并，诞生了诸如阿波罗、宙斯等最高统一神。这种情况正如苏联学者托卡列夫所指出的：“地域性的城邦崇拜和公社崇拜，无非是政治割据的反映”，“而诸如此类地域守护神之为希腊大神所合并，则是希腊诸城邦文化和经济统一(即使尚非政治统一)倾向之反映"[①]。

在古罗马,直至罗马国家末期,罗马人的宗教信仰,主要是氏族宗教,即对于家庭、氏族守护神的崇拜。随着古老的氏族体制之融于国家体制,氏族崇拜也日渐向更广泛的崇拜过渡,某些氏族神成为全国性崇拜的对象,在罗马神殿中,神灵异常纷纭驳杂,以前的部落、氏族诸神,有些后来相继并入罗马神殿,成为全国性崇拜的大神,而有些大神,则是来自于某些抽象的概念,如和平之神、希望之神、勇敢之神、幸福之神等。尽管如此,古罗马宗教的发展,也带有浓厚的"古希腊、罗马社会所持有的形态",正如J·蒙森指出的:"当罗马国家闭关锁国之时,罗马诸神同样与外界诸神遥遥相对……而当一城邦被征服,其民归于罗马,其神亦被延入新境"[②]。

在小亚细亚一带,起初也是地域性守护神占主导地位。约在公元二千年前,这一地区相继建立了两个国家,即米坦尼和赫梯。该时期的整个小亚细亚文化,从广义上有时统称之为"赫梯文化"。"赫梯文化"从原始赫梯人时期到新赫梯人时期,都盛行地域神(如部落神、公社神、城邦神)崇拜。即使到了晚期,"赫梯国度一千男神和一千女神"的说法依然可见。[③]可是到了统一国家建立之后,就随之出现了对一国之主神——雷神提舒布及其配偶神赫芭特之崇拜。宗教中主神的出现与现实世界中国王的出现是遥相呼应的。

具有悠久历史的犹太人的宗教,也有一个从多神到一神,从部落神到至上神发展的过程。在上古时期,亦即公元前二千

---

① 谢·亚·托卡列夫:《世界各民族历史上的宗教》第462页、440页。
② 引自《世界各民族历史上的宗教》第483页。
③ 详见《世界各民族历史上的宗教》第364页。

年左右，犹太人是由分布在阿拉伯北部贝都英人的部落结集而成，尚处于父权氏族时期。当时犹太人的宗教，主要崇拜氏族守护神。这种崇拜痕迹，在《圣经》中依然可见。例如，《圣经·创世纪》中有这样一段记述：雅各携妻妾从岳父拉班家潜逃，妻子拉结窃走其父家之神像，《圣经》犹太文本称之为“特拉菲姆”；所谓“特拉菲姆”亦即氏族守护神。氏族守护神被窃，无疑是一件大事，因此，拉班怒不可遏，立即兼程追赶、竭力搜寻，由此可见，当时的犹太人对氏族崇拜之虔诚。恩格斯对于犹太人的宗教有过很深入的研究，对于《圣经》与古代犹太人宗教的关系曾说过这样一段话：“现在，我已经完全弄清楚，犹太人的所谓圣书，不过是古代阿拉伯的宗教传说和部落传说的记载”。① 但是随着犹太世俗社会生活的变化，特别到了约西亚王时期，为了强化政治集权，团结全国人民抵御外侮，国王借助于耶路撒冷圣殿祭司之力，推行对原为部落神雅赫维的崇拜，终于使雅赫维成为犹太人全民族共同崇拜的独一神。②

我国古代宗教中神灵的权势与尊崇者在人间的权势同步消长的情形，集中反映在殷商王朝的建立和上帝至上神的产生。

殷族起先是一个游牧部落，后来发展为定居中原以农业为主的强大部落，尔后又征服了许多其他部落，建立了殷商奴隶主王朝。殷商王朝的建立，使人们猜想保佑殷族的神灵比其它被征服的部落的神灵更加强大有力，因此，被殷人视作保护神的上帝便成为高居于众神之上的至上神。上帝在殷代宗教

① 《马克思恩格斯全集》第28卷，第250页。
② 古代国家宗教曾参考《世界各民族历史上的宗教》第17章、第19章。

中，虽已具有天上最高神的权威，但仍带有氏族神的品格。卜辞中有“高祖夒”的记载，这个夒的祖宗即是传说中的帝喾、帝俊、帝舜。“商人空禘舜而祖契”，[①]契是上帝的子嗣，所以殷王是上帝的后裔。殷墟卜辞还有殷人死去的祖先“宾于帝”的记载，可见殷商的统治者与上帝有特殊的关系。汤在征灭夏桀时，就是把它说成是禀受上帝的旨意：“夏民有罪，子畏上帝，不敢不正”。[②] 殷商王朝建立之后，殷朝的最高统治者常常被当作上帝的化身，实际上，从历史唯物主义的观点看，高居于天国的至上神上帝，正是现实世界的最高统治者——殷王的幻影，如果地上不出现一个至高无上的君主，天上的上帝是无从产生的。正如恩格斯在给马克思的信中所指出的：“没有统一的君主就决不会出现统一的神，至于神的统一性不过是统一的东方专制君主的反映。”[③]

（三）世界三大宗教

阶级社会初期的民族宗教和国家宗教，随着社会生产力的发展和各个民族、各个国家、各个地区的经济、政治、文化交流的增加和扩大，逐渐有了交流、沟通和比较的机会，通过交流和比较，有些被淘汰了，有的则进一步扩大了影响，并逐渐发展为世界性宗教。

世界性宗教的出现，是人类宗教发展史上的一个新的阶段。这些世界性宗教既不同于原始社会的自发宗教，又与以往的民族宗教和国家宗教有许多重要的区别，从佛教、基督教、伊斯兰教三大宗教看，世界性宗教具有下面一些基本特点：

① 《国语·鲁语》。
② 《尚书·商书·汤誓》。
③ 《马克思恩格斯全集》第 19 卷，第 327—328 页。

第一，顾名思义，世界宗教是一种超越了人种、语言、民族国家、地域界限，而具有世界性质的宗教。不管是佛教、基督教还是伊斯兰教，它们已经都不是某一个民族、国家或地区的宗教而是遍布于世界上许多民族、国家和地区的一种宗教。这种宗教的产生，一方面是以许多旧有的民族和国家的衰落和灭亡为代价的，正如恩格斯所说的："这些民族没落了，这些神也就随着灭亡"，①"民族神一旦不能保卫本民族的独立和自主，就会自取灭亡"②。另一方面，它又是历史上各个国家之间经济、政治、文化、宗教交流和统一的产物。例如，佛教之走向世界，是以阿育王的孔雀王朝和迦腻色迦王贵霜王朝之统一国家和对外扩张为依托的；而基督教的成为世界性宗教，是以罗马世界帝国的建立为背景的；伊斯兰教也是随着哈里发帝国的军事扩张而走向全世界的。

第二，与原始宗教和国家宗教多是多神信仰或主神多神混杂不同，世界宗教的另一个重要特点，是一神信仰或具有绝对唯一神信仰的性质。不管是基督教的"上帝"，还是伊斯兰教的"真主"，或是佛教中的"佛陀"，都具有至高无上的权能。这种一神教的出现，是人类社会和人类思维历史发展的产物，正如恩格斯指出的："随着宗教的向前发展，这些神愈来愈具有了超世界的性质，直到最后，由于智力发展中自然发生的抽象化过程——几乎可以说是蒸馏过程，在人们的头脑中，从或多或少有限的和相互限制的许多神中产生了一神教的唯一的神的观念。"③

① 《马克思恩格斯选集》第4卷，第250页、220页。
② 《马克思恩格斯全集》第19卷，第333页。
③ 《马克思恩格斯选集》第4卷，第250页、220页。

第三，世界宗教还有一个重要特点，它比以往的宗教具有更完整的教义，更系统的神学理论，更严密的组织，在不同的人种、民族、地区、国度拥有为数众多的信徒。例如，在今日，世界三大宗教所拥有的信徒约占全世界人口总数的二分之一。

1. 佛教

佛教是世界三大宗教之一，大约产生于公元前六——五世纪的古印度，相当于我国的春秋时代，距今约有 2500 多年的历史。

(1) 佛教的创立与佛陀其人。

佛教兴起于古印度奴隶占有制的发达时期，其时社会经济急剧发展，民族矛盾十分尖锐。在公元前 3000 至 2000 年间由中亚进入印度河流域的雅利安人向东迁移至恒河、朱木那河流域平原之后，继续对原住居民进行各种形式的压迫，绝大多数的土著居民沦为种族的奴隶。为了维护雅利安人的统治，雅利安人实行了严格的种姓制度。它把社会分成四个种姓：第一种姓：僧侣或祭司，称为婆罗门，是当时社会知识的垄断者和精神生活的指导者，被誉为“人间之神”；第二种姓，武士和军事贵族，称为刹帝利，是当时王权的主要支柱；第三种姓，农民、手工业者和商人，称为吠舍，是当时社会的生产者阶级；第四种姓，雇用劳动者和奴隶，称为首陀罗，主要从事差役等低贱的工作。婆罗门和刹帝利是当时社会的统治阶级，吠舍和首陀罗是劳动者阶级。前者对后者实行了残酷的奴隶制统治。婆罗门教宣称，婆罗门是从梵天的口中生出的，刹帝利是从梵天的肩上出生的，吠舍是从梵天的膝上出生的，首陀罗是从梵天的脚上出生的，所以他们天生的有尊卑贵贱之分。《摩奴法典》规定：“不应当把任何忠告、任何残肴(自己餐桌上的)、任何献神的食品给予首陀罗”;《爱达罗氏梵书》将首陀罗描写成“可以随意驱逐,随意残杀”的役仆。当时的法典规定:杀死婆罗门要处以极刑,而杀死首陀罗则如同杀死牲兽一样。残酷的阶级压迫把被压迫阶级推到苦难的深渊,他们为了生存,多次举行起义,进行斗争,虽因力量悬殊而屡遭失败,但却沉重打击了奴隶主的统治,统治阶级内部也矛盾重重,特别是刹帝利不满“婆罗门种姓第一”的规定和婆罗门至高无上的地位,经常与婆罗门发生矛盾和斗争;同时,婆罗门、刹帝利内部也争权夺利,明争暗斗,整个社会处于尖锐的矛盾和急剧的动荡之中。各阶级、各阶层的人都惶惶不安,常有朝不保夕之感。许多人看到人生之前途险恶,纷纷进入山林,寻求解脱的良方,由之出现了许多“沙门”。

在意识形态方面,随着对婆罗门统治的不满和反抗,各种非婆罗门思潮纷纷出现。据有关资料记载,当时的印度有“96种外道”,“363种见解”。

从大的方面说,可分为两大系统,一是婆罗门系统,一是沙门系统。婆罗门教是社会的统治思想,它主张“吠陀”天启、祭祀万能和婆罗门至上三大纲领。沙门思潮是当时新出现的自由思想界的通称,它的各个派别虽然主张不一,但一般都否认吠陀的权威,要求摆脱婆罗门的绝对统治。佛教就是其中的一个重要派别。

佛教的创始人是悉达多,族姓乔达摩,释迦牟尼是佛教徒对他的尊称,意为“释迦族的圣人”。他又被尊称为“佛”或“佛陀”,意思是“觉者”或“觉悟了真理的智者”。据传他是古印度迦毘罗卫国(现在尼泊尔境内)净饭王的太子,大约生于公元前565年,卒于公元前485年,与我国孔子所处的时代大致相当。关于佛陀其人的历史真实性问题,学术界一直有争论,但多数学者认为他是一个历史人物。当然,对于释迦牟尼的出生、成长的种种神话传说,则另当别论。

据有关佛经记载,释迦牟尼一生下来就能独自行走,他向东南西北各走七步,然后一手指天,一手指地,高声说道:"天上天下、唯我独尊",浑身呈黄金色,更有 32 种异相,所以净饭王替他取名叫悉达多,意为奇异吉祥。据说他出生后不久,有一位阿私陀仙人来给他看相,预言他将来如果在家,定做转轮圣王、统领天下,如果出家修道,定能成佛,利益天下,济度众生。后来,释迦牟尼果真有感于人世生老病死的种种苦痛,于 29 岁偷偷逾城入山修道。

起初,释迦四处云游,寻师访道,学习静修和苦行,结果修行了六年,毫无成道的消息。他认识到苦行不是达到解脱的道路,乃改弦易辙,走到尼连河边,沐浴净身,接受了两位牧羊女的乳糜供养,之后到河边一棵菩提树下结伽趺座,并发誓说:"我如果不圆成无上正等正觉,宁可碎此身,终不起此座",经过七七四十九天的宴坐沉思,他悟到这样一个道理:世界上的一切事物(包括人生)都是依一定的条件而存在的,一旦这些条件起了变化或不存在,该事物也就不复存在了,因此,一切事物都是无自性、不真实的,都是因缘而起的假象或幻影,正因为这样,人生在世,不必要过于执著,既不要执著外境外法(客观事物),也不要迷恋自身自我,如果一个人能把外界和自身看成一种假象,他就不会有所追求,因而便不会有生老病死及求不得诸苦,这样,也就灭烦恼得解脱了。据说,当释迦牟尼悟到这个道理之后,便"成等正觉",烦恼尽除,证成佛果。

释迦牟尼悟道成佛后,就开始收徒传法。起先,他到鹿野苑去度化因他放弃苦行而愤然离开他的忻陈如等五人。在去鹿野苑途中,释迦牟尼接受了几个商人的供养,并接受他们的皈依。这是佛陀的第一批在家信徒——优婆塞。到鹿野苑后,先前侍候释迦的忻陈如等五人,也皈依了佛陀,并建立起第一个佛教团体。其后,释迦牟尼又四处传布佛法,大量收纳信徒,佛教逐步发展成一个遍满五印、颇具影响的宗教。

(2) 佛教的基本教义与历史发展。

释迦牟尼成佛后,首先在鹿野苑向他的五个弟子宣讲他亲证的佛法,史上称之为"初转法轮"。"初转法轮"的主要内容是"四谛法"。

① 四谛。

"四谛",即苦、集、灭、道,亦称"四圣谛"、"四真谛"。"谛"是真实不虚之意,亦即佛教中的四个最基本的道理或真理。

第一,苦谛。

在佛教看来,人所居住的世间,称为"娑婆",又为堪忍,亦即人自来到这个世间后,时时处处充满痛苦,必须安于十恶,忍受三毒及种种烦恼痛苦,才能生存下去。

佛教所说的苦,种类很多,有二苦、三苦、四苦、五苦、八苦及至一百一十种苦。所谓二苦,是指内苦和外苦,《大智度论》上说:"四百四病为身苦,忧愁嫉妬为心苦,合此二者,谓之内苦。外苦亦有两种,一为恶贼虎狼之害,二为风雨寒热之灾,合此二者,谓之外苦"。也就是说,所谓内苦,是指身体的病痛和心理、感情方面的痛苦;所谓外苦即包括来自外界的各种灾难祸殃。所谓三苦,一是苦苦,亦即遇到苦事,如受饥渴寒热逼迫而产生的痛苦;二是坏苦,谓乐事变迁,由富贵变贫贱等所产生的痛苦;三是行苦,亦即由于事物的迁流不住而引起的痛苦。四苦是指生、老、病、死苦。五苦是将生、老、病、死合为一苦,再加上爱别离苦、怨憎会苦、求不得苦和五取蕴苦。八苦是将生、老、病、死重新分为四苦,再加上五苦中的后四苦。在佛教中,最常见的是八苦,其具体内容是:

生苦:生之苦,虽为本人所不知晓,但考诸旁人,则极易了解。十月怀胎,犹如地狱,母亲喝汤,备受烧煮,出生之际,冷风热气触身,有如火烧刀割,婴儿坠地,呱呱大哭,乃是肉体上种种痛苦的自然反映。

老苦:唐人诗云:"公道人间唯白发,贵人头上不会饶"。老,是任何人也无法避免的。而人一旦衰老,牙齿动摇,白发苍苍,视觉茫茫,听觉嗡嗡,加之,长期劳累,驼背弯腰,肌肉松弛,神智昏暗。对于女人,除了生理的痛苦外,更有青春消逝的痛苦,昔日明眉皓齿,今日齿摇发落,昔日倾城倾国,今日老态龙钟。衰老,固然使人感慨,但又有谁人能青春永驻呢?

病苦:人自呱呱坠地之日起,就与疾病结下了不解之缘。少年的病如天花麻疹,中年的病如胃溃疡、肺结核,老年的病如高血压、心脏病,谁能保证一生都不得病呢?

死苦:宇宙万象,生住异灭,永不止息。山峰岩石,寿命也有尽期,一个血肉之躯,到底能支持多久呢?有生就有死,有成就有坏,世间万物,安有例外,人于死后,固然万念俱灰,但人之将死,四大分离,呼吸急促,千言万语,欲吐不能,这时娇妻稚子,环绕榻前,生离死别,凄惨难言。

爱别离苦:语云"乐莫乐兮新相知,悲莫悲兮生别离"。生离死别,人间惨事。青春丧偶,中年丧子,固然悲痛万分,即使不是死别,或为谋求衣食,或因迫于形势,与相亲相爱之人分离,也是一件非常痛苦的事。然而,天下没有不散的筵席,亲如父子，近如夫妇，亦难终生相守，又何况其他呢？爱别离之苦，是谁也无法避免的。

怨憎会苦：此苦与爱别离相对。与意气相投的朋友，海誓山盟的恋人，由于种种原因，终须拆散分离相反。那些面目可憎，语言乏味，或利害冲突，两不相容的人，偏又聚会在一起。像这些意气相背，两不相容的人，若能终生不见，岂不眼前清净，无奈社会上人事问题，繁杂万端，“不是怨家不聚头”，在某些情况下，愈是互相怨恨的人，愈被安排在一起，如影随形，好象永远摆脱不了，这岂不使人苦恼万分。

求不得苦：想获得一件东西，经济条件达不到；想谋求一个职业，僧多粥少谋不到；甲男爱上乙女，乙女却属意丙男，这些都是求不得苦。即使有些欲求愿望实现了，第二个愿望又立即出现，山谷易填，人欲难平，谁会感到自己一切都满足了呢？不满足，即有所求，求而不得，岂不苦恼。

“五取蕴苦”，亦称“五盛蕴苦”，“五阴炽盛苦”。佛教认为这是众苦的根源。五蕴即是色、受、想、行、识。佛教认为这是构成人身的五种基本要素。

“色”，指物质，亦即人的肉体：“受”，指感觉、感情，亦即感官所生起的喜怒哀乐等：“想”，指知觉、想象，亦即理性活动；“行”，指心理活动，亦即对于外境，生起贪瞋等意念；“识”，指意识，亦即对于外境之分别与记忆等意识活动，由于五蕴会聚，故有人身，人们执著于自身，便有了生、老、病、死诸苦。

佛教从苦入手，这说明人生问题是佛教最关心的问题。由于释迦牟尼所处的古印度的奴隶社会是一座人间地狱，因此，视三界如火宅，指人生为苦海，就成为佛教教义的出发点和基本思想之一，由之再衍化出如何跳出火宅、脱离苦海的种种修行方法和解脱理论。

第二,集谛。

“集”是招聚,集合的意思。旧译作习,有修习、熏习之义。集谛主要是探讨苦的原因。佛教认为,人生所以时时处处充满痛苦,主要原因是人们对于佛教真理的无知(即“无明”),不懂人生本身就是一种假象和幻影,而把人身作为一种真实的存在。既把人生自身看成是一种真实存在,就产生了种种欲望和追求,例如生存欲、爱情欲、繁荣欲等。由于欲望的驱使,就导致了如贪、瞋、痴等烦恼,这些烦恼,也就是人生种种痛苦的根源所在。

在佛教中,贪、瞋、痴是三种最根本的烦恼。亦称“三毒”。此外还有慢、疑、见等大烦恼,“见”又分为身见、边见、邪见、见取见、戒禁取见五种,与前面几种烦恼一起,合称十大烦恼,这是一切烦恼的根本。因烦恼而迷于事、迷于理,叫做迷事惑、迷理惑。有了惑,就使身口意作不善之业,有惑与业,故有三界轮回的苦果。

第三,灭谛。

“灭”亦称寂灭、入灭、灭度、圆寂、涅槃等。意思是灭烦恼得解脱,这是佛教的最高境界。

佛教认为,现实世界的一切事物都是变幻无常、假而非真,人生在世也是烦恼无穷、苦多乐少。而当人们认识到佛教的真理,了悟人生的真谛,就会进入一种烦恼永尽、“常乐我净”的境界,这种境界是入灭或涅槃。

在佛教中,涅槃的说法和种类很多,通常分为有余涅槃和无余涅槃两种。有余涅槃是指断其贪欲,灭尽烦恼,已灭除生死之因,但作为前世惑业果报的肉身还存在,仍然活在世上,还有思虑活动，是不彻底的；无余涅槃是比有余涅槃更高一层的境界，在这种境界中，不仅灭除生死之因，也灭尽生死之果，即不仅作为前世惑业果报的肉体不存在了，而且思虑也没有了，灰身灭智，永无生死。这是佛教中最高的一种境界。

另外，对于涅槃的理解，大小乘佛教差别颇大。小乘佛教视人生为大苦，而把人体消灭、烦恼尽除作为追求的目标，如同灯熄火灭，万事俱了一般。因此，小乘佛教的涅槃、圆寂，往往成为死的代名词。与小乘佛教不同，大乘佛教从一种新的角度来解说涅槃。他们认为世间和涅槃本是一致的，两者都是"空"，也都是"妙有"。世间的一切，都是真如、实相、佛性的体现，如果人们能认识佛教这一真理，反本归原，体证佛性，也就达到了涅槃境界。大小乘佛教对于涅槃的不同理解，说明涅槃学说有一个历史发展过程。

第四，道谛。

"道"，即道路，佛教中指灭烦恼得解脱的途径和方法。

佛教的修行方法，与其他宗教多有不同。从释迦牟尼出家修苦行六年，无得道消息，最后由悟解"缘起"理论，证成佛果说明，佛教的得解脱，不纯靠信仰，也不纯靠苦修，而更重"智慧"和"觉悟"。这种强调"慧解脱"的方法，主要体现在八正道、三学和六度之中。

所谓八正道，亦即正见、正思维、正语、正业、正命、正精进、正念、正定。

正见：即正当的见解，如佛教所说的苦集灭道四谛理及其他佛教的见解和智慧，不为世间邪俗的见解所迷惑；

正思维：指离开世俗的主观分别，离开邪妄迷谬，以佛教的纯真智慧来思考；

正语：以正当的语言修口业，离诸妄言、恶口、两舌，做到不妄语、不慢语、不恶语、不谤语等；

正业：亦即言行清净，不染三毒。佛教认为，起心动念，无非造业，修道须身不造杀盗淫，口不作欺妄语，意不起贪瞋痴，谓之正业；

正命：正当的生活及正当谋生手段，远离一切不正当的行业，如相命占卜、自说功德等；

正精进；亦即不断策励自己，努力于道业，恶念尚未断者，当立即求其断，善之尚未修者，当立即求其修，未起之恶令不起，已修之善令增长；

正念：即应时时忆持正法，不起邪思妄念；

正定：指正确的禅定，亦即正身端坐，心注一境，离散乱心，深入沉思，以佛教的智慧观察世界，洞察人生，从而获得身心的解脱。

八正道随着佛教的不断发展，后来又衍化为三十七道品，三十七道品又可以归结为“三学”。

所谓“三学”，亦即戒、定、慧。

戒，主要指佛教为出家和在家的信徒制定的戒规。戒的作用是防非止恶、纯洁行为。佛教的戒规很多，有五戒、八戒、十戒、二百五十戒，三百四十八戒。最基本的是五戒：不杀生、不偷盗，不邪淫、不妄语、不饮酒。这五戒是佛门四众（指比丘、比丘尼、优婆塞、优婆夷）应遵守的基本戒条。

杀生戒：佛教的基本信念是众生平等，此众生不仅指人，也指一切有生命的生物。因此，杀生戒不单是不伤害人的性命，也指不得伤害畜生虫蚁的性命。不但戒直接的杀害，也戒间接的助杀，如贩卖猎具渔网等。

偷盗戒：社会上的偷盗，有直接，有间接，有有形，有无形。例如小偷窃取，强盗抢劫，是直接的偷盗；贪官污吏的贪污舞弊是间接的偷盗；抵赖债务，是有形的偷盗，假公济私是无形的偷盗，这些均在佛教禁戒之列。

邪淫戒：佛门四众弟子，有在家出家之分，出家者根本戒淫，在家者只戒邪淫。所谓邪淫，亦即指正式配偶外的两性关系。另外，佛教还禁止佛徒涉足舞门歌场、娼寮妓院等足以为邪淫因缘的场所。

妄语戒：未见言见，见言不见，虚伪夸张，假话大话，皆为妄语，均在所戒之列。

饮酒戒：佛教认为，酒能乱性，人间许多罪恶，莫不以酒为媒介，因此，佛教禁止饮酒。

此五戒因主要是止非防恶，因此，在佛教中称之为“止持戒”，另一类戒主要是修习善行，这一类戒称为作持戒。止戒和作戒分别止恶作善，相辅相成，从两个方面使佛教徒的操守庄严，言行纯洁。

定，亦即禅定。“定”是梵文的意译，音译为“三昧”、“三摩地”，意思是止散乱心，专注一境。本来，“禅”和“定”是有所区别的，“禅”是静虑的意思，意谓正审思虑。中国佛教常禅定合称，这样，定学在中国佛教中就有更广泛的涵义了。

慧，即智慧。佛教与其他宗教的一个重要区别是不纯粹以信仰为基础，而特别强用智慧获得解脱。如以通晓明了佛教的“缘起”理论和“四谛”法、十二因缘，从而认识一切事物包括人生是一种虚幻的假象，这样便能既不执著外法外境，也不执著自身，不执著，不追求便无烦恼，无烦恼即得解脱。

随着佛教的不断发展，三学又进一步扩大为“六度”。“六度”亦即布施、持戒、忍辱、精进、禅定、智慧。前四度属戒学，禅定属定学，智慧属慧学。此六度是大乘佛教的修行方法，其中智慧尤为大乘佛教所重视，它们往往把智慧作为一种最根本的修养方法。

“四谛”法从人生皆苦入手，以修道得解脱证涅槃为目标，实际它不仅是原始佛教的根本教义，也是整个佛教的基本思想。后来佛教的许多教义和思想，是从“四谛”法派生出来的，是对“四谛”法的进一步发展。

② 十二因缘。

除“四谛”法外，原始佛教的另一个基本教义是“十二因缘”说。

十二因缘，亦称“十二缘起”或“十二有支”。具体内容是无明缘行，行缘识，识缘名色，名色缘六入，六入缘触，触缘受，受缘爱，爱缘取，取缘有，有缘生，生缘老死。这是佛教的人生观。佛教认为，人生是一个念念不住地流转过程，具体表现为三世两重因果，亦即由过去世的惑业感现在世之苦果，由现在世之惑业，感未来世之苦果。

过去世的惑业，包括无明与行，无明是惑，行是业。惑亦即愚痴、无智慧，业亦即善恶诸业。也就是说人们所以在过去世会造出种种善恶诸业，是由于对佛教真理的无知，正是这种无知，才产生了种种世俗的身心活动和行为，亦即业，由于前世造下了业，所以感来现在世之苦果。

现在世的苦果，包括名色、六入、触、受、识，亦即由过去世业力的牵引，妄生颠倒分别而入胎之神识；名色，即组成人身之五蕴之总名，也就是在母胎中物质与精神之混合物；六入，亦即在母胎中长成的眼、耳、鼻、舌、身、意等六种感觉器官；

触，即出胎后六根与声、色、香、味、触、法等六尘相接触；受，即由接触外境而产生苦乐等感受。

有了苦乐感受，就会产生逃避痛苦，追求快乐，自然就有贪爱，贪爱财色（“爱”），就有追求，执著之心（“取”），这就是现在世的惑（包括“爱”与“取”）与业（“有”）。由此惑业更感未来世之苦果。

未来世之果，亦即“生”与“老死”。因现在世之业因，再去受生，再去受报，再造业，再老死，如此轮回流转，延续无尽。

上述十二个环节，辗转感果，所以称为因，互为条件，所以称为缘，合称则是十二因缘。十二因缘是说明众生生死流转的因果联系的，它强调十二个环节按顺序组成因果链条，任何一个有情识的生命体，在没有获得解脱之前，都依此因果律，“生生于老死，轮回周无穷”。十二因缘是生命现象的总结，也是众生痛苦的因由。据佛教史上有关资料记载，释迦牟尼在快得道成佛时，从逆观十二因缘，即从老死逆推到无明，得出了人生痛苦的总根源是“无明”，即对人生实相的愚昧无知。如果能正确认识人生的实相，就能灭尽无明，没有无明也就没有行，直至没有老死，没有轮回之苦，也就超脱生死，获解脱得涅槃了。从这里也可以看出，佛教更强调通过学习，悟解佛教真理，以智慧求解脱，而不像其他宗教那样，把信仰和苦修作为解脱的基础。

为了便于记忆和了解，现把十二因缘的内容及相互间的关系列表（见下页）：

③ 小乘与大乘。

“四谛”法与十二因缘主要是原始佛教的教义，初期佛教认为，通过听闻“四谛”法或悟解十二因缘，便可证成罗汉果或

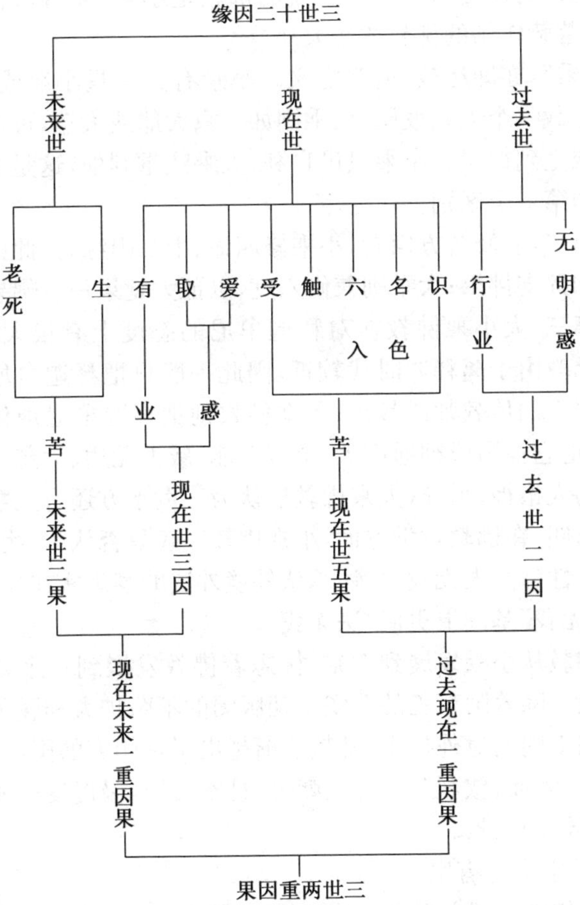

辟支佛果。获得个人的解脱，随着佛教的发展，后期佛教认为，这种解脱只讲自利（个人解脱），不是佛教的最高境界，佛教的最终目标应是普度众生，最高境界应是成菩萨作佛，因此，后

期佛教认为以往只求个人解脱的佛教是小乘，而讲求普度众生，成菩萨作佛的佛教才是大乘。

“乘”，亦即运载、道路之义。小乘有如一只小船或小车，只能运载一个人到彼岸；大乘则如一只大船或大车，可以运载所有众生到彼岸。小乘只讲自利，大乘注重利他，这是大小乘佛教的第一个区别。

第二，从修持方面看，小乘修四谛、十二因缘，由此证成罗汉果和辟支佛果；大乘则兼修六度，以证大觉果——佛果。

第三，大小乘佛教在对释迦牟尼的态度上有很大区别。小乘佛教由于离释迦时代较近，因此一般只把释迦牟尼看作一个现实的传教师或教祖；大乘佛教则把释迦牟尼神化为如来佛，把它描写成神通广大、全智全能、威力无边、大慈大悲的最高的人格神；另外，大乘佛教还认为三世十方还有无数佛。

第四，在佛教哲学方面，小乘佛教一般只否认“人我”的客观现实性(即“人无我”)，还承认外境外法的客观实在性，大乘在“人无我”基础上更倡“法无我”。

佛教从小乘发展到大乘，标志着佛教发展到一个新的历史阶段。随着阿育王的孔雀王朝版图的不断扩大和腻色迦王的贵霜王朝的对外扩张，佛教逐渐越出了古印度的国界，向斯里兰卡、缅甸、叙利亚、中国、朝鲜、日本发展，慢慢发展成为一个世界性的宗教。

④ 空宗与有宗。

从佛教义理方面说，随着时间的推移，大乘佛教又逐渐分化成两大派系，即空有两宗。按时间顺序说，先出现的是空宗。

空宗的创始人和代表人物是龙树、提婆和马鸣菩萨。其代表性的经典是《大般若经》和《大智度论》。其学派称为中观学派。

空宗的基本思想，若一言以蔽之，则是“空”。但是，空宗的所言之“空”，绝不是一无所有之“空”，而是自性之“空”。也就是说，空宗之“空”，是性空而非相空，是理空而非事空，何以见得？

按《般若经》的思想，宇宙万法，包括人生，皆是因缘和合而生。既由因缘和合而生，其在未生之前，本无此物，既灭之后，亦无此物。既在其生后灭前的这段时间内，也只不过是因缘和合产生的假相和幻影，本无自性可言。比如房屋殿堂，本是众缘和合的产物，有一天椽断瓦破，变成废墟，房屋也就不成其为房屋，因此，房屋只是一时之假相；又如人，本是五蕴和合而生，其中之色即是从四大和合而有，受想行识即系由妄想分别所致，究竟皆无实体，故曰空。

对于诸法性空，只是假名，《大智度论》说：“诸法性空但名字，因缘和合而有，如山河草木土地州郡城邑名之为国，巷里市陌处馆宫殿名之为都……离此因缘名字则无有法，令除山河土地因缘名字更无国名，除庐车道陌因缘名字更无都名”。也就是说，国者，都者，房者，屋者，均是众缘和合的产物，本无自性，亦无实体，因此，它们统统只是幻相和假名。关于以诸法因缘和合、本无自性去谈空，《中论》有一个概括性的说法：“因缘所生法，我说即是空；亦为是假名，亦是中道义”。佛教史上称这段话为“三是偈”。“三是偈”以空、假、中三谛去谈空，更全面，更带有思辨色彩。它的基本思想是：世界上的一切事物都是因缘和合而生的，因为是因缘而生的，所以都是无自性，亦即空；但诸法既已缘起，即非空无所有，它都有幻相、假名，因此亦即假；对一切事物的认识，既要看到空无自性的一面，又要看到它作为一种假相,幻影的存在,这就把握了佛教的中道第一义谛。

大乘空宗谈空常常被理解成一切皆空,空无所有,这对佛教本身造成威胁。因为如果一切皆空,那么连佛、佛法、佛国最后也将“空”掉,既然如此,人们学佛又有什么意义呢?佛教又有什么存在的价值呢?针对这种情况,大乘佛教后期出现了另一个派系,即有宗。

针对大乘空宗谈空,大乘有宗着力于分析诸法的性相,立法相义;针对小乘佛教承认心外有境,大乘有宗立唯识义。因此,大乘有宗也称法相唯识学。

法相唯识学在印度叫瑜伽行派,创始人是无著、世亲两兄弟。其代表性经典是《瑜伽师地论》和《成唯识论》。

有宗认为,世上的万事万物,都是“识”的变现,“识”主要有八识,即眼识、耳识、鼻识、舌识、身识、意识、末那识、阿赖耶识。由于八识有能变现一切诸法的功用。故又称能变识。其中前六者称为了别能变识,第七识称为思量能变识,第八识称为异熟能变识。

按照唯识学的理论,世间万有是由眼、耳、鼻、舌、身、意六识变现出来的,而这六识又是通过第七识,去思量第八识的产物,因此,从根本上说,第八识阿赖耶识是一切诸法的总根源,它好象一座大仓库,藏有世间万法,然后通过第七识由前六识变现出来。因此,第八识又有“藏识”之称。

由于大乘空有两宗或注重空洞义理说教,或强调烦琐的名相分析,加上当时社会的经济、政治形势等方面的原因,自七世纪后佛教在印度就出现了衰落的趋势,特别由于当时的统治者对佛教不但不给以支持,而且由于它的非暴力主张不适合他们的需要而处处加以窒息，结果佛教的发展进入了另一个阶段，即密教时期。密教是大乘佛教的一些派别与波罗门教混合而成，它以高度组织化的咒术、仪礼、民俗信仰为特征，着重宣扬口诵真言即咒语（语密），手结契印（身密），心观佛尊（意密），三密同时相应，即能即身成佛，神秘化的密教的出现，是佛教在印度走向衰落的重要象征。

公元十二纪，由于佛教不再适合于当时社会的阶级斗争和政治形势的需要，加上外族伊斯兰教诸王的入侵，佛教在印度终于完全溃灭。

(3) 佛教的中国化与中国化的佛教。

佛教在两汉之际开始传入中国。据有关资料记载，佛教的最早传入中国，当在汉哀帝延寿元年（即公元前 2 年）。其后，佛教受中国传统文化的影响，逐渐走上中国化的道路，隋唐之后，佛教与中国传统文化相融合，进一步演化成中国传统文化的一个重要组成部分。

佛教传入中国之初，当时的中国人用传统的迷信观念和神仙方术的思想去理解和接受佛教，结果把佛教变成神仙方术的一种。东汉时，人们多把释迦牟尼和作为道家创始人的黄帝、老子相提并论，视为同类神，并列作为祠祀崇拜的对象。汉光武帝的儿子楚王刘英是我国历史上第一个信奉佛教的贵族，史载他“诵黄老之微言，尚浮屠之仁祠”①。“浮屠”即佛。“祠”是筑坛以祭祀。汉桓帝是我国历史上第一个信奉佛教的皇帝，他在宫中设华盖以祠黄老、浮屠②。这种相混的结果，是把佛看成神仙：“佛之言觉也，恍惚变化，分身散体，或存或亡，

① 《后汉书》卷 42，《楚王英传》。
② 《后汉书》卷 30，《襄楷列传》。

能大能小，能圆能方，能老能少，能隐能彰，蹈火不烧，履刃不伤，在污不染，在祸无殃，欲行则飞，坐则扬光，故号为佛也”[①]。阿罗汉也成为“能飞行变化，旷劫寿命，住动天地”[②]的仙家者流。本来，佛教是从反对神教中发展起来的，但由于中土传统观念的影响，佛本身被变成了神；作为佛教“三法印”的“诸行无常，诸法无我，涅槃寂静”；本来与道教的羽化升仙、长生久视的思想是格格不入的，结果，佛教刚传入中国时，佛、菩萨、罗汉却变成能飞行变、住动天地的神仙至人。

随着佛教的进一步传入和流布，佛经的翻译也日渐增多。东汉末年，形成安译和支译两大系统。安译即安世高系，是小乘佛教，重修炼精神的禅法，比较接近神仙家言；支译即支娄迦系，是大乘佛教，主要宣传性空般若学。

安世高一系的禅学，主要是通过坐禅来细数出入气息，防止心意散乱，这种禅学也叫“安般守意”，与道家的胎息吐纳之术或民间的气功相近。支娄迦谶一系的般若学，较接近于玄学。般若学的全称是“般若波罗蜜多”。“般若”是智慧的意思，“波罗蜜多”的意思是“到彼岸”或“度”。般若波罗蜜多即是以智慧从此岸（生死）度到彼岸（涅槃）。般若学所讲的智慧，主要指“缘起性空”。当时中国的思想界正值玄学盛行。玄学的特点是论本谈末、说有讲无。玄学家以“无”去理解般若学的“空”，佛徒们受玄学的影响，也以“无”谈“空”，结果出现了玄学化了般若学的“六家七宗”。

“六家”指本无、心无、即色、识含、幻化、缘会六派，其中本无又分出本无异宗，合称“七宗”。按基本观点来分，实际上主

① 《牟子理惑论》。
② 《四十二章经》。

要是三派，即本无、心无和即色。这些派别的区别大体上和玄学各派的分歧相呼应。以其中影响最大的“本无”派说，它的基本观点是主张一切事物本性是“空无”的，“本无”两字则取自贵无派王弼的“有之所始，以无为本”①，这是借用玄学家的语言，来阐发般若学“空”的理论；“心无”派代表人物支愍度则另立“心无”说，主张“心无于万物，万物未尝无”②，认为物质现象是存在的，但在主观上不能执著，这种观点与郭象的“崇有论”有相通之处；以支道林为代表的“即色”派，主张形形色色的物质现象不是自己形成的，没有自体，不是实有的，这与“独化说”的“生物者无物，而物自生耳”③也相类似。史称支道林“拔新理于向、郭之表”，也说明他们思想带有脱胎于向秀、郭象一派的痕迹。实际上，魏晋时期的僧人与玄学家，不论在思想旨趣、行事风格，抑在研读书籍及名词术语等方面，均有许多相同或相通之外。正如汤用彤先生在其名著《汉魏两晋南北朝佛教史》中一再指出的，魏晋时期，名人释子，常共入一流，当代名僧，既理趣符老庄，风神亦类谈客。支遁、道安目涅槃为无为，指性空为本无，说明佛理玄学趋于合流。姚秦译经大师鸠摩罗什的重要助手僧肇曾批评“六家偏而不即”④，说“六家”偏离了佛教的原意，实际上，这是援玄入佛、玄佛合流的结果。道安也说：“以斯帮人老庄教行，与方等经兼忘相似，故因风易行也”⑤，这表明佛教借助于中国的传统文化而得到流行传布。

① 《老子注》第四章。
② 僧肇《不真空论》。
③ 郭象：《庄子·在宥注》。
④ 僧肇：《毗摩罗诘提经义疏序》。
⑤ 道安：《毗奈耶序》。

佛教般若学在中国的流行传布,并非一直依附于玄学。实际上玄学发展到向、郭之义注时,已达到了顶点,没有什么进一步发展的前途,这时一批义僧脱颖而出,对谈有说无的玄理作了进一步的发展,史称支道林注《庄子·逍遥篇》,时贤旧学莫不叹服,说明支注已超出玄学;王语道林“造微之功,不减辅嗣”,隐士刘逸民叹肇“不意方袍,复有平叔”,说明义僧精于玄理,尤其是被鸠摩罗什誉为“解空第一”的僧肇,对于把佛教般若学从玄学中解脱出来,进而以般若学取代玄学起很重要的作用。僧肇在其《不真空论》中,对于上述三空般若理论逐一进行分析评判,指出本无派过分偏重于无,心无派没有否定外界事物的存在,即色派还没有认识到物质现象本身就是空,他认为这都是把“有”与“无”对立起来,各落一边,般若学看法应该是非有非无、有无双遣,亦有亦无、有无并存。

僧肇的非有非无、亦有亦无的思想主要表现在《不真空论》里。《不真空论》摆脱了以“无”说“空”的玄学模式,而恢复了般若学以缘起说无自性,无自性即假,假即不真,不真即空的思想。由于这种思想比玄学的“本无说”更“玄”,思辨程度更高——因为“本无派”至少还承认一个“无”的本体,而“不真空论”把本体也给否定了——结果,般若学由依附玄学一变而成为发展玄学。

佛教的中国化除了表现为般若学与玄学的交融汇合外,还表现在受中国传统的“灵魂不灭”观念的影响,汉魏南北朝时的中国佛教以“神不灭”为佛法的根本义。

印度佛教原是反对神教的,大乘空宗从缘起性空的观点出发,否定一切实体,也不赞成神不灭论。但是,由于佛教讲业报轮回,就碰到轮回的主体问题,中国的僧人及当时的思想界以中国传统的"灵魂不灭"的观点去理解和接受佛教，结果就把不灭的灵魂作为轮回报应的主体，把不断的神性作为成佛得解脱的根据。慧远曾撰《神不灭论》，梁武帝萧衍撰《立神明成佛义记》，力陈人死后灵魂不死，神性不断，正因为神性不断，所以"成佛之理皎然"。这种思想受到当时一些思想家的反对，由此衍化出南北朝时期的一场形神之争。

与形神之争相联系的另一问题是因果报应之辩。魏晋南北朝的佛教界把佛教的因果报应理论与中国的灵魂不灭的思想相结合，大力宣扬三业、三报说。三业即身、口、意三业，三报即现报、生报(下世受报)和后报(百世千世后受报)。由于"三报说"对于解释社会人生问题，特别对于解释业报反常的现象是一种颇为圆通的理论，因此在当时社会上产生了广泛的影响。慧远的《三报论》说："或有积善而殃集，或有凶邪而致庆，此皆现业未就而前行始应"。[1] 也就是说今生之业不一定今生得报，因而今生之祸福殃庆，不一定就是今生之业所致，而可能是前生乃至百生千生前的行业的报应。基于这一理论，慧远进一步指出：世人所以"谓积善之无庆，积恶之无殃，感神明而悲所遇，慨天殃之于善人"[2]，咸是"世典以一生为限，不明之外，其外未明，故寻理者自毕于视听之内。"中土传统的祸福报应说所以缺乏说服力，也正因为多囿于视听、经验，而缺少这种视听之外的玄想和论说，故"三报"理论实可补中土报应说之局限，而为佛教争取地盘和徒众。魏晋南北朝时期，佛教所以能在中国这片土地上广泛传播和迅速发展，与这种中国化的报应理论在当时的广泛传播，应该说是有一定关系的。

① 《弘明集》卷五。
② 《弘明集》卷五。

隋唐两代，是佛教在中国的鼎盛时期。这时期的中国佛教，已不象南北朝那诸师异说、百家殊唱，而是出现了一种交融汇合的趋势，作为结果，是各种佛教宗派的建立。其中，影响较大、较具有代表性的主要有天台宗、唯识宗、华严宗、禅宗、净土宗。

① 天台宗。

天台宗源于北齐的慧文和南朝陈的慧思，实际开创人是隋的智𫖮，因智𫖮长期住在浙江的天台山，故以天台为宗名。又该宗以《妙法莲华经》(简称《法华经》)为主要经典，故又称“法华宗”。

天台宗是我国历史上第一个统一的佛教宗派，是“大一统”的隋唐封建王朝的产物。由于政治上统一，为结束佛教南义北禅的分裂局面创造了条件，因此，随着智𫖮的倡“会三归一”，南北两方、大小二乘的佛教出现了交融汇合的潮流。

天台宗佛教学说的头一个特点是倡止观并重、定慧双修。

本来，定是禅定之谓，又称止，意谓止息散心，专注一境，所谓慧，亦称观，即是智慧观想之义。这是佛教的两种修行方法。佛教传入中土后，在修行方法上曾出现过南义北禅的局面，即南方重观、重智慧，北方重止、重禅定。据《弘明集》及《高僧传》记载，南北朝时，南方佛教宏重义门，时僧多以“申述经诰，畅说义理”[①]为高尚；“自晋宋相承，凡议论者，多高谈大语，竞相夸罩”[②]“至于禅法，盖蔑如也”[③]。与此相反，北朝天台三祖慧思南渡，倡定慧双开后才逐渐有所改变，而真正完成

① 《弘明集》卷十二。
② 《唐高僧传》卷二十一。
③ 《大正藏》第46卷，第462页。

统一南义北禅局面的是天台宗实际创始人智顗。

在天台宗的学说中,止观二法是转迷开悟、成菩萨作佛的两种最最主要的修养方法。他们认为佛法虽多,但“论其急要,不出止观二法”。[①] 而这二法又犹如车之两轮、鸟之双翼,不可有所偏废,而应该止观并重、定慧双修。“若偏修禅定福德,不学智慧,名之曰愚;偏学智慧,不修禅定福德,名之曰狂”[②]。愚固然不能见佛性,狂也难以成佛,因此,二者应该相资为用、两端并举。

另外,天台宗还把止观与三谛圆融的理论结合起来,建立了独具特点的天台止观学说。

所谓三谛圆融,亦即天台宗人认为,对任何事物都可以从空、假、中三个方面去观察。从事物都是缘起无自性方面说,它是“空”,既已缘起,就非一无所有,因而是“假”,认识到一切事物既是“空”,又是“假”,这就是中道等一义谛。天台宗认为,任何事物都是空、假、中三方面的统一体,说空,假、中亦即空;说假,空、中亦即假;说中,空、假亦即中。即空即假即中,虽三而一,虽一而三,相即互具,圆融无碍。

天台宗人把三谛圆融的思想与止观学说结合起来,对止观作出了别具一格的解释,认为,止有三止,观有三观。三止者体真止、方便随缘止、息二边分别止。体真止者,体空达本之谓,随缘止者,随假安俗之意,息二边分别止者,也就是息二边见,显非真非俗之中道义。此三止之名,智顗自已说:“未见经论”,是他“映望三观随义立名”,因此,这三止说纯属智顗的创造。

---

① 《大正藏》第46卷,第462页。
② 《童蒙止观》。

所谓三观，亦即空观、假观、中道第一义谛观。空观者，由假入空，观诸法性空；假观者，由空入假，观诸法之假有；中道观者，空假双非，真俗双取，入非入假，亦真亦俗之中道境界。空、假、中三观说，也是智顗的一个创造。智顗说：“如此解释，本于观心，实非读经安置次比，为避人嫌疑，为增长信，幸与修多罗合，故引证耳”①。意思是说，这样解释观，本于观心。并非来自佛经。虽然在论述过程中，引用了不少的经文，这只是为了避嫌和增信，又正好这些经文与他所说的相契合。故引为以证。这种说法是合乎实际的，天台宗的止观学说，许多都是智顗在“说已心中所行法门”，富有创造性，这也是天台宗学说富有中国特色的一个重要表现。

天台宗佛教学说的另一特点的性恶说。

以往的佛教学说，每语及佛性时，都认为佛性是至纯至净，尽善尽美的，天台宗一反中印佛教的传统说法，主张佛性不但本具善性，而且本具恶法，用天台宗的话说，叫“性具善恶”。

为什么说佛性本具恶呢？天台宗有一系列详细的论证。其中一个重要的理论根据是“十界互具”。所谓“十界互具”，天台宗把三千大千世界分成十界，即佛、菩萨、缘觉、声闻、天、人、阿修罗、饿鬼、畜生、地狱。前四界双称四圣，后六界又称六凡。以前的有些佛教学说把十界视作彼此隔绝、互不融通，智顗认为，不应该这样，而应是十界互具，亦即其中的每一界都具其余九界，如佛界同时也具菩萨以下九界，地狱也具畜生以上九界。根据这种理论，就十分自然地得了这样两个结论：一是一

① 《大正藏》第46卷，第26页。

切众生都有佛性;二是佛性不仅是至纯至善的,而且也具畜生、地狱等恶法。

以十界互具为基础,天台宗又提出一个叫做“一念三千”的理论。

以《大智度论》和《中论》为根据,天台宗二祖慧文提出了“一心三观”说。慧思把“一心三观”说与《法华经》所说的“十如是”结合起来,经过推衍,使之归结于实相;智顗再把慧文的“一心三观”、慧思的“十如是实相说”与自己的“十界互具”说进行大糅和,构筑成天台宗“一念三千”的理论。

具体地说,“一念三千”是指人们当下之每一念心,都具足三千世间。其论证过程是这样的:十法界互具成百法界,每法界各具十如是故有百法界千如是,又,世间有三,即五蕴世间、有情世间和器世间。把千如是与三种世间相乘,故得三千种世间。而此三千种世间不是自生,也不是他生,而是系于一念心,人们当下之每一念心,都圆满具足一切诸法,非心生一切法,而是心即一切法,这就是“介尔有心,即具三千”的“一念三千”理论。

② 唯识宗。

唯识宗以介绍传扬法相识学得名。又因该宗创始人玄奘、窥基长期居住在长安慈恩寺,故又名慈恩宗。唯识宗的创始人玄奘是历史上促进中印文化交流的一名高僧。公元628年,他带着中国佛教界长期争论不休的几个问题,到佛教的发源地印度求法取经,历时十年,往返五万余里,取回各种佛典657部,对于促进当时中印两国佛教与文化的交流起了重要作用。在佛教经典翻译方面,他是佛教史上“四大译师”之一,共译佛典75部,1335卷,比其他三位译师译经总(614卷)多出一倍以上，是举世公认的一位译经巨匠。

玄奘创立的唯识宗，主要介绍传扬印度佛教的法相唯识学。该宗的宗旨是阐发弘扬外境非有，内识非无，心外无法，万法唯识的唯识理论。就其思想内容说，主要包括“阿赖耶识”说、“三自性”说和“五种种姓”说。

与中国其他的佛教宗派比，唯识宗佛教学说的特点在其“五种种姓”说。

“五种种姓”说是一种佛性理论，据说，玄奘曾作为一种“秘传”传给窥基，可见，它在唯识宗思想中地位之重要。

“五种种姓”说的主要内容是在有无佛性问题上把人分为五类，而认为其中有一类人（即一阐提）毕竟无佛性，永远不能成佛。

佛性问题在两晋南北朝时期曾经是一个各佛教流派聚讼纷纭的大问题，起初，占统治地位的看法是一阐提（指不信佛教、诽谤佛法、善根断尽之人）没有佛性。到了刘宋时期，竺道生首先提出一阐提也有佛性，亦可成佛，一时轰动了整个佛教界。竺道生亦因此被视为异端，为佛教界所摈弃。后来，北凉昙无谶译出大本《涅槃经》，经的后半部明言，一阐提也有佛性，也得成佛，一时群疑冰释，佛界从风，此后，“一切众生悉有佛性”的思想便逐渐入主中国佛教界，成为佛教界的统治思想。隋唐时代的几个主要佛教宗派，如天台、华严、禅宗均主“一切众生悉有佛性”。玄奘虽目睹了当时佛教界的思想状况，但因佛教经典对此问题说法不一，因此想到印度去亲睹真经，结果，由于种种原因，玄奘果然把主张一阐提没有佛性的“五种种姓”说带回中土，并作为唯识宗的根本教义之一。由于“五种种姓”说把相当一部分人拒于佛门之外，加之，他从印度搬回的烦琐的经院哲学很不适合中国的国情。因此，唯识宗只在中国风行了三十多年，但日渐衰沉，成为一个短命的佛教宗派。

唯识宗另一个重要思想是“阿赖耶识”说。“阿赖耶识”是法相唯识法宗所立的八个心法中的第八种。八个心法（亦称八识）是：眼识、耳识、鼻识、身识、意识、末那识、阿赖耶识。在八识中，唯识宗把它们分为三类：前六识为一类，主要特点是起了别、认识作用；通过它们可感觉和区别色、声、香、味、触、法等东西；第八识为一类，它是决定一切、派生一切的最根本的东西，故亦称“根本识”；第七识为一类，它以第八识为依据，通过思量第八识而产生前六识。如果说，前六识是产生客观万物的根源，那么第八识则是前六识的根据，同时也是客观世界一切事物的总根源。

其次，八识在变现世界万物的过程中又可分为“初能变”、“次能变”、“三能变”三种。“初能变”指“阿赖耶识”，它是变现世界万物的最初的根据；“次能变”是末那识，此识只有依靠第八识方能生起；“三能变”指前六识，阿赖耶识通过被末那识执以为“我”，然后通过前六识变现出外境外法。八识说就是这样通过诸识辗转相依，“如是如是变”，变现出整个客观外境。在这个学说中，世界上的一切事物都不是客观实在的，而是“八识”辗转变现的结果，因此说，心外无境，万法唯识。

除“阿赖耶识”说以外，唯识宗还以“三自性”说来论证外境非有，内识非无。

所谓“三自性”，亦即遍计所执自性、依他起自性和圆成实自性。唯识宗把世界上的一切客观事物都看成是一种假名和幻影，如镜中花、水中月，实际上根本不存在。因此人们的正常认识，在他们看来则是“迷妄”，是对外境妄加分别，虚妄地执为实我、实法，所以叫遍计所执自性。

但是，大千世界，森罗万象，怎么能一概视而不见呢？为此，他们又提出依他起自性说，亦即万事万物都是“依他众缘”而起的，因此都是幻化不实、似有而非有的。

在以遍计所执自性和依他起自性否定外境外法客观存在之后，唯识宗又以“圆成实自性”肯定了识、真如、佛性的真实存在。“圆”即圆满，遍于一切现象；“成”即成就，不生不灭，没有变易；“实”即真实不虚。也就是说，尽管理象世界是虚幻不实的，但是作为产生、成就这些现象的“识”及真如、佛性则是真实不虚的。这个说法可以说是“三自性”说的落点所在，唯识宗否定此岸世界的存在，目的正是为彼岸世界争地盘。如果连彼岸世界也否定了，那么唯识宗乃至整个佛教也就没有存在的价值了。

③ 华严宗。

此宗因以《华严经》为宗本，故名华严宗。又因此宗是唐代高僧法藏创立的，法藏曾被武则天赐号“贤首”，故又称“贤首宗”。

华严宗既远承地论、摄论诸师的学说，又批判地吸取天台、唯识二宗的有关思想，经调和糅合，自成一个庞杂而完整的理论体系。这个理论体系的核心，主要包括“法界缘起”和“圆融无碍”两个方面。

所谓“法界缘起”，“法”指事物，“界”指分界、类别，“缘起”指随缘(条件)而起，意思是说，世间和出世间的一切事物，都是“法界”随缘而起的产物，“法界”是一切客观事物的本原，一切客观事物都是由“法界”派生的。

“法界”在华严宗的著作中，又常被称作“一真法界”、真如佛性或“如来藏自性清净心”。此真如佛性或“清净心”与天台宗所说的佛性多有不同，天台宗主张佛性具恶，但华严宗所说的“一真法界”和“清净心”则是一个至纯至净的圆明体、本觉智，是毫无杂染污垢的，因此，华严宗的“法界缘起”又称为“净心缘起”。

所谓“圆融无碍”，也叫“无尽缘起”。这是说，“法界”与缘起的现象虽是一种体用关系，但体用之间并非殊绝悬隔、情同楚汉，而是体用全收、圆通一际，相入相即、圆融无碍。这种圆融无碍的理论主要体现在“四法界”、“六相圆融”和“十玄无碍”的学说中。

“四法界”，亦即“事法界”、“理法界”、“理事无碍法界”和“事事无碍法界”。就圆融理论说，主要体现在“理事无碍法界”和“事事无碍法界”之中。

所谓“理事无碍法界”，亦即认为任何事物、任何现象都是理体随缘的产物，是理体之显现，事物不能离开理体而独立存在，如果认为有事物不是理体随缘而现起，就犯了事在理外的错误；第二，每一事物都包摄理之全体，如果有事相摄理不尽，不包含理之全体者，即犯了真理有分限的过失——而真理是不可分的。由此，华严宗得出结论，事即是理，理即是事，理事融通，溶溶无碍。

在理事融通无碍的基础上，华严宗更倡事事无碍。亦即由于每一事相都包摄理之全体，因此，举一尘而尽宇宙，舒一念而该九世，法法平等，事事无碍，一即一切，一切即一。

所谓“六相圆融”，是指华严宗把任何事物都分为六种相状；即总相、别相、同相、异相、成相、坏相，并认为这六种相状相互依存、互相制约，相入相即，圆融无碍。他们以舍椽为例，指出舍是总相，椽是别相。但是舍不仅仅是舍，而且也是椽，因为当人们说舍的时候，就包含着是有椽之舍，因此得舍即得椽，舍即是椽；反之，当人们说椽的时候就意味着是舍之椽，因此得椽即得舍，椽即是舍。这种理论，就其看到整体与部分相互依存这一点说，无疑包含有辩证法的颗粒，但如果说椽即是舍，部分即整体，那就不仅不是辩证法，而是诡辩论了。

如果说，"六相圆融"理论多少透露出一点理论思辨的成分，那么，"十玄无碍"则带有较浓厚的神学色彩。"十玄无碍"的主要内容是论证一切众生，本来都具足如来圆满性德，只因迷悟不同，故有众生与佛的差别，如果能体悟此圆融无碍的道理，称性而起，即可成菩萨作佛。这既是"十玄无碍"的旨归，也是华严宗整个圆融理论的落点所在。

④ 禅宗。

禅宗因主张用禅定概括佛教的全部修习而得名；又因该宗以"传佛心印"自称，以觉悟众生本有之佛性为目的，故亦称"佛心宗"。

禅宗是一个影响最大，而又具中国特色的佛教宗派，隋唐之后，禅宗几乎成为中国佛教的代名词。据佛教史记载，该宗的创始人是南北朝时来华的印度僧人菩提达摩，其后传慧可、僧璨、道信、弘忍。弘忍之后开始分化成南北二宗，北宗的领袖是神秀，其主要思想是"指尘看净、方便通经"，强调经教，力主渐修，晚唐之后，日趋衰落；南宗的代表人物是惠能，其主要思想是即心即佛、顿悟见性。由于惠能对传统的禅学进行一系列带根本性改革，故史上有"六祖革命"的说法。惠能虽然在名义上是禅宗六祖，实际上是中国禅宗的真正创始人，因为人们通常所说的禅宗，多指以惠能为代表南宗。因此下面着重介绍南宗的即心即佛和顿悟见性的思想。

所谓“即心即佛”，是指世间出世间的一切诸法、真如佛性，原都不离自心自性，只是人们经常为烦恼惑障所遮蔽，因此，不能了解本心本体本来是佛，如果人们能体悟自心自性本来是佛，那么只要于自心上顿现真如佛性，即可成佛作圣，而不必向东向西四处寻觅。基于这个思想，禅宗主张直指心性、不落文字，认为一切经教文字只是方便设施，坐禅修行也只是枉受辛苦，只要能“无著”、“无念”、“明心见性”，即可直入佛境，成圣作佛。

所谓“顿悟见性”，是指修行方法上注重心悟。因为禅宗认为佛不离自心，因此，强调“道由心悟”。迷与悟，是禅宗用以衡量凡圣生佛的一个重要标准。在禅宗看来，迷即凡即是众生，一念若悟，即圣即是佛。这就是通常所说的迷凡悟圣。但对于如何悟，南北二宗看法不同，北宗强调渐悟，即经过一定的修行之后，逐渐觉悟；南宗则注重顿悟，用神会的话说，即“利剑斩束丝”，一剑之下，百念俱断，烦恼尽除。后来慧海进一步发挥顿悟思想，指出“唯有顿悟一门，即得解脱”，希运更把它概括为“无修无证、直下便是”，把顿悟见性的思想推到极致。晚唐之后，“顿悟见性”几乎成为禅宗修行方法的“唯一法门”。

唐宋之后，禅宗进一步发展分化为“五家七宗”，其中青原行思系下形成曹洞、云门、法眼三宗，南岳怀让系下形成临济、沩仰二宗，世称“五家”；临济宗在宋代又形成黄龙、杨歧二派，合称“五家七宗”。“五家七宗”之分，并非教旨不同，只是在启发方式上有所差别而已。

⑤ 净土宗。

此宗以净土信仰为标帜，故名为“净土宗”，又因此宗导源于慧远在庐山的“白莲”结社，故又称“莲宗”。

净土宗的实际创始人是唐之道绰和善导，所依据的主要经典是“净土三经”(即《阿弥陀经》、《无量寿经》、《观无量寿佛经》)和《往生论》。就其思想内容说，主要以“信、愿、行”为宗。所谓“信”，亦即信心，就是要对西方净土之实有和念佛必定往生等，具有坚定的信心；所谓“愿”，亦即誓愿，明确立誓发愿死后往生西方净土。如果有了信心，加上明确的哲愿，临终前阿弥陀佛就会前来接引去西方，所谓“行”，即真实依教起行，如念佛、修禅、积德等。净土宗认为、“行山填愿海”，此谓有愿无行犹如开空头支票，说食数宝，无济于事，只有依愿起行，才能达到往生净土的目的。

净土宗的修行方法，主要是念佛，其特点是简便易行，据说，任何人只要相信西方净土，发愿归依阿弥陀佛，临终前念几声阿弥陀佛，死后阿弥陀佛就会来接他到西方极乐世界。如此简便的修行方法，又有如此好的效果，对于广大信众无疑具有很大的吸引力。正是由于净土宗具有这种修行易而收效高的特点，在中国历史上曾一度相当风行，以致佛教史曾有“家家阿弥陀、户户观世音”的说法。

唐宋之后，净土宗与禅宗逐渐合流。本来，禅宗注重修禅，净土宗强调念佛，但唐宋之后的佛教多主张“有禅有净土，犹如戴角虎”，把禅净巧妙地融为一体。另外，由于禅净都崇尚简便易行，比较适合当时社会的要求，因此，唐宋之后，中国佛教几成禅净之天下。

从中国佛教发展趋势看，禅净二宗的合流及风行，使佛教的中国化进程大大向前迈进了一大步。如果说，中唐之后禅宗是以注重心性悟解，提倡超佛越祖的自尊自信去否定印度的传统佛教，那么，净土宗正好从相反的方向，即以信愿行为宗本，以自悲为特点，把传统佛教注重三学兼修的传统修行方法扫地出门。净土宗与禅宗两面夹击，把传统佛教与佛教的传统破除殆尽。隋唐之后，佛教的中国化进一步衍化为中国化佛教。而唐宋之后的中国化佛教与中国的传统思想进一步交融汇合，导致了冶儒释道三教于一炉的宋明理学的诞生，至此，中国佛教的发展进入了一个新的历史时期。

2. 基督教

基督教产生于公元一世纪中叶古罗马帝国统治下的亚洲西部的巴勒斯坦、小亚细亚一带，后逐渐发展到地中海周围和亚美尼亚等地、中世纪又传播到欧洲各国；资本主义时代，随着欧洲殖民主义的扩张，进一步传播到非洲、美洲和亚洲，成为一个遍布五大洲的世界性宗教。据 1979 年的统计资料表明。全世界共有基督教徒十二亿一千五百万人，分布在一百五十个国家和地区，对整个人类的社会生活、现实政治、历史文化等方面有着极其重要的影响。

(1) 耶稣与基督教的起源。

基督教，是指奉耶稣基督为救世主，以《新旧约全书》为经典的各教派的统称。

耶稣，又称基督或耶稣基督。耶稣是希伯来文“神的教助”之意，基督是“救世主”的意思。据说拿撒勒村的一个名叫约瑟的木匠，有一个未婚妻叫马利亚，当他们还没有结婚时候，马利亚已有了身孕。约瑟得知此事后，想暗暗把她休了。据说，主的使者及时托梦给他，说，大卫的子孙约瑟，不要怕，只管娶过你的妻子马利亚来，因她怀的孕，是从圣灵来的。她将要生一个儿子,你要给他取名叫耶稣。因他要将自己的百姓从罪恶中救出来,这事是要应验主借先知所说的话:"必有童女,怀孕生子,人要称他的名为以马内利"(即上帝与我们同在的意思)。约瑟醒后,就遵照主的使者的吩咐,娶马利亚为妻子,等她生了儿子,就给他取名叫耶稣,这就是《圣经》所载的耶稣的来历。

历史上是否确有耶稣其人,这是历史学家、宗教学家长期争论不休的问题,至今仍没有定论。多数学者认为,耶稣作为一个历史人物,没有任何可靠的资料足资凭信,因而较倾向于耶稣是一个神话说中的人物;当然,宗教界自然都认为耶稣是一个历史人物。

根据《圣经》及有关资料记载,耶稣在拿撒勒长大,大部分时间在伽利利度过,至三十岁时开始在巴勒斯坦地区进行传教。耶稣在传道过程中招了彼得等四个门徒,帮助他在"伽利利的各会堂里教训人,传天国的福音,医治百姓各样的病症"。后又差遣彼得等十二使徒到以色列传道,要他们"随走随传,说天国近了。医治病人,叫死人复活,叫长大麻风的人洁净,把鬼赶出去"。约在公元 30 年,当耶稣及其门徒前往耶路撒冷时,门徒之一的犹大,以 30 元钱将耶稣出卖了,最后被罗马派驻犹太的总督彼拉多以耶稣是"犹太人的王"的罪名钉死在十字架上。传说耶稣死后的第三天复活,并多次向他的门徒显现,对他们说:"天上地下所有权柄,都赐给我了,所以你们要去,使万民作我的门徒","凡我所吩咐你们的,都教训他们遵守,我常与你们同在,直到世界末了",复活 40 日后,耶稣被接到天上,坐在上帝的右边,声称,到世界末日,再从天而降,来审判地上的活人和死人,并建立"千年王国"。

作为基督教救世主的耶稣究竟是历史人物还是神话传说中的人物，这在某种意义上说并不重要，最重主要的是，耶稣为什么会在历史上产生那么大的影响？以耶稣为创始人的基督教为什么会产生并逐渐得到发展，最后发展成为一个世界性的宗教？

从历史唯物主义的观点看，基督教的产生是当时社会历史条件的产物。

公元一世纪初，位于欧洲意大利半岛中部的一个城邦小国罗马，经过近200年的对外侵略扩张，建立了一个横跨西欧、南欧、西亚、北非的罗马帝国。罗马帝国地域辽阔，民族众多，海上交通发达，表面上一派升平景象。但由于罗马帝国建立在残酷镇压下层群众和奴隶及掠夺扩张的基础上，内部蕴藏着尖锐的阶级矛盾和民族矛盾。当时的帝国统治者一方面过着荒淫无度的奢侈生活，另一方面把奴隶视若牲畜，任意宰割或送斗兽场喂野兽；对于一般平民，统治者也实行"剪下毛来，但不要剥皮"的剥削原则，广大平民百姓日益穷困潦倒，时时受到饥饿与死亡的威胁。残酷的阶级压迫和剥削终于导致了大规模的奴隶大起义，其中，尤以斯巴达克奴隶大起义为最著名，起义的角斗士奴隶在斯巴达克的领导下席卷了整个意大利半岛，参加者达12万人，斗争达三年之久。但是，由于历史的局限性，尽管起义曾一定程度地动摇了罗马奴隶制的社会基础，但最终都归于失败。6000多名奴隶被钉死在罗马城大道的十字架上。另一次较大的奴隶起义是公元66年至70年巴勒斯坦犹太人发动的犹太人大起义，这次起义同样遭到罗马统治者的残酷镇压，耶路撒冷尸横遍野，十字架上钉满死人，居民被卖为奴隶者达7万多人。奴隶起义失败之后，在广大起义者中出现了“普遍的意志消沉和精神颓废”，现实中的消沉绝望和走投无路，逐渐地使他们把希望寄托于冥冥的上苍，希望能有一位“弥赛亚”（即救世主）从天而降，拯救他们脱离苦海。这就为耶稣的出现和基督教的建立提供了现实的社会基础。

另外，基督教的产生还有其深刻的思想背景。罗马帝国建立之后，统一的君王需要一种统一的思想和宗教作为精神统治的支柱。起初，在罗马帝国境内没有统一的宗教，各民族、地区都有自己的神，这些神“都是本民族的神，这些神的天国越不出它们所守护的民族领域。在这个界线以外，就由别的神无可争辩地统治了。”[①]罗马帝国在吞并各民族同时，也消灭了他们的宗教。跨民族的罗马帝国需要一种能够使不同民族和地区的人民共同信仰的跨民族宗教。经过长期现实斗争实践的检验，罗马帝国统治者最后选择了基督教。在对它进行了一番改造之后，基督教终于从一个由下层社会自发形成的宗教，发展成为罗马帝国占统治地位的宗教。

（2）基督教的历史发展。

早期的基督教信徒，主要是下层的劳动群众和奴隶，正如恩格斯所说的：基督教“在其产生时也是被压迫者的运动。它最初是奴隶和被释放的奴隶，穷人和无权者，被罗马征服或驱散的人们的宗教。”[②]一开始，他们与罗马帝国的统治者是对立的，且屡遭迫害，因此，他们公开把罗马皇帝尼禄叫做“怪兽”。他们预言，救世主将临人世，并与奴隶主统治者进行一场伟大的决斗，作为结果，神将取胜，恶人将受到惩罚，穷人将摆

① 《马克思恩格斯全集》第7卷，第250页。
② 同上，第22卷，第525页。

脱苦难。这种预言在一定程度上反映了被压迫人民对现实的不满,以及对罗马统治者的憎恶与仇恨。但是,早期基督教并没有因此而发展成为革命运动,因为它不是号召人们去和统治者进行斗争,改变现实的苦难,而是把希望寄托于神的力量,上帝的拯救,宣扬顺从忍耐,结果,很快就被统治者利用。4 世纪初叶,罗马皇帝君士坦丁对基督教进行扶植,在公元 313 年,颁布了"米兰敕令",给基督教以合法的社会地位,并发还过去在受迫害时被没收的全部教堂和财产。此外,规定了教士免服兵役及城市徭役,免交赋税,对基督徒给予保护等。虽然君士坦丁本人不是基督教徒,却主持召开了在尼西亚城举行的基督教第一次世界性主教会议。这次会议统一了教会内部关于教义的分歧,由皇帝颁定所有基督教徒都必须遵守的、肯定基督和天父(天主)同体的信条(后被称为《尼西亚信经》)。并进一步加强了教会组织和主教的权力。这些措施加强了教会的统一。此后,到狄奥多西执政的 380 年,径直宣布基督教为罗马帝国的国教。至此,基督教成为一个官方的宗教。

公元 5 世纪之后,欧洲的奴隶制逐步被封建制所代替,但是基督教并没有随着奴隶制的灭亡而退出历史舞台,而是进一步发展成为封建统治者官方的宗教。

公元 5 世纪下半叶,西罗马帝国灭亡后,在西欧出现了许多"蛮族"小王国,这些小王国彼此一直进行战争。各小王国为了扩大自己的影响和增强自己的实力,都要利用基督教。基督教的各主教看到罗马帝国的大势已去,也设法向各封建皇帝靠拢,以求得他们的支持,扩大自己的势力。公元 8 世纪中叶,法兰克王国墨洛温王朝的宫相矮子丕平及其儿子查理统一了众多小王国,在西欧建立了最大的封建王朝——查理大帝的帝国。在帝国的建立过程中,曾得到罗马教会的支持,后来被奎封为“神命的君王”。从这时起,国王的权力被认为是上帝所授予的,反对国王就是反对至高之神。丕平为报答教皇,就把征战夺来的意大利中部和北部的一部分土地赠给了教皇,从此,教皇就拥有了自己的领土,组成了教皇国。这是基督教摆脱世俗君权统治的重要一步,也是形成以后封建神权高于世俗君权的重要历史环节。

公元800年,丕平的儿子查理统一了原西罗马帝国地区,建立了封建中央集权制的“神命罗马帝国”。在查理大帝征服其他民族、统一各小王国的过程中,充分地利用了基督教,并强迫其他民族也信奉基督教,这极大地扩大了基督教的影响和势力。当查理大帝国走向瓦解的时候,教皇趁机摆脱君主的控制,要求取消主教向皇帝宣誓效忠的手续,并取消皇帝对于修道院长的任命权,为此,教廷颁发了一个所谓的《艾西多尔文献》,宣称在君士坦丁大帝时,就已把教权和西罗马的统治权给予罗马主教,并声称主教的权力高于政权,要国王听命于教皇,这就是所谓“君士坦丁赠礼”。到了10世纪,德意志五个公国中最强大的撒克逊王朝国王鄂图一世与教皇结成同盟,来对抗诸侯的反抗和扩充国力,教会也从中获得了新的特权。952年,德意志征服了丹麦,丹麦国王和王后以及丹麦人民几乎加入了基督教,后来丹麦国于967年统治挪威,又使得挪威人几乎全部皈依了基督教。955年,鄂图一世又征服了匈牙利,匈牙利人民在其国王的命令下,也皈依了基督教。这样,罗马基督教就在各封建国家的争夺中,逐渐地成为欧洲各国信奉的宗教。

10世纪之后,罗马教会的政治权力和经济实力迅速增长，逐步成为"最有势力的封建领主。拥有天主教世界的地产的整整三分之一"。[①] 1075 年后，教皇格列高利与德国皇帝亨利四世之间发生了激烈的冲突。教皇格列高利下令废除了"世俗授职权"，规定各地主教由教皇直接任命，不再由皇帝授与新主教权力象征的"指环"和"手杖"。这无疑将大大削弱王权，世俗君王当然不能接受。1076 年德国皇帝亨利四世针锋相对，召开主教会议，宣布废除教皇格列高利。教皇以牙还牙，在一部分主教和诸侯的支持下，宣布对亨利处以"绝罚"（开除教籍）。皇帝无教籍，说话嘴不硬，教皇又利用德国内部皇帝与各诸侯国的矛盾，挑拨他们与皇帝作对，弄得皇帝众叛亲离。1077 年，亨利四世不得不与妻子一起到教皇居所，身着悔罪服，跣足免冠，哀求恢复教籍，在雪地里哀告三天，教籍才得以恢复。后来，当亨利四世地位稳定后，于 1084 年进占罗马，赶走了格列高利，另立了新教皇。

12 世纪之后，教会又提出了所谓的"两把刀"理论。教会把《路加福音》中耶稣叫门徒预备的两把刀，说成是神权和政权。这两把刀都属于教会，教会可以把政权这把刀暂时交给国王，也可以随时把政权收回。到 13 世纪，教会的势力发展到顶点，并且建立了"异端裁判所"，用以对付一切反对基督教的思想和活动，这时期教会的权力常常超过王权，教皇成为"万王之王"。王权与教权的斗争达到了极端尖锐的程度。往后，两者的斗争一直没有停止过。

公元 14 世纪之后，欧洲封建社会开始走向衰落，阶级矛盾极其尖锐，阶级斗争十分激烈，爆发了一系列农民起义和农

---

① 《马克思恩格斯选集》第 3 卷，第 390 页。

民战争。与此同时，新兴的资产阶级为了发展资本主义，与封建地主阶级发生了剧烈的冲突，一批知识分子，站在社会进步的立场上，掀起了轰轰烈烈的文艺复兴运动，文艺复兴运动的矛头所向，一是王权，二是神权。针对中世纪神学以神为中心，贬低人的价值，否认现世生活，提倡禁欲主义，文艺复兴思想家大力歌颂人的伟大，赞扬人的价值，提倡个性自由和人的尊严。这是新兴资产阶级向封建制度及其精神支柱——宗教神学开火的先声。由于几股社会力量及思想潮流的共同冲击，传统的基督教已越来越不能适应时代的要求，改革宗教的呼声越来越高，最后终于爆发了路德和加尔文的宗教改革运动。

路德派的宗教改革是以德国宗教改革家马丁·路德的名字命名的宗教改革运动。1517 年，教皇以修建罗马圣彼得大教堂为名，以销售赎罪卷为幌子，大肆搜刮钱财。路德在一些教会同事的支持下，站出来反对这种败坏教会名声的作法，在教堂门前贴出题为《关于赎罪卷的辩论》的九十五条论纲，后又多次发表演说，提出和宣传“因信称义”的教义，即认为人要得到上帝的拯救，不在于遵守教会规条，而在于个人的信仰。这一主张在天主教内部获得了一部分神职人员和许多教徒的支持，形成了宗教改革的新派。路德派反对罗马教皇独霸神权。认为基督在十字架上的救赎奇功，已经破除人神之间的阻隔，信徒凭“信”便可与神交往，无须以教皇为首的一套体制作为中介。这一改革主张在当时阶级矛盾十分尖锐的情况下，得到了社会各阶层中渴望改革的人们的热烈响应和支持，很快引起一场燎原大火，终于唤起两次政治性的起义，首先是胡斯和济金根领导下的下层贵族的起义，其次是德国神父闵采尔领导的农民起义。由于起义的发展远远超出宗教改革的范围，激进的革命目标也根本不符合路德提出的宗教改革的初衷，因此路德很快就转到统治者一边，要求统治者用“鞭声和枪声”来镇压起义，“救救局势”。

路德的宗教改革之后，在瑞士发生了加尔文的宗教改革，加尔文曾追随路德，但比路德更激进，1536 年，他发表了《基督教原理》，强调“因信得救”，反对天主教会的权威，宣扬国家政权和私有财产是神圣的制度，反映了资产阶级最激进部分的要求。当时在日内瓦取得统治地位的资产阶级利用加尔文教派的主张，建立起政教合一的神权共和国，同时，加尔文的改革主张，在荷兰、苏格兰也成为共和党人的旗帜，英国的资产阶级也以这种改革主张作为意识形态的外衣。

路德和加尔文的宗教改革运动，使新教正式从天主教中分裂出来，成为一支独立的社会力量。

早在公元 3、4 世纪，基督教内部分化成以希腊语地区为主的东派教会和以拉丁语地区为主的西派教会，形成了西部罗马和东部君士坦丁堡两个中心。东西教会为了争夺权势和地盘进行了长期的斗争，至 1054 年终于导致了基督教的第一次大分裂，形成正教（俗称东正教）和罗马公教（即天主教）两大派别。16 世纪的宗教改革，又从天主教中分裂出新教，这样，基督教就分裂成正教、天主教和新教三大派。

基督教的各个派别随着欧洲殖民主义的扩张，逐步从欧洲传播到世界各地，进而成为一个遍布 100 多个国家，有十几亿信徒的世界性宗教。我国现在也有数百万的天主教徒和新教徒。

基督教的最早传入中国，是在我国封建社会鼎盛时期的唐初，当时称为“大秦景教”，简称“大秦教”或“景教”。景教在唐朝受到六代皇帝的保护，因此得到广泛的传播。武宗灭佛事件发生后，景教受到牵连，因此遭到废止，其后慢慢走向衰微。成吉思汗统治时期，又一度恢复活动。元朝帝国统治中国98年期间，同罗马教廷一直有信使往来，还设立了管理基督教的宗教行政机构“崇福司”。在北京、甘州、宁夏、镇江、扬州、泉州等地都设有教堂，但信奉该教的主要是蒙古人和迁居中国的西亚人，因此，随着元王朝的灭亡，景教也很快就消失了。

16世纪以后，随着欧洲殖民地的扩张，基督教又卷土重来。1583年，西班牙驻菲律宾总督、天主教主教等曾向当时的国王菲力浦二世提出“用武力使中国基督教化”的狂妄计划，但由于当时的明朝的国力还强盛，因而未能得逞，只好通过和平方式来传教。16世纪60年代，一些天主教的著名教士如罗明坚、利玛窦、庞迪我、熊三拨等人开始进入我国传教。他们一般通过结交王公达贵和利用介绍西方科学技术知识为手段进行传教。当时的一些著名学者如徐光启、李之藻、杨廷筠等也相继皈依了天主教。这些人对传播天主教和学习“西学”都起了推波助澜的作用。继利玛窦等人之后，汤若望、毕方济、南怀仁等教士又进一步得到朝廷和士大夫的宠信，并获准在中国的13个省中自由传教，在极短的时间内，信教的人数达数万。入清之后，基督教又进一步得到传布和发展，据康熙年间统计，全国28个城市设有教堂，教徒已有15万人左右。

解放前夕，中国有天主教徒200万左右。新教徒100万左右。他们中的多数人在新中国成立后，是爱国和积极参加社会主义建设的。1950年，中国基督教界发起了“自传、自治、自养”的三自爱国运动；1957年，中国天主教会举行一次反对罗马教廷干涉中国天主教的全国大会，宣布中国天主教与罗马教廷脱离关系，并按照独立自主、自办教会的方针，成立了我国天主教爱国运动委员会。几十年来，我国广大的基督教徒一方面积极参加社会主义建设，一方面努力同各国教友保持友好的联系，不断开展互访和交流活动，增进了同世界各国教友之间的相互了解和友谊。

（3）基督教的经典和教义。

基督教的基本经典是《圣经》，它分为《旧约全书》和《新约全书》两大部分，因此《圣经》又叫《新旧约全书》。

《旧约》是犹太教的经书，共39卷，后为基督教所承袭，作为基督教圣经的前一部分；基督教自身的经典是《新约》，共27卷。

所谓"约"，是指上帝与人立下了"契约"。按照《圣经·创世纪》中的说法，上帝造人之后，见人在地下罪孽深重，十分后悔，于是用洪水毁灭他们，仅留下"义人"挪亚一家。挪亚为此对上帝无比感激，十分恭敬，因而上帝与挪亚及其后裔"立约"，言此后不再加害于他们。后来，上帝因担心天下万众一心，于是又用法变乱天下人的语言，使他们分散各地，而仅与"上帝的选民"以色列人的祖先亚伯拉罕"立约"，宣称此为"永远的约"，条件是要亚氏及其后裔尊他为上帝。这是犹太教传统的说法。

基督教对此持有异议。它一方面承认上述说法，一方面又认为，自耶稣降世后，"神"与人又重新立了"新约"，并由耶稣作"中保"，原因是以色列人后来失约，上帝不再理会他们，因而另立"新约"。

以上两种说法当然都是一种传说，没有足资凭信的历史根据。实际上，《旧约》是古代民族的历史典籍和文学作品的一部分。原文为希伯来文，通常由“律法书”（又称“摩西五经”。）、“先知书”和“圣录”三部分组成。主要内容是关于上帝创造世界和人类始祖的神话、古代犹太人的传说故事、法典和宗教条规，先知们的宗教、政治论述，诗歌、格言及其他宗教文学作品。《旧约》大致形成于公元前3世纪至公元后1世纪。其中，“律法书”阐述了基督教的两条基本教义：论神、论原罪，是《旧约》的精髓；“先知书”是一些民间先知假托神的口气，针对犹太王国兴亡的历史，在政治、社会、宗教方面所作的评论；“圣录”主要是一些诗歌文学作品，其中有赞美诗、术语和民间的谚语等，这些流行于民间的传说，对于早期基督教和《新约》中的《启示录》的形成都有巨大的影响。

《新约》是基督教本身的经典，篇幅较小。但随着基督教的发展，它的影响远远超过了其自身的比例。一般地说，基督教徒对《新约》的内容比对《旧约》的内容更熟悉，人们对《新约》的研究比对《旧约》的研究要多得多。

《新约》不按时间而按内容安排，大致形成于公元1世纪下半叶至2世纪下半叶之间，原为希腊文，内容包括《福音书》、《使徒行传》、《使徒书信》、《启示录》四部分。《福音书》包括《马太福音》、《马可福音》、《路加福音》和《约翰福音》。主要记述传说中的耶稣的生平、受难、复活和神迹等；《使徒行传》写耶稣使徒们的传教活动，其中主要记述彼得与保罗的传教活动，而特别提高彼得的地位；《使徒书信》占了《新约》的主要篇幅，共21卷，其中的三分之二是《保罗书信》。《使徒书》大力宣扬“在上有权柄的，人人当顺服他”，反映了基督教为适应奴隶主需要在政治倾向上的转变；《启示录》是《新约》的最后一卷，它的主要内容是用怪兽影射已自杀身亡的罗马皇帝尼禄，预言他将回来施行暴政 42 个月，但神最后将战胜他，建立起“千年王国”。

上述各书形成并未立即成为经书，如与现在收入《新约》的四福音书同时，尚有《彼得福音》、《腓力福音》、《拉撒路福音》等。现在的《新旧约全书》66 卷，是在四世纪时才由教会正式规定下来的，其时基督教已被罗马帝国宣布为国教了。显然，《圣经》是时代的历史产物。

现代基督教各派都信奉《圣经》，但各派的解释却各有差别。新教声称《圣经》是唯一权威，天主教则坚持《圣经》的解释权属罗马教廷；有的教派认为《圣经》的每一个字，每一句话都是“绝对的真理”；有的教派则认为《圣经》虽是“上帝启示的记录”，但由于是记录，难免有细节上的错误。当然，尽管各派对《圣经》解释各异，但作为信奉《圣经》的基督教，他们有着一些共同的基本的教义，这些基本的教义是：

① 上帝创世说。基督教宣称，宇宙间有一个神（或叫上帝、天主），这个神虽然“从来没有人见过”，但却是天地的主宰，万物的创造者，人也是上帝的杰作。人类所居住的地球、日月星辰和地球上的动植物以及花鸟草木都是上帝创造出来为人的，这就说明上帝是全智全能的，是真善美的最高体现，是人类的创造者和赏赐者，因此，人们必须无条件地敬畏和服从上帝，要绝对服从上帝的一切安排，否则就要受到上帝的惩罚。

② 原罪救赎说。所谓原罪，是基督教承袭犹太教教义的一种说法，亦即上帝创造了人类的始祖亚当和夏娃，他们被安置在伊甸园，过着无忧无虑的生活。后来，夏娃在蛇的引诱下，怂恿亚当偷吃了伊甸园里的知善恶树的果子，即禁果，犯下了

罪。这个罪一直传到他们的所有后代，成为整个人类最原始的罪过。因此，即使是刚出世的婴儿，也都有原罪，都是罪人。这种原罪，人类是无法自救的，唯有靠救世主耶稣基督为人赎罪，才能求得死后永生，这就是所谓的“救赎说”。

③ 天堂地狱说。基督教认为人们居住的现实世界是罪恶的渊薮，人在这个世界中的苦难是无法自我摆脱的，只有相信神和神派来的救世主耶稣基督，一切顺从神的安排，死后的灵魂才能上升天堂，否则就要受到末日的审判，被抛入地狱。

3. 伊斯兰教

伊斯兰教又称回教、天方教或清真教，是继佛教、基督教之后又一个世界性宗教。它产生于公元 7 世纪初的阿拉伯半岛，其后传播到中亚、北非和西南欧等地，成为一个世界性的宗教。现在全世界的伊斯兰教徒约有七亿多，其中阿拉伯人占一亿五千万。

(1) 穆罕默德与伊斯兰教的创立。

伊斯兰教的创始人是穆罕默德。穆罕默德是一个神话人物还是历史人物，史上曾有不同的看法。近些年来随着阿拉伯古代文献的陆续发掘，已经证明穆罕默德不是神话人物而是历史人物。

据有关资料记载，穆罕默德于公元 570 年出生于麦加古莱氏部落哈申族，是一个遗腹子。父亲布塔拉赫是个商人，死后留下五头骆驼，一头骡子，一个女奴。穆罕默德七岁时，母亲阿弥娜也去世了，穆罕默德只得跟随年老的祖父度日，没过两年，祖父也离开了人间，他只得到伯父阿布·塔利布家中，同堂兄弟们一起生活。童年时代的不幸遭遇，在穆罕默德心灵上留下了深刻的印痕。

穆罕默德长大之后，就跟伯父外出经商，他走遍了阿拉伯半岛各地，尝尽了旅途的艰辛和困苦的煎熬，积累了丰富的社会经验和练就了相当的处世能力，这为他以后创立伊斯兰教奠定了基础。穆罕默德虽没读过书，不识字，但思想敏捷，能言善辩，凡事坚守信用。一直为同事所钦佩敬重，到了成年，他已是一个精明能干的商人。25岁时受雇于麦加的富孀赫蒂彻，为她经商，并于同年与这个年已40的富孀结婚。凭借赫蒂彻的权势与财力，穆罕默德一跃而成为麦加的显贵富翁，厕身于商业贵族的行列。

穆罕默德成为显贵之后，有了更多的时间和精力去考虑和研究他所感兴趣的社会和宗教问题。这时，他经常带着干粮，独自一人到麦加近郊的希拉山洞去隐修。在希拉山洞里，他往往一呆就是十几天。他的这种举动，在本民族的人眼中产生了种神秘莫测的感觉。在他四十岁那年，据说有一天，正当穆罕默德在希拉山洞里神志迷惘、沉思冥想之际，突然，"大天使"伽伯利的幻影浮现在他的面前，教他念："你应当奉你的创造主的名义而宣读……"[①]穆罕默德照念了一遍，这位天使的幻影随即消失。他急急忙忙跑回家，象受了惊一样全身发抖，盖上一条厚厚的棉被，继续听到启示："盖被的人啊，你应当起来，你应当警告，你应当颂扬你的主……"[②]赫蒂彻把丈夫的这些举动告诉了她的堂兄威尔格。威尔格是一位虔诚的基督徒，精通《圣经》，当他听到赫蒂彻的陈述后，便宣称这与历史上先知所遇到的情形相类似，随即把穆罕默德说成是"民族的先知"，"古莱氏部落的大圣人"。就这样，穆罕默德便以"先

① 《古兰经》第96章，第1—5节。
② 同上，第74章，第1节。

知”的身份，举起宗教革命的旗帜，开始了他23年的创教传教活动。

穆罕默德首先把麦加古莱氏部落崇拜的主神“安拉”奉为世界“独一无二的神”，是“世界的创造者”。他说，安拉在六天内创造了世界万物，它升起了天空，伸展了大地，为人们提供了丰富的食粮，人本身也是安拉所造，人的一切都是安拉的恩赐，都由安拉安排。穆罕默德自称是“安拉的使者”，“众信徒的先知”，是受安拉差遣，来向世人传警告、报喜信的，警告那些不归顺安拉的人赶快迷途知返，向那些归顺安拉的人报告安拉将降福于他。所谓“伊斯兰”。阿拉伯语即是“和平”、“顺从”之意，亦即顺从安拉和安拉使者。

最初，穆罕默德的传教都是秘密进行的，在得到一定信徒的赞同和支持后，从612年起开始向麦加的广大居民公开传教，自此之后，影响逐渐扩大。由于直接触犯了麦加奴隶主贵族和富商的宗教特权及经济利益，穆罕默德的传教活动遭到以苏富扬为首的麦加奴隶主贵族的反对和迫害，穆罕默德不得不把伊斯兰教的活动中心迁往麦地那。

穆罕默德到麦地那后，大力宣扬“天下穆民是一家”，把来自麦加的穆斯林和麦地那的穆斯林联合起来，组成了政教合一的宗教公社（乌玛），这是阿拉伯统一国家的雏形。另一方面又采用适当措施，和当地几个信仰犹太教的部落搞好关系，以便争取他们站在自己一边。当他在麦地那站稳站脚后，便在政治、经济、军事、宗教等方面进行改革，制定了相应的规章制度。穆罕默德身兼数职，既是最高的宗教领袖，又是最高行政兼军事长官；既是最高的立法官，又是最高的裁判者。他组织了强大的近卫军向附近的部落进行武力传教。使伊斯兰教的势力不断扩大。公元 630 年，穆罕默德率领大军进占麦加城，把克尔白神庙中的 360 座偶像和神物全部捣毁，只留下克尔白黑石，把神庙改为清真寺，并且把朝拜方向由面向耶路撒冷改为面向麦加。从此，麦加成为穆斯林崇拜的中心。

取得麦加后，由于麦加固有的商业和宗教地位，伊斯兰教便在阿拉伯半岛迅速传播开。许多部落纷纷派出代表团到麦加，表示归顺伊斯兰教，一些拒不皈依的部落，则被武力征服。631 年底，阿拉伯半岛已基本统一，政教合一的国家初步形成。穆罕默德成为商业贵族和这个国家的军、政、教的首脑。632 年，他因病死于麦地那。此时，伊斯兰教作为统一的阿拉伯国家统治阶级的意识形态已传遍到了整个半岛。

(2) 伊斯兰教的传播与发展。

穆罕默德死后，随着统一的阿拉伯国家的初步建立和对外侵略扩张，伊斯兰教开始向阿拉伯半岛以外传播。历史上，伊斯兰教的传播和发展大体上经历了这样几个阶段：

① 四大哈里发时期。

穆罕默德死后，第一位哈里发(即继承人)是年高望重的艾布·伯克尔。虽然任期只有二年，但他在平定部落叛乱统一阿拉伯国家方面立下了很大的功绩，为下一步对外扩张奠定了基础。

伊斯兰教势力全面向半岛以外扩展，是从第二任哈里发欧默尔执政时开始的。他在位十年间，在伊斯兰教的旗帜下，在“为安拉而战”的号召下，分兵东西两路，大举向东罗帝国和波斯帝国的属地进攻，很快占领了大马士革，耶路撒冷，亚历山大，巴士拉及波斯帝国的首都泰西封等城镇和地区。在被征服的地区，欧默尔采用人头税等办法，强迫当地居民信奉伊斯兰教，这样，伊斯兰教便越出半岛的范围，向亚、非地区传播。

第三任哈里发奥斯曼在欧默尔扩张的基础上继续向外征服。东部和北部扩张到亚美尼亚、阿塞拜疆，西部占领了的黎波里、塞浦路斯和罗德斯岛，建立了一个初具规模的横跨亚、非两大洲的庞大的阿拉伯帝国。奥斯曼不但把伊斯兰教推向更广阔的范围，而且组织专人编纂《古兰经》。现在全世界流行的《古兰经》，就是那个时期编纂的《奥斯曼定本》。

第四任哈里发是穆罕默德的堂弟兼女婿阿里。他把阿拉伯国家的首都从麦地那迁到库法。公元661年，阿里在内部纷争中被杀，他的政敌、驻叙利亚的总督穆阿威叶接任哈里发，从此伊斯兰教进入一个新的时期，即王朝时期。

② 倭马亚王朝时期。

由于穆阿威叶出身于倭马亚家族，故称他的王朝为倭马亚王朝。倭马亚王朝的统治者进行更大规模的扩张，至8世纪，形成了一个东起印度河流域，西临大西洋，横跨欧、亚、非三洲的阿拉伯大帝国，伊斯兰教也随着阿拉伯帝国的对外扩张，而传播到更遥远的东方和西方，形成一个传遍亚、非、欧三大洲的世界性宗教。

③ 阿巴斯王朝时期。

阿巴斯王朝在对外扩张方面虽不如前代，但在政治、经济和民族文化等方面，却达到了伊斯兰教历史上的鼎盛期，特别在伊斯兰教文化发展史上，它是一个"黄金时代"。那时期阿拉伯人无论在哲学、数学、医学、天文学、文学、地理学等，都对世界文化有突出贡献，与黑暗的欧洲中世纪形成鲜明的对照。

伊斯兰教在阿巴斯王朝时期，特别在10世纪以后，仍向非洲、亚洲和东南部等更广大的范围传播。到13世纪，伴随着商业活动和军事占领，伊斯兰教进一步传播到东非沿海，印度北部，同时从海陆两路，进一步传到中国。

伊斯兰教的传入中国，当然不是开始于 13 世纪。1965 年，福建泉州发现了一个刻有阿拉伯文墓碑的教徒墓，死者是阿拉伯人，葬于公元 650 年。这说明在此之前已有伊斯兰教徒来我国居住。但史学界一般把 651 年大食首次遣使入唐进贡，作为伊斯兰教传入中国的一个标志。但是，伊斯兰教在我国的较广泛传播，当是安史之乱以后的事。8 世纪中叶，唐肃宗借大食等国和地区的兵马二十余万以平定安史之乱。平乱之后，许多大食兵留居中国，娶妻生子，繁衍后代。加之，当时唐朝与大食等伊斯兰教国家交往频繁，有陆路（即“丝绸之路”）、海路两条路线。许多大食人、波斯人留居广州、泉州、扬州等地。这些留居我国的大食人、波斯人依然信仰伊斯兰教，并影响了一部分汉人和其他少数民族，使伊斯兰教在我国得到进一步的传播。到了宋代，信仰伊斯兰教的人不仅多了，而且有了一定的政治势力。及至元朝，已有“元时回回遍天下”之说。元朝对伊斯兰教十分宽容，特设“回回国子学”，进行宗教教育，并在各地普遍建立清真寺，使伊斯兰教有了新的发展。明朝统治者对伊斯兰教也采取怀柔政策，使伊斯兰教得到更大发展，促使回族最终形成，“明代三百年中国回回已成为一个民族共同体”。[①]

(3) 伊斯兰教的经典、教义和教派之争。

伊斯兰教的基本经典是《古兰经》（亦译“可兰经”）。“古兰”一词系阿拉伯语的音译，原意是“诵读”。我国又旧称《宝命

① 《回族简史》，第 13 页。

真经》、《天经》。

《古兰经》是穆罕默德在23年的传教活动中，根据当时的宗教和政治需要，结合他所拥有的宗教、社会知识，借安拉的名义陆续发表的有关宗教和社会主张的言论。起初，这些言论由其弟子默记和记录在兽皮、石片、树枝和树叶上，没有汇集成册。穆罕默德逝世之后，第一任哈里发艾布·伯克尔开始搜集整理，辑善保存，到奥斯曼继任哈里发时，为统一各地流传的经文，组织专人加以订正编纂，汇编成册。这个文本专称"奥斯曼本"或"定本"，流传至今。

《古兰经》共30卷，114章，6200多节。各章长短不一，最长的有286节，最短的仅几节。《古兰经》的编排，既不是按内容分类，也没有按时间顺序，大致上是长的章节在前，短的章在后。该经可分为两大部分，麦加时期的称为麦加章，共计86章，约占全经的三分之二，多为宗教教义，较短小；麦地那时期的称为麦地那章，共28章，约占全经的三分之一，多是关于伊斯兰教律的。每一章都有一定的名称，大都用本章开头的字母或全词命名，也有少数章名是根据章内提到的某一事物命名。

《古兰经》的内容十分庞杂，包括穆罕默德其人及其传教活动、伊斯兰教的教义、宗教制度和社会主张、历史故事、寓言和神话等，它是阿拉伯半岛原始宗教信仰和外来一神教信仰的杂拌，其中，受《旧约圣经》的影响尤其明显。《古兰经》里的先知和《圣经》里的人物往往大同小异。如《古兰经》中的易卜拉欣就是《圣经》中的亚伯拉罕。在《旧约》中有一段关于上帝考验亚伯拉罕的记述，据说上帝为了考验亚伯拉罕的忠诚，叫他带着他的儿子以撒到上帝指定的地点，杀死作为牺牲献祭给上帝，亚伯拉罕果然照办，当他正要下刀时，上帝的使者及时赶来阻止了他，并让他宰一只山羊替代。[①]《古兰经》也谈到易卜拉欣受“启示”以其子作燔祭。[②]《圣经》中亚当的故事，洪水的故事，所多玛的故事，在《古兰经》中曾多次出现。《古兰经》中的人物，许多都是《圣经》里的著名人物，只不过称呼上略有不同，如阿丹（亚当）、努哈（诺亚）、易卜拉欣（亚伯拉罕）、易司马仪（以实玛利）、鲁兑（罗得）、优素福（约瑟）、素来曼（所罗门）等等。

《古兰经》中的许多内容是穆罕默德针对当时的各种社会问题提出解决的办法，如遗产继承是当时社会上经常碰到的问题，穆罕默德以真主安拉的名义作了这样的规定：真主为你们的子女而命令你们，一个男子，得两个女子的份子。如果亡人有两个以上的女子，那么，她们共得遗产的三分之二；如果只有一个女子，那么，她得二分之一。[③] 离婚复婚问题，待人接物问题在《古兰经》中也占有相当的比重。例如，《古兰经》说：“如果你们恐怕不能公平对待孤儿，那么，你们可以择娶你们爱悦的女人，各娶两妻、三妻、四妻”[④]；“你们的妇女，若作丑事，你们当在你们的男人中寻求四个人作证；如果他们已作见证，你们就应当把她们拘留在家里，直到她们死亡。”[⑤]“真主严禁你们娶你们的母亲、女儿、姐妹……；还严禁你们娶你们亲生儿子的媳妇”等等。

因为《古兰经》是穆罕默德根据当时的现实问题和具体需要“即兴而作”，所以内容上断断续续，结构上缺乏严整性，常

---

① 《旧约圣经·创世纪》。
② 《古兰经》第37章，第102节—106节。
③ 《古兰经》第4章，第11节。
④ 《古兰经》第4章，第3节。
⑤ 《古兰经》第33章，第37节。

常从一个题目突然转到另一个题目，而且由于情况不断变化，穆罕默德的言论也经常前后不一致。有些教徒曾对穆罕默德的说法也出现矛盾一事发生疑问，穆罕默德便以安拉的口气说："凡我所废除的或使人忘记的启示，我必以更好的或同样的启示代替它。难道你不知道安拉对于万事是全能的吗？"①

至于穆罕默德发布《古兰经》的方式，也别具特点。据有关资料记载，每当穆罕默德发布"启示"时，先是缄默不语，继而浑身发抖，头上冒汗，于是请人用外套把他裹起来，接着隐约地听到他的鼾声，其后，"默示"就出现了。

当然，《古兰经》作为伊斯兰教的基本经典，在团结阿拉伯民族方面，曾起过巨大的历史作用，作为伊斯兰文化最早的一部经典作品，在伊斯兰文学史乃至文化史上，都占有极其重要的地位。著名的伊斯兰学者马坚曾这样评价《古兰经》："《古兰经》是阿拉伯语文的典范"，②"有了《古兰经》以后，阿拉伯人才有文学，阿拉伯语文才成为一种有力量的语文"。③ 欧洲作家巴麦说："阿拉伯最优秀的作家，对于阿拉伯文学的功绩，绝没有能与《古兰经》相提并论的。"④赫什斐尔也说："就说服的力量，文辞的动人，结构的奇妙这三方面而论，《古兰经》是不可及的。"⑤这充分说明《古兰经》不仅仅具有宗教的意义，在人类文化史上，也占有很重要的地位。现在《古兰经》在世界上已有四十多种译本。

仅次于《古兰经》的伊斯兰教经典是《圣训》。它的阿拉伯

---

① 《古兰经》第2章，第106节。
② 转引自马坚：《古兰简史》。
③ 转引自马坚：《古兰简史》。
④ 转引自马坚：《古兰简史》。
⑤ 转引自马坚：《古兰简史》。

语名称是“哈底斯”（意思是“言语”）和“逊奈”（意思是“行为”和“道路”）。《圣训》同《古兰经》一样都是记载穆罕默德的言论，所不同的是，《圣训》不是“天启”的，而是穆罕默德本人的言行或由他默许的他的弟子们的言行。《圣训》的内容很广泛，是《古兰经》的补充。统治者或宗教徒遇到难以解决的问题，先在《古兰经》中寻找答案，如找不到，再到《圣训》中去寻找，看看穆罕默德当年是怎样处理这类问题的，并以此为准则。可见，《圣训》在伊斯兰教中具有很大的权威性。伊斯兰教的教义主要体现于《古兰经》和《圣训》。

那么，伊斯兰教的教义主要是什么呢？概括起来，主要有以下几个方面：

信安拉。这是伊斯兰教的第一个基本信条。伊斯兰教宣称：“除安拉外，别无它神；穆罕默德，安拉使者。”我国穆斯林称这为“清真言”。在伊斯兰教看来，安拉是宇宙间独一无二的神（此安拉我国穆斯林称为“真主”，新疆地区的穆斯林则称之为“胡达”），它是全知全能、主宰一切的，大仁大慈、无与伦比的，同时，它是世界万物的创造者。《古兰经》里有许多称颂安拉的词，如“真主是独一无二的主宰”，“真主是全知的”，“真主是全聪的”，“真主是万物的创造者，他确是独一的，确是万能的”，等等。据统计，穆斯林称颂安拉的美名多达上百种。

信使者。所谓“使者，是安拉派到人间来的代理人，他既是人间的伟大先知，又是安拉的忠实奴仆”。《古兰经》中提到过的使者有二十四位，而穆罕默德则是众多使者的集大成者，因此，“清真言”特地指明：“穆罕默德，安拉使者”。这一信条与“信安拉”有着密切的联系，是同一信仰的两个方面，一个在天上，一个在人间，前者是虚，后者是实。安拉的独一性，实际上主要体现在使者权威的至上性上，宣扬笃信安拉，实际上是要人们绝对服从其使者——穆罕默德。

信经典，伊斯兰教宣称，《古兰经》是由穆罕默德传达的真主安拉的启示，因此，要求伊斯兰教徒无条件信仰《古兰经》，绝对服从《古兰经》，《古兰经》是信徒们一切思想活动和生活行为的最高准则。《古兰经》中包括完整的教法，民法也极严酷，若有四人证明已婚姻男女通奸，按法可用乱石把这对通奸男女处死。《古兰经》还规定实行多妻制，一个成年男子有权娶四个合法妻子，而妻子则必须绝对服从丈夫。《古兰经》还规定不食猪肉，禁止喝酒和赌博等。

信前定。伊斯兰教认为安拉创造一切，主宰一切，世间的一切事物都是安拉预先安排好的，谁也无法改变。穆罕默德曾对教徒说："你的一切，安拉早给你写定，仙笔一挥命书就干了。"又说："人还在娘肚里的时候，安拉就给他预定了四件事：寿限、给养、工作、福份。按照伊斯兰教的教义，凡是命中有的，不求自得；凡是命中无的，强求必失。因此，伊斯兰教要求信徒们服从和忍耐："你们当服从真主，应当服从使者和你们中的主事人"。[①]

信后世。这是建立在灵魂不死观念上的信条。伊斯兰教同其他许多宗教一样，宣称除了现实世界外，还有一个彼岸世界，在那里有天堂和地狱。而在"今世"和"后世"之间，伊斯兰教还构建了一个"世界末日"的过渡时期。当世界毁灭后，真主将进行"末日审判"，把所有死者的灵魂都集中起来，一一进行审判。这时，对人世进行观察记录的天使将把"功过簿陈列出来，众先知和见证将被召来"，每个人都"被秉公裁判而不受亏

① 《古兰经》第4章，第59页。

待。"[①]信教虔诚，按《古兰经》办事者，将"一队一队地被邀入乐园"（天堂）；反之，"将一队一队地被赶入火狱（地狱）"。[②]《古兰经》用许多篇幅来描绘天堂和地狱的情景，在天堂上，不仅有"芳香的奶河"，"纯洁的蜜泉"，并且有"仰手可摘的各种鲜果"，"既不见烈日，也不见严寒。"住在天堂上的人"身穿细软绸缎"，吃着"精选的水果和禽肉"，陪伴的是"玉石珊瑚"般的"妙龄处女"，过着"无惧无忧"的日子；地狱里则完全是一幅阴森恐怖的景象：那里的"燃料就是人和石头"，饮料是"搀杂着火汁"的"脓水"。进地狱的人用长锁链锁起来，用"滚水浇头"，"烧他们的内脏和皮肉。"《古兰经》所描绘的天堂、地狱，既是当时阿拉伯半岛统治者与被统治者两种现实生活的写照，又是处于地狱般受苦大众对于美好生活的憧憬。

以上论列的几个方面，就是伊斯兰教的几个基本信条。随着伊斯兰教的不断发展，由于不同地区、不同民族、不同社会集团对这些信条的理解不尽相同，特别由于伊斯兰教社会实行政教合一，宗教与社会上的政治斗争有着密切的联系，因此，伊斯兰教内部一直存在着尖锐的教派斗争。

穆罕默德死后不久，伊斯兰教统治集团内部因争权夺利，围绕着哈里发继承人问题进行了公开的斗争，以致分裂成两个相互对立的主要派别——逊尼派和十叶派。这种最初的政治派别后来又发展成宗教派别，之间进行了长期的斗争。

逊尼派是伊斯兰教的正统派，人数最多，分布最广。"逊尼"意为"遵守逊奈者"（逊奈即圣训）。在继承人问题上，这一派坚持主张由穆罕默德的老战友艾布·伯克尔作为继承人，

---

① 《古兰经》第40章，第71节。
② 《古兰经》第40章，第73节。

并承认前四大哈里发都是合法继承人，在政治上，逊尼派拥护当权者的统治，代表叙利亚的阿拉伯贵族及各个封建地主当权集团的利益和愿望，在宗教上，这一派除了尊奉《古兰经》外，还根据《六大圣训集》建立自己的学说，故从9世纪起被称作“逊尼派”。

十叶派（“十叶”意为“同党”）是在穆罕默德死后，为争夺哈里发同逊尼派进行激烈的斗争中形成的。在继承人问题上，这一派坚持穆罕默德的后裔和亲属才有资格获得继承权，他们支持穆罕默德的堂弟或女婿为继承人；在政治上，这一派代表了两河流域的阿拉伯人和波斯贵族的利益。同时在一定程度上反映了下层人民的愿望；在宗教上，这一派神化阿里及其后裔，称其政教合一的首领为伊玛目。他们极力抬高伊玛目的地位，认为伊玛目是不会犯错误的“超人”。他们对第一代伊玛目阿里的崇敬有时甚至胜过对穆罕默德的崇敬。他们常常根据本集团的政治需要去解释《古兰经》，甚至自编《圣训》。十叶派在伊斯兰教中虽是少数派，但在有些地区，如伊朗，也门等国家则占统治地位。现在的十叶派主要分布在伊朗、伊拉克、也门、巴基斯坦、阿富汗、叙利亚、印度等地。

除逊尼派和十叶派外，伊斯兰教还有另一些较有影响的教派，如伊斯玛仪派、巴布教派和苏非派等。其中苏非派富有浓厚的神秘主义色彩。它的名字来源于“苏夫”一词，原意为“羊毛”，因该派成员身穿粗羊皮外衣以示质朴而得名。该派产生于7世纪末，教义上既以《古兰经》为根据，又接受了新柏拉图主义、印度的瑜伽派等思想。主张守贫、苦行和禁欲。8世纪后发展为以神秘主义为主要特征，宣传神秘的爱、泛神论和神智论思想，奉行内心修炼、沉思入迷以至与安拉合一。11世纪以后，安萨里将神秘主义纳入伊斯兰教正统教义，形成诸如吃玻璃、走炭火、由音乐伴奏狂舞、旋转以及举行其他宗教礼仪的神秘教团组织。

第三节　宗教产生与发展的根源

宗教作为一种社会意识形态，它同其他社会意识形态一样，是社会发展到一定历史阶段的产物。当社会的物质条件发展到足以使类人猿把自身同自然界区别开来，当原始人已经有了自我意识从而把自己与动物界区别开来时，人类社会就出现了宗教借以产生的土壤。因此，从归根结底的意义上说，宗教产生的最深刻根源，存在于社会物质生活条件及由此所决定的人类意识水平之中。但是，这样去谈论宗教产生的根源，未免失之空泛。因为，不但宗教这样，其他社会意识形态，如哲学、科学、道德、文学艺术等等，无一不是一定社会物质条件和抽象思维能力的结果。因此，要说明作为特殊社会意识形态表现形式的宗教的产生，应该进一步探讨其特殊的原因。

一、宗教产生与发展的心理根源

宗教区别于其他社会意识形态的一个地方，是宗教的产生，有着深刻的心理根源。

原始人刚从动物界分离出来的时候，使用的是极其原始、极其简单的生产工具，诸如石刀、石斧、弓箭等，因而当时的生产力十分低下。这样的社会生产力水平，决定了原始人与自然界的关系具有两重性：一方面，原始人“首先依赖于自然界”，他们全部生活几乎都依赖于自然的恩赐。自然环境的优劣，是否风调雨顺，这在很大程度上决定了原始人的生存和发展，这就使原始人对自然界产生了依赖感，另一方面，自然界“是作为一种完全异己的，有无限威力和不可制服的力量与人们对立的”。[①] 原始人智力水平和当时社会生产力水平的极端低下，使得自然界的许多现象，诸如刮风下雨、打雷闪电、山洪猛兽、地震火山等，对他们完全是无法理解和无可奈何的，他们面对山呼海啸、天崩地裂、雷鸣电闪、月食星陨等，既迷惑不解，又束手无策，从而把这类自然现象看成是一种超自然的异己力量，并对它产生恐惧之感。正是对于自然界的这种依赖感和恐惧感，导致了原始人产生信仰和崇拜某种超自然力的宗教概念。

德国古典哲学家费尔巴哈在探讨宗教产生的根源时曾指出：“人的依赖感是宗教的基础”。[②] “除了依赖感或依赖意识以外，我们就不能发现其他更适当、更广包的宗教的心理根源了。”[③]也就是说，在费尔巴哈看来，依赖感是宗教产生的最主要、最深刻的心理根源。对于依赖感，费尔巴哈还作了进一步的分析，他指出：“畏怖是对这样一种对象的依赖感。没有这对象或者由于这对象我都可以化为乌有，这对象有权力毁灭我。”[④]所谓畏怖，亦即恐惧，由于对某一对象（如原始人对于自然力）的无知及认为该对象具有至高无上的权力与威力；由于自身的生活乃至生命与该对象有着密切的联系，如果失去

① 《费尔巴哈哲学著作选集》下卷，三联书店 1962 年版，第 526 页。
② 《费尔巴哈哲学著作选集》下卷，三联书店 1962 年版，第 527 页。
③ 《费尔巴哈哲学著作选集》下卷，三联书店 1962 年版，第 528 页。
④ 《费尔巴哈哲学著作选集》下卷，三联书店 1962 年版，第 532 页。

该对象，自身的生活将无法维持，或得罪该对象将受到毁灭性的惩罚，由此而产生对该对象的依赖感。费尔巴哈的这一分析，是符合原始宗教产生的实际情形的。正是对于自然现象的无知，正是由于原始人生活与自然界的紧密联系，正是把自然现象看成是无法驾驭的异己力量，原始人逐渐萌发了对超自然力的崇拜。

但是，依赖感不仅仅包含恐惧感，而且还包含与恐惧相反的欢乐、感恩、崇敬、热爱等心理感受。因为，人们之依赖某一对象，除了惧怕失去它或害怕得罪它从而受到惩罚之外，还包括希望借助于它，获得某种好处与利益。例如，原始人之崇拜自然神、动物神，很主要的一个原因是希望能得到自然神、动物神的恩赐与保护，如果他们能碰到一个风调雨顺的年景，遍地野菜茂盛，满树果实累累，或者渔猎获得意外的丰收，他们便会对自然神、动物神感激涕零，礼拜愈勤，迷信愈笃。往后的宗教也有类似的情形。许多宗教徒之崇拜神灵，都包含有利己的动机，都希望从神灵那里获得保护与恩赐。如果他们认为某种意外的利益是来自神灵的恩赐，他们对于神灵崇拜便会更加虔诚。反之，如果有某个神灵永远高高在上，始终不关心崇拜者的利害祸福，那么，这样的神灵终有一天会失去崇拜者，为崇拜者所抛弃。由此可见，利己主义乃是宗教依赖感的一个重要根据。

关于利己主义在宗教的依赖感乃至在宗教的产生与发展中地位与作用，费尔巴哈亦有深刻的论述。费尔巴哈认为，人之所以会产生依赖感，原因在于人的利己主义的天性，在于人们对物质利益和幸福的追求。正是人们出于自己的生存、生活、利益、幸福等方面的需要，才产生了对神灵的依赖感，产生对超自然力的恐惧、感激和崇拜。“就是说，人崇拜自然界，人崇拜一个神，只是因为它能造福，即使因为它能降祸，也是只为的要逃避这个祸。”[①]所以，费尔巴哈断言。“没有利己主义，也就没有依赖感”，[②]隐藏在人的依赖感背后的利己主义，乃是“宗教的最终极的主观根源”。[③] 当然，费尔巴哈所说的利己主义，并不只是个别人对物质利益的追求，更不是我们常说的资产阶级思想的利己主义，而是包含了种和类的利己主义，他说：“我指的乃是这样的利己主义，它所包含的种和类，包括了属人的本质之一切种和类”，也就是说，“不仅有单数的或个别的利己主义，而且又有社会的利己主义，有家族的利己主义，有集团的利己主义，有区域的利己主义，有爱国的利己主义”。[④] 这种利己主义，实际上就是人类的利己主义。在费尔巴哈看来，只有这种利己主义，才是宗教产生的最终极原因。在这里，费尔巴哈较深入地探讨了宗教产生的心理根源，对于我们了解和研究宗教的产生与发展是很有助益的。同时，费尔巴哈还把宗教的产生与社会物质利益联系起来，一定程度地接触到宗教产生的社会根源，但他并没有由此继续前进，因此，不可能彻底揭示宗教产生的真正根源。

二、宗教产生的认识论根源

宗教的产生，除了有心理的根源外，还有认识论的根源。

---

① 《费尔巴哈哲学著作选集》下卷，三联书店 1962 年版，第 579 页。
② 《费尔巴哈哲学著作选集》下卷，三联书店 1962 年版，第 580 页。
③ 《费尔巴哈哲学著作选集》下卷，三联书店 1962 年版，第 556 页。
④ 《费尔巴哈哲学著作选集》下卷，三联书店 1962 年版，第 806 页。

所谓认识论的根源，一般包括认识水平的限制和认识上的错误两个方面。认识水平的限制是指由于历史的局限，每个时代的人只能有与其时代相适应的认识水平；认识错误则是由于各方面的原因，对自然、社会、思维等方面的现象产生不正确的看法。

18世纪法国唯物主义曾经对宗教进行过尖锐的批判，对于宗教产生的根源，有许多形象乃至深刻的揭露。他们把宗教的产生形象地比喻成“傻子遇上骗子”，认为，无知是宗教产生的主要根源。梅叶说：宗教是无知加上欺骗，霍尔巴赫说：“人之所以迷信，只是由于恐惧；人之所以恐惧，只是由于无知”，[①]“由于对自然缺少认识，他创造出来了一些神……之所以有那些引起人类一切灾难的迷信的宗教崇拜，乃是由于对自然的无知”。[②]“无知、恐惧、灾难总是人们关于神的最初的概念的泉源”。[③]这些论述都是把无知作为宗教、神灵观念产生的最初始的原因。这种看法虽不无其局限性，但也从一个侧面揭示了宗教产生的认识论根源。

历史上宗教、神灵观念的产生，首先正是由于对变化多端的自然现象和自然物的无知。例如，变幻无穷的大千世界，时而旭日东升、和风拂面、万里晴空，时而乌云密布、狂风暴雨、雷电交加，这对于智力水平十分低下的原始人来说，是多么的不可思议，因此，在这些自然现象面前，他们不能不产生许多猜测和联想。正如费尔巴哈在《宗教的本质》一书所指出的：“自然界的变化，尤其是那些能激起人的依赖感的现象中的变

① 《十八世纪法国唯物主义学》第558页。
② 霍尔巴赫：《自然的体系·论自然》。
③ 霍尔巴赫：《自然的体系·论神》。

化，乃是使人觉得自然是一个有人性的、有意志的实体而虔诚地加以崇拜的主要原因。如果太阳老是待在天上不动，它就不会在人们心中燃起宗教的热情的火焰。只是当太阳从人眼中消失，把黑夜的恐怖加到人的头上，然后又再度在天上出现，人这才向它跪下，对于它的出乎意料的归来感到喜悦，为这喜悦所征服”。① 所以佛罗里达的古代阿巴拉支人当太阳落山的时候，唱着颂歌向太阳致敬，同时祈请它准时回来，使他们能够享受它的光明。如果大地上老是结着果实，还有什么理由来举行播种节和收获节的宗教典礼呢？大地上的果实之所以显得好象是出于天意的、理当感谢的恩赐，只是因为大地时而把它的宝库打开，时而又把它关闭。“唯有自然的变易才使人变得不安定，变得谦卑，变得虔诚。”②费尔巴哈的这种分析有一定的道理，正是由于人对自然现象缺乏真正的认识和了解，把自然现象的变化看成是某种超自然力量的结果，把自然人性化、人格化，认自然为某种“有心情的东西”、“人的东西”，和人一样有喜怒哀乐之情，有造作施为之力，且比人的本事更大，因而跪倒在自然现象之前，视它为神物并向它顶礼膜拜。

其次，对于精神与肉体相互关系的错误认识，也是宗教观念产生的重要根源之一。根据有关资料记载，灵魂不死的观念产生于原始人不能正确理解和解释做梦等现象，恩格斯指出：在远古时代，人们还完全不知道自己身体的构造，并且受梦中景象的影响，于是就产生一种观念，他们的思维和感觉不是他们身体的活动，而是一种独特的寓于这个身体之中而在人死亡时就离开身体的灵魂的活动。从这个时候起，人们不得不思

① 《费尔巴哈哲学著作选集》下卷，三联书店 1962 年版，第 495 页。
② 《费尔巴哈哲学著作选集》下卷，三联书店 1962 年版，第 460 页。

考这种灵魂对外部世界的关系,既然灵魂在人死时离开肉体而继续活着,那么就没有任何理由去设想它本身还会死亡,这样就产生灵魂不死的观念。恩格斯对于灵魂不死观念起源的分析是有道理的,因为原始初民的智力水平,不可能懂得人体的生理现象,更不可能从大脑的结构与兴奋状态去理解睡眠、作梦等现象。他们从梦中的所作所为、所见所闻与醒过来后一无所有、一无所见这一事实中,产生了种种猜测与联想,并得出了这样一个基本的观念,即有一种精神实体(即灵魂)能够离开(或独立于)人的肉体而存在,当人睡着时,灵魂就跑离肉体,做出了或看到听到梦境中的各种事情。既然灵魂可以离开人的肉体而独立存在,它当然可以在人死亡之后,在人的肉体消失之后继续存在。如果说,灵魂及灵魂不死的观念是一切宗教的最基本、最核心的东西,那么,从作梦等生理现象而引起的对于精神与肉体之间的相互关系的不正确认识,无疑是宗教观念产生的一个重要根源。

第三,对于生与死的错误看法,也是导致原始宗教观念产生的认识论上的重要原因之一。同样一个人,死和活是截然不同的两种状态。不久前还是一个精神十足、活蹦乱跳的活人,顷刻之间却变成气息全无、动弹不得的尸体,对这两种状态进行比较,原始初民认为后者比前者一定是少了某种东西,这个东西也就是灵魂。离开肉体的灵魂究竟跑到什么地方去了呢?灵魂与活人有什么关系?能起什么作用?对诸如此类问题的进一步猜测与思考,逐步幻想出了灵魂的宗教的观念。

除了以上的原因之外,人们认识的局限性、非至上性,也是宗教观念借以产生的重要原因之一。现代学者迈克尔·阿盖尔曾说:“人们接受信仰,主要是因为这些信仰能解答令人困惑的和要认识的情境。这方面的一个良好的例子是传说：当某个地方发生一些不寻常的事件并缺乏令人满意的解释时，传说就产生且不胫而走。信仰满足认识的需要，原始宗教对此提供了最明显的例证。原始人对雷电这样的自然现象困惑不解，就假设一个雷公来解释它。虽然教育和科学已消除了对这些自然现象作这种解释的需要，但对于某个孩子为什么恰恰死于某种疾病而不是死于其他疾病这种现象，当代的原始人仍然倾向于去寻找一种超自然力的解释。”①这是说，宗教产生于认识的需要与认识水平之间的矛盾。由于一个人或一个时代的人的认识都有其历史的局限性，因此，不可知的事物，尚未被认识的事物是永远存在的，但人总有一种求知的天性，这就导致了寻找超自然的神秘力量去解释事物的宗教迷信观念。这一点如同列宁所说的：“不可知论者就否定客观真理，并且小市民式地、庸俗地、卑怯地宽容有关鬼神、天主教圣徒以及诸如此类东西的教义”。②

当然，认识的非至上性，认识上的错误虽然是宗教观念产生的一个重要原因，但是应该看到，不管是认识的非至上性，还是认识上的错误，归根到底都有其时代的社会原因，因此，要探讨宗教产生与发展的根源，还得到社会历史条件中去寻找。

三、宗教产生与发展的社会根源

从社会的经济生活条件去寻找宗教产生与发展的原因，

① 转引自《世界宗教资料》1982年第1期，《宗教的七种心理根源》。
② 《列宁选集》第2卷，第127页。

这是马克思主义宗教观的一个基本思想。以往的思想家对于宗教产生的心理与认识论根源都有过不同程度的揭示，例如18世纪法国唯物主义者就把宗教的产生归结于愚昧无知，这虽然从一个侧面一定程度地揭示了宗教产生的根源，但它不是产生宗教的全部原因，在一定意义上也不是宗教产生的最根本的原因。因为，如果说原始宗教主要是自然压迫的产物，那么，阶级社会里产生的人为宗教，则主要是社会压迫的产物。既然社会压迫是人为宗教产生的主要根源，那么，社会条件无疑是人为宗教产生和发展的最根本原因。

马克思主义经典作家对于宗教产生的根源问题有许多精辟的论述，他们反复地指出了宗教的产生既有认识的根源，又有社会的根源，而在阶级社会里，阶级压迫所造成的社会苦难则是最根本的原因。恩格斯在《布鲁诺·鲍威尔和早期基督教》一文中指出："对于一种征服罗马世界帝国、统治文明人类的绝大多数达一千八百年之久的宗教，简单地说它是骗子手凑集而成的无稽之谈，是不能解决问题的。要根据宗教借以产生和取得统治地位的历史条件，去说明它们的起源和发展，才能解决问题，基督教更是这样。"①列宁也曾经指出把宗教的根源归结为人民群众的"愚蠢无知"，归结于"僧侣的欺骗"，"这是一种肤浅的、资产阶级的、狭隘的文化主义观点。这种观点不够深刻，这不是用历史唯物主义的观点说明宗教的根源。"②

根据历史唯物主义的基本原理，人类的一切社会意识形态，归根结底都必须用时代的经济生活条件，用时代的生产方

① 《马克思恩格斯全集》第19卷，第323页。
② 《列宁全集》第15卷，第379页。

式和产品交换方式来说明。宗教作为一种社会意识形态，同样是从经济生活条件中引导出来的。例如宗教中的动物神崇拜，主要是从渔猎经济中引导出来的，植物神崇拜则主要是采集经济的产物，到了农牧社会，天、地、谷神又成了主要崇拜对象。进入阶级社会，地上出现了君主，天上也跟着出现了上帝，地上出现了等级，神灵也有了高低贵贱之分。实际上，历史上的任何宗教，都是特定的历史条件的产物，一切宗教产生的最深刻的根源，始终存在于社会的物质生活条件之中。

其次，就人为宗教而言，它的产生与发展尤其有着深刻的社会根源，这种社会根源集中地表现为阶级压迫和复杂的社会生活所造成的人们烦恼和苦难。

人类进入阶级社会以后，由于社会生产力的提高，自然的压迫相对减弱了，但是，这对广大劳动群众并不纯粹是一种福音，因为，残酷的阶级压迫又很快把他们推进了苦难的深渊。当种种烦恼和苦难使人们感到绝望的时候，就去寻找精神上的解脱来代替，当人们对今生感到绝望时，必然会产生对死后幸福生活的憧憬，把希望寄托于后世和天堂。

列宁在谈到现代资本主义国家中宗教产生的根源时曾经指出："现代宗教的根源就是对资本盲目势力的恐惧。"[①]因为在资本主义时代，现代社会生产力和科学技术有了很大的发展，人们控制自然的能力日益增加，对自然盲目力量的恐惧日愈减弱，同时，由于资本盲目势力增大，资本盲目势力所造成的社会压迫以及由此给人们带来的恐惧日益增强，以致造成从赤贫的无产者到一部分资本家无不对"明天"、"突如其来

① 《列宁全集》第15卷，第379页。

的”、“出人意料”、“偶然发生的”、“破产和毁灭使他们变成穷光蛋，变成娼妓，甚至活活饿死”[①]而担惊受怕。这种对前途的担心和恐惧使得这部分人不由自主地把眼光投向冥冥的上苍，希图在那里寻找到某种恩赐和保证，这就为宗教的产生与发展提供了基础和条件，因此，列宁强调指出：“在现代的资本主义国家，这种根源主要是社会根源。”[②]

① 《列宁全集》第15卷，第379—380页。
② 《列宁全集》第15卷，第379—380页。

第五章　宗教与文化

宗教作为一种社会意识形态，与其他意识形态（特别是表现为文化形式的意识形态）有着十分密切的联系，下面，准备着重从宗教与哲学、宗教与科学、宗教与文学艺术、宗教与道德等方面，探讨一下宗教与文化的相互关系。

第一节　宗教与哲学

从现象上看，宗教以信仰为基础，哲学以知识为根据，宗教以解脱为目标，哲学以真理为终的，宗教常常是情感直观的，哲学则往往是理性思辨的，宗教多注重体验亲证，哲学则强调概念分析……，二者不但很不相同，而且明显地矛盾对立。但是，我们在研究某些具体宗教时，却碰到了这样一种情况，比如说佛教，佛教既讲信仰，又不纯以信仰为基础，而且十分注重智慧，强调“慧解脱”，般若学是佛教中的一个重要学说，“般若”二字则是“智慧”之意。而般若学就是以缘起的理论去说“空”，以“空”的智慧去求解脱，而要真正理解“空”，决不是情感直观所能解决的，非有相当的理论思辨不可。不但般若学这样，佛教中的佛性理论，固然不乏情感直观的东西，但更多的却是深奥晦涩的哲学论证；至于佛教中的法相唯识学，则既有体验亲证，更到处是繁琐复杂的概念分析。如此看来，以上所说的宗教与哲学的矛盾与对立，只是在极其有限的范围内才有意义，在更广阔的范围内，二者往往是相融相通的。

基督教也有类似情况。基督教是以信仰上帝为基础的，但这个信仰体系——用恩格斯的话说——却是“从普遍化了的东方神学，特别是犹太神学和庸俗化了的希腊哲学、特别是斯多葛哲学的混合中悄悄地产生”的。古希腊哲学家柏拉图和亚里士多德的哲学思想对于中世纪基督教神学的影响也是众所周知的，他们用形而上学的理论，论证上帝的存在，说明天主的本性，其中，既有哲学的思辨，又有宗教的信仰；中世纪后期的经院哲学以辩证的方法运用理性支持基督教信仰，以基督教的信仰指导理性，实际上是基督教教义许可范围内的思辨哲学。中世纪天主教的神学大师托乌斯·阿奎那使用哲学的方法论证神学命题，认为真理首先在理智中，然后才在事物中，上帝就是“存在”和“理智”，不仅是真理，而且是最高和第一“真理”。托马斯认为，所谓哲学，是以“理性真理”为本，而神学则是以“启示真理”为本，二者并不矛盾，因为一切真理都出自同一位上帝。作为一种神学哲学，托马斯主义当然把神学看得更重要、更根本，因此他认为“启示真理”是第一和最终的绝对真理，“启示”高于“理性”，神学高于哲学，但作为一种神学，它又不完全排斥哲学。

其次，我们从哲学方面看看二者的相互关系。以中国古代哲学为例，中国哲学史研究者都把《周易》作为一部哲学著作来看待，认为它对中国古代的太极、阴阳、八卦学说有着深刻的影响，但《周易》原来却是一部占卜用书，其宗教色彩是十分浓厚的；天人关系是中国古代哲学的一个重要课题，但西周时代的“天”，原是指至上神，尽管随着时代的变迁，“天”逐渐被自然化了，但其中的宗教痕迹还是明显存在的，特别象墨子之

“天志”说和董仲舒的“天人感应”论，宗教色彩就更浓；进入魏晋南北朝之后，宗教与哲学就越发不可分了。记得三十年代有位叫胡适的哲学家想写一部中国哲学史，结果写了第一卷就搁笔了，原因何在呢？胡适自己说，因他当时还不懂佛教，因此魏晋之后的哲学史根本无法写。对于胡适其人其学这里不想妄加评论，但在这一点上他的治学态度是严肃的。实际上，魏晋南北朝之后，佛教对中国古代哲学的影响是非常之大的。尽管在魏晋初期佛教般若学只是玄学的附庸，但借助于玉柄麈尾之玄风的吹飏及得力于罗什、僧肇等一批高僧的弘扬，般若学很快得到广泛的传播和长足的发展，并开始与玄学合流。当时的沙门多有深明世典者，士大夫中也不乏通达释教之人，故高僧名流，常禅玄互证，以形而上谈有无本末，进而在人生学上以反本明宗为终的，实是当时玄学家、佛学家之共同风尚。正如汤用彤先生在其名著《汉魏两晋南北朝佛教史》中所一再指出的：魏晋玄佛之间多有共通之处，即名人释子，共入一流。当代名僧，既理趣符老庄，风神亦类谈客，清流、名士，既以通佛学为高尚，名词术语也多引自释典。支谶、支谦目佛为涅槃、为真如、为空，与老庄玄学的“道”、“虚无”一样，均指本体；二支立神与道合，与玄学家的明本反本一样，目的是探求人生之本真，这一切充分说明，魏晋时期玄佛已开始合流。

更有甚者，玄学发展到向、郭之义注时，已达到饱和程度，当时的名流贤哲已不能拨理于向、郭之外，此时，佛教的般若学乘虚而入，并进而喧宾夺主凌驾于玄学之上。名士王濛语道林“造微之功，不减辅嗣”，隐士刘逸民叹僧肇“不意方袍，复有平叔”，可见当时的义僧十分精通玄理；史称支道林注《庄子·逍遥游》，群儒旧学莫不叹服，说明般若学已成为玄学的出路。

这些情况道出了这样一个事实，要研究玄学，不能不懂佛学。

如果说，魏晋南北朝时期佛学只是作为一股重要的社会思潮，深刻地影响着当时的哲学，那么，进入隋唐之后，就另是一种情形了。哲学史界对中国古代哲学有一个概括性的说法，叫"先秦子学，两汉经学，魏晋玄学，隋唐佛学，宋明理学"。如果这种说法没有大错的话，那么，佛学就是隋唐二代哲学思潮的主流。实际上，如果把天台宗、唯识宗、华严宗、禅宗等几个较有影响的佛教宗派的哲学思想排除在外，那么，整个隋唐哲学无疑将会顿时失色。著名的宗教学家任继愈先生最近有一个说法，他认为，以往人们总认为汉唐同是中国封建社会的盛世，但相比之下，唐朝的哲学思想远没有汉代的哲学思想丰富、宏大，实际上，这是没有把佛教哲学当作古代中国传统哲学中的一个重要部分所造成的视差，如果把佛教哲学也合理地看成是中国古代传统哲学的一个方面，那么，唐朝的哲学思想同样是丰富、宏大和深刻的。任先生的这一看法是很有见地的，他不但纠正了以往人们对隋唐哲学评价上的偏差，而且阐明了应该如何看待中国佛学与古代传统哲学的关系。

中国古代哲学中另一个大的流派是宋明理学。从某种意义上说理学同佛学的关系更为密切。从表面上说，理学家们往往是打着儒家的招牌，以恢复孔孟道统为己任，以《语》(《论语》)、《孟》(《孟子》)、《学》(《大学》)、《庸》(《中庸》)为典要，以修身养性为路径，以成贤作圣为终的，所据多属儒典，所语亦多属儒言，似应属儒家无疑，实际上，如果不停留于表面的观察而深入到理学思想内部，人们就不难发现，宋明理学表面上是儒学，骨子里却是佛学，或曰禅学。关于这个问题，后儒近人多有评述，他们或目程朱理学为"儒表佛里"，或称陆王心学为

“阳儒阴释”。明儒黄绾初宗程朱，后转师王守仁，他深知理学之底蕴，对这个问题看得最为真切，他说：“宋儒之学，其入门皆由禅也。”明清之际的思想家顾炎武、王夫之也都指出理学是“阳儒阴释”：“今之所谓理学者，禅学也。”近代的梁启超也明确主张理学是“儒表佛里”。周予同则说得更具体：“吾人如谓无佛学，即无宋学，绝非虚诞之词。宋学之所号召者，曰儒学，而其所以号召者，实为佛学。”凡此诸说，都表明前人已认识到并明确指出了理学是一种儒化了的佛学，我们不过借此来说明宗教对中国古代哲学的影响罢了。

与西方比，中国古代各种意识形态的宗教色彩还算是比较淡薄的。在西方，整个中世纪都是神学的世纪，当时的哲学，只是神学的一个分支，或曰“婢女”，哲学受宗教的影响是不言而喻的；文艺复兴的人文主义是一种与中世纪基督教神学相对立的市民资产阶级文化思潮，按其本质说，是反宗教的，但由于它是刚从神学中脱胎出来的，在思维方式、名词概念等方面自然免不了带上许多神学的痕迹，加之，反宗教的哲学在某种意义上就受着宗教的深刻影响，这一点，在18世纪法国唯物主义思想家身上表现得更为明显。你想了解18世纪法国唯物主义者的思想方法，就非得了解宗教不可。至于19世纪的德国古典哲学，则是另一种情形。康德则把彼岸世界让给信仰，把此岸世界留给理性，认为天主是超乎理性，理性不能解释的，但是人的良心确实知道天主的存在。康德使宗教与伦理哲学合而为一；黑格尔反对超乎理性的绝对现象，而以宗教为理性的辩证发展阶段。按照黑格尔的学说，理性为绝对精神，绝对精神按照正反合的模式辩证发展。所谓正乃是自我，反乃是非我即自然，由反而合，非我再有自我意识，便成为宗教。黑格尔把理性和宗教合而为一；到了费尔巴哈，他的整个哲学思想可以说是关于宗教的哲学——尽管他是以人本主义的形式把上帝的本质还原为人的本质，但他的主要哲学著作几乎都是围绕着人与上帝关系这个主题；马克思主义哲学是哲学史上的一场革命，但宗教观却是他借以实现这场革命的唯物史观的一个重要组成部分；现代西方哲学的思想庞杂、流派繁多，但几乎每一个流派都不同程度地与宗教有着某种联系……。要了解宗教与哲学的联系，要说明宗教对哲学的影响，西方哲学史的每一个发展阶段都可以提供充分的例证。

当然，我们还可以从印度的、日本的、埃及的或者其他国家和地区的宗教史或哲学史来说明宗教对哲学的影响，但例证只增加素材，并不能提高理论的说服力。宗教所以能对哲学产生影响，最根本的原因是，宗教与哲学有一种必然的内在联系，它本身也是一种思维方式，正如费尔巴哈所说的："每一种特点的宗教，每一种信仰方式，就都同时又是一种思维方式"。①

第二节　宗教与科学

宗教与科学的关系，是历史上许多哲学家、神学家、科学家经常谈论的话题。当然，由于各个人所持的立场和所取的角度不同，因此，对这个问题的看法往往是言人人殊、异说纷纭。有的人说，二者是"融洽的，谐和的，或者说，归根结底确乎是一致的"；有的人则认为，宗教基于信仰，科学基于理性，二者

① 《费尔巴哈哲学著作选集》下卷，第 2 页。

是毫不相干的;还有的人主张,“宗教是比科学更高的真理,在二者不免发生冲突的任何一个领域里,宗教都高于科学”;更有人指出,“科学是通向真理的必由之路,因此科学常常对不能自圆其说的宗教前提予以反驳”。究竟哪一种看法更接近真理,更为正确一些?或者说,哪一种看法合理成分更多一些?下面我们将就这些问题作一个力所能及的探讨。

一、宗教与科学的联系

宗教与科学是“融洽的,谐和的,归根结底确乎是一致的”,这种观点的主要代表是古代及近代的一些神学家和哲学家。中世纪基督教神学家托马斯·阿奎那就认为,宗教与科学之间不会有矛盾,因为二者都来源于上帝;黑格尔关于科学的论述,也有类似的观点;麦克默里在现代的意义上采取了相似的立场,他说:“不妨说,在耶稣身上,犹太人的宗教意识已经达到非常发达的程度,以致人类历史法规得以表述出来,作为知识基础的预言已成为可能。”[①]18世纪以来的许多思想家却从相反的立场作出相同的结论。在他们看来,不能说宗教是好的科学,而应该说科学是好的宗教。启蒙的理性宗教、孔德的实证论、以及认为科学不仅是一种方法,而且是一种生活方式的各种观点,都表达了这样一种看法。

当然,持以上看法的人,不管他们是哲学家、神学家还是科学家,并非不知道科学与宗教之间经常存在着尖锐的冲突。但是他们中的有些人用这样一种理论加以解释,即与科学冲

① 麦克默里:《历史线索》第59页。

突的，只是宗教的信仰，宗教的教义，而不是宗教本身。他们认为，倘若某种宗教的思想体系中有关于世界本性的一系列命题，那么，这种冲突就是不可避免的。但是，在科学与功能定义下的宗教之间并没有必然冲突的根据。美国近代哲学家富斯迪（H·E·Fosdick）以感觉、情感、想象与理性的关系为例，说明科学与宗教不但不矛盾，而且可以相辅相成。他说：我们人人都有美的感觉，但美却不是单靠科学方法所能感觉到的。如果将贝多芬的第五交响乐用科学的方法来研究，势必要计算空气波的次数，直至你画成一个很精细的数学的、物理学的图表。假如有人对你说，这就是第五交响乐，你一定会说：不！不！这是研究交响乐的一种方法，但不是交响乐本身，第五交响乐刚才演奏的那个才是。他还以爱为例，说，爱既不是理性，也不是非理性的。就爱本身说，它与理性毫无关系。以理性来爱，其失于爱也远矣。假如有人基于这样一个三段论的推理来谈恋爱：人应当爱，我是一个人，故我应当爱。进而对他的恋爱对象进行科学的分析，以求证明对他发生恋爱是否合理？这还成什么恋爱。富斯迪说：我们所居的世界，色彩斑斓，丰富多彩，有属物的，有属人的。你可以藉着加减乘除、物理化学、统计归纳等方法去认识许多事物，但不能由此了解人生最深奥的事。要认识人这个世界，单靠理性是不行的，而必须借着内见、直觉、同情、体谅、爱慕等等。因此，富斯迪认为：寻求真理的路是多途的，不能靠科学的方法来包办。富斯迪还谈到“想象”对于达到真理的作用。他以钻石为例：譬如问钻石是什么？你必要说钻石是碳素的结晶，其中每个碳素的原子被其他四个原子包围着，成一个四棱体。但是现在要请一位刚订婚的女士及一位举行结婚五十年纪念的老太太解说他手指上的钻石，是不是象上面那样呢？决然不是。她们所说出来的，决不会是科学的名词，而必定另有一种意境——想象。她们这样说，实在比所谓碳素、四棱体的说法，更为真切，更能道出与人有关的意义。谈过这个例子之后，富斯迪说：描写一种事物有两种方法，一种是科学的分析，一种便是想象。要获得真理的全体，二者缺一不可。一位天文学家会用精密数学方法说："日出"。但在莎翁的剧本里，劳弥阿(Romeo)却说："他(指太阳)跷着脚踵，站立在朦胧的山巅上"。这不是科学，但却是真的。一位气象学家会通过计算各种气压而推测风的来源，但饶赛狄(Rosscttl)说："谁看见微风吹动？不是你也不是我，但当那落叶萧萧时，风就在那里吹过。谁看见微风吹过，不是你也不是我，但当那树梢摇曳时，风就在那里吹过。"这也不是科学的但同样是真的。通过这些事例，富斯迪说：理性与想象两种方法你不能单用第一种。如果你不愿用第二种方法，就不能把你经验中最深刻的东西表达出来。由此富斯迪得出结论：宗教与科学不但不矛盾，而且可以相辅相成，它们都是人们认识世界、认识人生的必要的途径和方法。

对于历史上这些神学家、哲学家的以上看法，我们不一定去赞同它，实际上，从有关论述看，他们也不是指科学与宗教本身的关系，而是指科学的方法与宗教的思维方式的关系，亦即理智、理性、逻辑分析与情感、直觉、想象等的关系，如果就这一点说，二者当然不但不矛盾，而且可以互补。

除了思维方法外，我们还可以从另外一些方面去看看宗教与科学的相互关系，比如，历史上某些宗教的信徒，各种宗教的修行方法与有些自然科学的关系。据有关资料记载，古代氏族部落中掌管神权的巫觋，往往多少懂得一些天文、水文、气象、医疗、药物等方面的知识，他们常常利用这些知识，来提高自己及神权的地位和作用。例如，某些科学家到西南非洲去考察时，曾发现其中有一个部落的巫师会配制一种麻醉剂。人服了这种麻醉剂后，会在相当长的一段时间里丧失记忆，巫师就宣布这个人的灵魂被魔鬼抓走了。部落成员为了拯救这个人的灵魂，就举行由巫师主持的"驱鬼"仪式。由巫师给这个人口服"解药"，这个人就会很快清醒过来，于是整个部落的人对巫师崇敬得五体投地；在我国，被誉为古代大科学家、医学家的人中，有些就是宗教徒。例如，被后人誉为"药王"的孙思邈，就是个道教徒。他精通医学，著有《千金要方》和《千金翼方》等，这些著作至今仍被中医学者奉为必读文献；被称为"大慧禅师"的僧一行，既是唐代的著名高僧，又是一位很有影响的历法天文家。他奉命制定的《大衍历》，在当时世界上是一部先进的历法。全书分七篇，包括平朔望和平气、七十二候、太阳和月亮每天的位置和移动，每天见到的星象和昼夜时刻、日食和五大行星的位置，至今仍是研究天文历法史的人必不可少的参考资料；对于数学，僧一行也很有贡献，他在隋刘焯制定《皇极历》时首创等间距二次内插公式的基础上，进一步创立了不等间距内插公式；测量子午线的长度，更是一行在天文学上一项有历史意义的重大贡献。开元十一年（公元752年），他倡议测量河南的平地，测出子午线每一度长351.27唐里（1唐里合454.36米），这是世界上第一个最精确的子午线纬线的长度，比米索不达米亚人的测量早90年；在天象观察、天文仪器的制造等方面，一行也有重大的成就。他发现恒星移动，比英国人哈雷的发现，几乎早一千年，他和梁令瓒制造的水运浑仪，是世界上第一只用机械转动的天文钟。

另外，有些宗教的修炼、修行方法，与历史上的某些自然科学也有密切联系。以道教为例，道教追求的最终目标是长生久视、成道成仙。为了实现这个目标，有些道教徒就采用服食金丹、仙药的方法。西晋道士葛洪说："余考监养性之书，鸠集久视之方，曾所披涉篇卷，以千计矣，莫不皆以还丹金液为大要者焉。"尽管历史上并没有一个人因服食金丹而得长生，相反，上至皇帝后妃，下至一般道士，有不少人因服丹中毒早夭，但炼丹术的实验本身，客观上对原始化学的发展有着不可抹杀的贡献。葛洪的《抱朴子·金丹篇》对"还丹"的化学变化有一个概括，曰："丹砂烧之成水银，积变又成丹砂"。丹砂就是硫化汞，将丹砂锻炼，其中所含的硫变成二氧化碳，游离出水银，再使水银和硫磺化合，便生成硫化汞。这不但开我国古代化学之先河、而且也是现代化学之先声。葛洪对于铅的化学变化也有深刻的认识，他说："铅性白也，而赤之以为丹；丹性赤也，而白之以为铅。"这是说，铅经过化学变化，可以变成胡粉，即铅白，铅白加热后经过化学变化而成为赤色的铅丹。看来，尽管道教中的金丹是假的，但炼丹本身却是真的，它从另一个侧面翻开了我国古代化学史。

炼丹家往往兼攻药物学和医学。《抱朴子内篇》的《仙药篇》详细记述了诸芝、五玉、云母、雄黄、珍珠、桂、巨胜等等仙药，据说服之则可延年益寿，甚至可以成仙不死。葛洪还撰有《金匮药方》一百卷，《肘后备急方》八卷、《神仙服食药方》十卷，这些书今天仍是药物学研究者的宝贵参考资料；其中，《肘后备急方》对于传染病如天花、结核病等颇有研究，对免疫法也有较正确的认识，是祖国医学的一份宝贵遗产。南朝的陶弘景对药物学也很有研究，史载他"性好著述，尚奇异，顾惜光景，老而弥笃。尤明阴阳五行、风角星算、山川地理、方圆产物、医术本草”。[①] 这说明陶学识渊博，对医学、药物学颇有造诣。他所著的《神农本草经集注》、《效验方》、《药总诀》、《肘后百一方》等，对古代医学和药物学的发展有着重大的贡献。隋唐之际的著名道教徒孙思邈也精于医药，著有《备急千金方》三十卷、《千金翼方》三十卷。他历览前代医笈，以方术浩博，简册繁重，难于寻检，故结合自己的医药学上的研究，删繁就简，成《千金方》。这部书对疾病的诊断治疗、预防、卫生等均有涉及，尤其注重对妇科、儿科疾病的治疗，所以把妇人方、少儿方列为全书之首。《千翼方》是《千金方》的补充，书中收载了当时所用药物八百余种，对其中二百多种药物的采集、炮制等不仅作了详细的记述，并且补充了许多治疗的方法。《千金方》和《千翼方》不但总结，而且推动了古代医学、药物学的进一步发展。

道教对古代医学的影响，还表现在气功方面。气功现在已被公认为医疗各种疑难杂症的行之有效的方法，但要追根溯源，多出于古代几个宗教的修行方法。

古代气功，总而言之，有三大家：一是印度瑜伽，二是佛教禅学，三是道教气功。就目前国内流行的气功言，以渊源于道教者为最多。在数千卷道书中，气功专著及含气功内容者不下二千卷。且“气功”一语，也源出道书。

道教气功门类甚多，既有守一、存思、行气、内丹等静功，又有导引、按摩等动功。中国道教的气功初以守一、内丹为主，流行于后汉末至西晋，代表作有《周易参同契》、《太平经》、《河上公老子注》等。魏伯阳的《周易参同契》，糅合《老子》、汉

① 《南史·陶弘景传》。

《易》,系统论述内丹修炼,被尊为“万古丹经之祖”;原始道典《太平经》详细论述了“守一”等炼养之道,所谓“守一”,系由守元气虚无而渐见种种光明等现象,求得身心怡悦的主观感受;《太平经》还以合炼精、气、神三者为一,以宝精、惜气、啬神为养寿之要,这一思想后来一直被奉为道教炼养学的宗要,《河上公老子注》也以“固守其精”为养身之要;与气功炼养密切相关的房中卫生术,也为五斗米道所传授推行。

中国道教气功的第二个发展阶段以存思、服气为主,流行于东晋至唐末。相传为魏华存所出的《黄庭经》宣称人身的各部位都有神主宰,其中尤以上、中、下三丹田之神为重要。所谓“存思”,即是思考三丹田之神,积精累气而臻成真。如果身体中哪一部位有病,存思该部位或主该部位之神,便可治愈。葛洪的《抱朴子内篇》除宣扬三丹田之神(“守真一”)外,还主张一种以调息闭气为门的“行炁”功。据传其从祖葛玄“行炁”功夫极深,能盛夏不热,入水不濡。“行炁”功由上清派发展、与导引、按摩等结合起来,集为“服气”道。“服气”又称“食气”,具有辟谷休粮的含义。服气者或希图通过长期调息行气而逐渐达到不饮不食、不饥不渴,或于练行气功时兼辟谷休粮服饵草木金石之类的药物。这种炼养法至唐代多趋于服内气。据《幻真先生服内元气诀》等所述,服气过程分调气、淘气、咽气、行气、散气、委气、炼气、闭气等环节,强调所吞咽的必须是自己丹田气海中上升的元气,服咽入腹后还要以意领气,沿任督二脉运转,谓之“行气”。“服气”之始先行导引、按摩、叩齿、咽津。孙思邈的《存神炼气铭》则以意守脐部丹田为长生之门。这类功法的继续发展,便走向内丹。

这一阶段的气功有一个特点,不仅以服气、存思等为养生延寿、成仙登真之道，而且还用气功来治病。陶弘景的《养性延命录》、孙思邈的《摄养枕中方》、司马承祯的《服气精义论》等，具体地阐述了用六字气、存思日月、存思脏腑及火、导引、按摩、运气等自疗各种疾病的方法；《摄养枕中方》还介绍了服气功深者“布气”（发放内气）为别人治病及远距离发气治病的“遥禁法”。

唐宋之后的气功渐趋“内丹”一途。“内丹”具有相当高深的理论根据，它从道教传统的“人身一小天地”的天人合一的哲学思想出发，以天地万物比附人的身体，以人生具有的精、气、神三宝为内炼的药材，声称逆天地、生命生成之序炼精、气、神，返本归元，与道合一，便可结丹长生。这种修持法对现代气功界仍有较大的影响。

古代气功的另一流派是“瑜伽术”。“瑜伽术”与印度古代宗教有密切联系，是古代印度教徒及哲人的修持和锻炼方法。“瑜伽”的意思是结合或者统一，意即身、心、神三者的统一。“瑜伽术”的修炼方法，共分为八个部分，称八支行法，即禁制、遵行、坐法、调息、制惑、执持、静虑、等持。前五支组成外瑜伽，后三支为内瑜伽。禁制及遵行指清除外来影响，坐法使内体安静，调息是开脱内体，制惑是控制感觉器官，使不动摇，执持指心神集中，专注于一点，静虑即禅定，等持是使人达到更高级智慧状态——般若阶段。“瑜伽”的功法大致分为瑜伽静坐、瑜伽硬功与瑜伽体操。瑜伽静功可以使人体的代谢率降低，血液循环放慢，氧耗量减少，肺内氧浓度增加。练功后，人的神经和肌体可以得到充分休息。多年练功的人，可以控制呼吸，使之在几分钟内才呼吸一次，据传说有人能被埋在地下数小时之久而不致窒死。把“瑜伽术”运用于临床治病，有时有着令人难以置信的效果。

古代气功与佛教“禅定”的修行方法也有密切联系。所谓禅定，旨在“止散乱心，专注一境”。东汉末所流行的“安般守意”等小乘禅法，都是令人在坐禅时专以计数呼吸次数(“数息”)，使分散浮躁的精神专注，进入无思无虑的“三摩地”意境，这与道教的调息、吐纳等呼吸炼养相类似。

逐一地介绍古代宗教中修持方法与古代医学、气功的关系，乃至逐一地罗列古代宗教徒与古代自然科学的关系，既无必要，也无可能。以上的叙述旨在说明一个问题，虽然就信仰、教义说，宗教与科学往往是矛盾对立的，但这并不排除宗教的有些修行、修炼方法，对于古代诸如化学、医学、药物学等有着密切的联系，甚至有时还会歪打正着地促进当时自然科学的发展。加上我们在前面所说的，宗教与科学在思维方式方面，有时可以成为寻求真理的两种并行不悖的方法，这样，说宗教与科学之间确实存在着某种联系也都不足为怪了。

二、宗教与科学的斗争

宗教与科学的对立与斗争，一般地说，人们比较了解也较容易理解，原因是以往这个问题学术界谈得比较多，加之，二者有一些根本点上明显对立，如科学靠理性，宗教基于信仰，科学源于实验观察，宗教则得自“启示”等等。但是，有一个问题首先得搞清楚——与科学同宗教的联系往往不是同它的教义和信仰联系，相反，科学与宗教的对立与斗争，往往同它的教义的对立与斗争相联系。当然，这样说并不排除宗教也常常通过它的社会功能来迫害自然科学家，来阻碍自然科学的发展。例如，当欧洲开始在城市里安装路灯时，就遭到教会的强烈反对和抗议，他们说根据上帝的安排，白昼应当光明而夜间应当黑暗；14 世纪意大利著名的天文学家阿斯阿利的齐柯，因认为地球的另一面有人居住，被控有巫师之嫌，被教会用火活活烧死；16 世纪俄罗斯民间有个发明家提出建造供人飞行的翅膀时，遭到基督教会竭力反对，认为："人不是鸟，翅膀违反了他的本性，所以你的发明不是上帝的事，而是从魔鬼处得来的"，于是把这个发明家的头砍掉了；西班牙的医生塞尔维特认为"灵魂本身就是血液"，被控告亵渎了"灵魂不死"的信条，被新教以异端的罪名判处死刑；波兰天文学家哥白尼第一次提出太阳中心说，动摇了宗教神学观念的基础，引起教会的无比仇恨，因而他的《天体运行》被列为禁书；宣传日心说的布鲁诺则被异端裁判所活活烧死；首次用望远镜证明哥白尼天体运行说的伽利略被教会终身监禁……。从这些事情看，直接迫害科学家，反对和阻碍科学进步的，是教会，是宗教的社会功能，而真正与科学对立的是宗教的某些不合时宜的信条与教义。

我们还可以从历史的角度来看看宗教与科学的对立与斗争。

从上古到中世纪末，是自然科学的萌芽时期，那时的科学还未形成完整的理论体系，相反，这一时期宗教却十分发达，教会势力非常强大，因此，这一时期科学尚无力与宗教相抗衡，一些自然科学的萌芽往往被宗教所扼杀。例如，公元前 3 世纪的古希腊天文学家阿里斯达克早就提出了"日心说"；公元前 6 世纪的古希腊哲学家阿那克西曼德提出的"人最早是由鱼变来的"朴素进化论思想；古希腊和中世纪的许多天文学家通过天体观察也积累了相当的资料和知识。但是,这些科学思想在神学占统治地位的中世纪不但没有得到发展,而且不断地遭受扼杀和摧残。因为中世纪的基督教利用由亚里士多德创立而由托勒密进一步完善化了的“地心说”,作为基督教的宇宙观,说明“地球是上帝特地为人安排在宇宙中心的”。至于人的来源,《圣经)更说得十分清楚,是上帝在创世第六天按照自己的形象造出来的。既然《圣经》都这么说了,既然基督教教会都认为“地心说”是绝对真理,与这种思想相悖的一切主张,毫无疑问要遭到他们的反对和攻击,作为结果——正如恩格斯所说的——在科学方面“基督教的中世纪什么也没有留下”。[①]

“神学与科学的第一次对阵战是关于我们现在称之为太阳系的中心是地球还是太阳这个天文学上的争论”。[②] 16世纪哥白尼提出的“日心说”,对于神学的宇宙观是一个严重的挑战。哥白尼在《天体运行论》中认为,太阳是宇宙的中心,所有的行星都环绕太阳运行,地球也是绕日转动的一颗普通行星,人们每天看到太阳由东向西运行,是因为地球自身在作由西向东的运转;由于地球在转动,因而人们看见天上的星宿也在移动;月亮是地球的卫星,每月绕地球一周。哥白尼的这些论述,是对太阳系真实图景的第一次正确描述。但是,这个学说提出之后,就引起了基督教会的极大恐慌和强烈地反对,原因是,欧洲中世纪的基督教把地球中心说作为宗教世界观和许多基本信条的理论基础,他们宣扬地球是选定作为宇宙中心的,地球本身是不动的,太阳和其他一切行星都是由天使推

① 《马克思恩格斯选集》第3卷,第447页。
② 罗素:《宗教与科学》商务印书馆1982年版,第8页。

动着绕地球运转的;地球的下面是上帝用来惩罚不信上帝的人的地狱,地球之上的行星外面就是"天国",那是上帝居住的地方。哥白尼的"日心说"摧毁了上帝创世和统治世界的神话,给宗教神学世界观以致命的打击,自然引起教会的极端仇恨,因此,当哥白尼的著作还在印刷时,教皇就宣布太阳中心说是"错误的和完全违背《圣经》的"异端邪说,即便是新教的创始人马丁·路德也气势汹汹地说:"大家都要听这么一个突然发迹的星相术士的讲话,他处心积虑要证明天空或苍穹、太阳和月亮不转,而是地球。……这蠢才想要把天文这门科学全部弄颠倒,但是《圣经》里告诉我们,约书亚命令太阳静止下来,没有命令大地"。加尔文教的创始人加尔文也抬出《圣经》中"世界就坚定,不得动摇"的经句,叫喊"有谁胆敢将哥白尼的权威高驾在圣灵的威信之上"?《天体运行论》出版之后,教会就将其列为禁书,大学讲坛上排斥他的学说,他们的传播者更屡遭迫害。但是,这一切都无能最终阻挡"日心说"成为真理而得到更为广泛的传播,而《天体运行论》的意义也超出自然科学本身,成为向中世纪宗教神学的"挑战书"。

哥白尼的"日心说"虽然打破了"地心说",但由于它没有解决太阳系运动的动力来源问题,因此,还没有最后摆脱神学的束缚。著名科学家牛顿即由此成为上帝的俘虏。牛顿用机械力学的观点来解释太阳系运动的"原动力",提出"第一推动力",把哥白尼的"日心说"归到神学的范畴中去了。正如恩格斯所指出的:"哥白尼在这一时期的开端给神学写了挑战书,牛顿却以关于神的第一次推动的假设结束了这个时期"。① 在

① 《马克思恩格斯选集》第3卷,第449页。

太阳系运动原动力问题再次打开神学宇宙观缺口的，是康德的“星云说”。

1775年，康德在其《自然通史和天体论》中提出，太阳系的所有天体是从同一团弥漫物质通过万有引力作用逐渐形成的，而且由于星云内物质团块不断吸引和碰撞，使天体在吸引最强的地方开始形成；他还讨论了行星轨道的近圆形和共面性、公转和自转的起源等问题，第一次提出自然界有其时间上的历史，强调了自然界不仅存在着，而且生成着和演变着，这种不断发展的原因在于自然界本身固有的吸引和排斥的矛盾，而不需要借助上帝的手。恩格斯对康德的“星云说”给予了很高的评价，指出：“把牛顿的稳定的和自从有名的第一次推动作出以后就永远如此的太阳系变成了历史的过程，即太阳和一切行星由旋转的星团产生的过程”。① 这样，“关于第一次推动的问题被取消了”②，“在这个僵化的自然观上打开第一个缺口”。③

欧洲的16至18世纪是自然科学从神学那里争取独立的时代，正如恩格斯在《自然辩证法》中所指出的：“从此自然科学便开始从神学中解放出来，尽管个别的互相对立的见解的争论一直拖延到现在，而且在许多人的头脑中还远没有得到结果。但是科学的发展从此便大踏步地前进”。④

19世纪是科学迅猛发展的时期。物理学、化学、生物学各自建立起独立的理论体系。科学的发展给神学以致命的打击，

① 《马克思恩格斯全集》第3卷，第420页、第446页。
② 《马克思恩格斯全集》第20卷，第366页。
③ 《马克思恩格斯全集》第20卷，第366页。
④ 《马克思恩格斯全集》第3卷，第420页、第446页。

迫使教会作出软弱的反抗，并妄图通过调和宗教与科学的矛盾来为神学争取立足之地。

19 世纪能量守恒和能量转化定律的确定，对神学的打击是十分沉重的，恩格斯说：这使得人们"对世外造物主的最后记忆也消除了"。[①] 罗马教皇对此十分恐慌，1870 年在梵蒂冈召开了最高会议，并宣称："那些不承认世界及其所包含的一切事物乃是由上帝从乌有中创造出来的人，将受到诅咒。"19 世纪三十年代细胞的发现，证明一切生物活体的发育都是从单细胞开始的，这就揭穿了神分别创造每一类生物的神话，特别是达尔文进化论的确立，从根本上推翻了上帝创造生物和人的神话。英国生物学家达尔文运用大量地质学、古生物学、比较解剖学、胚胎学等方面的材料，特别是他在环球航行期间以及研究家养动植物时所获得的第一手材料，令人信服地证明了现存的各种生物都是由原始的共同祖先逐渐演化而来的，揭示了自然选择是生物进化的主要动因，从而彻底粉碎了造物主的神话，神学家们拿不出什么事实来反驳进化论，只好代之以谩骂，说进化论是"牲畜哲学"。恩格斯曾这样评价达尔文进化论对批判宗教神学的意义：神学的"目的论过去有一个方面还没有被驳倒"，由于达尔文的进化论，"现在被驳倒了"。达尔文死后第三年，英国坎特伯雷大主教被迫宣布：进化论与《圣经》中的教义一点也没有冲突，力图调和科学与宗教的对立。与此同时，俄国学者谢琴诺夫的大脑反射学说，揭示了"大脑是灵魂"的器官，被正教教会斥之为"破坏尘世社会道德基础"的邪说，对"宗教教义起着颠覆的作用"，力图封锁、窒息谢

① 《马克思恩格斯选集》第 3 卷，第 53 页。

琴诺夫的思想,结果也遭到了失败。巴甫洛夫进一步完善了高级神经活动生理学理论,并为全世界所公认。

到了20世纪,自然科学在各个领域都取得了巨大的成就。今天,我们已进入了原子能、宇宙航行和分子生物学的时代,为了适应新的形势,宗教相应调整了自己对科学的态度。早在19世纪末,教皇利奥就提出要对旧的教义进行“推陈出新”的修改,号召教徒不要厌恶和反对科学。1936年罗马教廷还正式成立了罗马教廷科学院;1979年罗马教皇保罗一世还号召全世界的圣职人员要“钻研现代科学”,要求他们“既要真正的训练,又要有世界水平的专门知识”。这些都是为了“顺应”科学发展的形势在策略上所作的调整,作为目的,还是为了挽救神学的危机,正如罗马教皇所说:“真正的科学向前发展,它就会更多地发现上帝,就好象在科学所启开的每一道门扉之后,等待着它一样”。有些神学家还声称:“自然科学的成就……加深了人们对造物主神明的认识”;20世纪初成立的天主教圣经委员会在一次决议中指出:不应当到圣经中去寻找科学语言所固有的那种特征,以此向人们表示在创世问题上,《圣经》只是说明一些总的情况,而科学具体地揭示了实际发生的经过。现代的有些神学家利用遗传学的基因论,说什么基因是上帝创造的;有些神学家则通过歪曲大爆炸宇宙学来说明上帝创世说的正确性;有些神学家还借用爱因斯坦的引力理论推算出“初始原子”的存在,等等。但是,神学家这样做的结果,使得他们不由自主地要离原来的某些传统教义越来越远,这是现代神学面临着的一个不可克服的矛盾,而造成这个矛盾的最深刻根源,是科学与某些传统的不合时宜教义本身的矛盾是不可克服的。

第三节　宗教与文学艺术

与宗教同科学的关系相比，宗教同文学艺术的关系更为密切。如果说，科学作为一种正确反映客观事物及其发展规律的真理，一般地说不包含人对世界的主观态度，那么，宗教与文学艺术则是两种不能排除人的主观因素的意识形态；如果说，科学的思想理论一般地说，是不依赖于任何情感体验而存在的，是“淡漠的”、“冷峭的”，那么，离开了感情、情感、感受，就无所谓对现实的艺术掌握和对世界的宗教态度。当然，宗教与文学艺术的共同之处不仅这两点，而就这两点说，它们的共同性又不是绝对的。作为两种意识形态，宗教与文学艺术既有着广泛的、普遍的联系，又存在明显的差异与对立。它们是如何联系的？又是怎样对立的？以下将从二者的异同、相互的影响以及之间的斗争等几个方面作一些探讨。

一、宗教与文学艺术的联系与区别

要了解某种社会现象的本质，首先要弄清楚它的起源，正如列宁在《论国家》一文中所说的：“为了解决社会科学问题，为了获得正确处理这个问题的本领而不被一大堆细节或各种争执意见所迷惑，为了用科学眼光观察这个问题，最可靠、最必须、最重要的就是不要忘记基本的联系，考察每个问题都要看某种现象在历史上是怎样产生，在发展中经过哪些主要阶段，并根据它的这种发展去考察这一事物现在是怎样的。”对于宗教与艺术的考察与研究，当然也应该这样。

在宗教与艺术起源问题上，曾有一些神学家和宗教学家认为，文学艺术起源于宗教，或者认为宗教在历史上是文学艺术的基础之一。例如，著名的文化人类学家泰勒从万物有灵论的观点出发，用巫术说来解释原始文化的起源，认为艺术起源于原始巫术；英国的人类学家弗雷泽在对古代原始部落的巫术、祭祀、宗教进行了广泛的调查研究基础上，提出了文艺起源于图腾崇拜的理论。但是，宗教史和艺术史的大量资料，对这种看法提出了异议，或者说否定了这种看法。

苏联学者济布科维茨在其《前宗教时代》一书中提出了这样一种看法：在宗教尚未产生之前，人类的发展经历了一个漫长的历史时期，济氏称之为“前宗教时代”。当时，人们虽然已有道德和艺术，但一直没有宗教。他认为，不仅尼安德特人，甚至中国猿人和直立猿人也已经具有较发达的智力，能够“合乎逻辑”地思维，也就是说，他们已经成为有理性的人，已经出现了调节人们行为的道德规范，产生了审美需要的艺术，但却没有宗教。这种看法的真理性如何，这里不想去妄加评论，但艺术史上的有些资料却支持了这样一种观点，即艺术的产生可以不依赖于宗教，没有宗教而有艺术和没有艺术而有宗教的情况同样都是存在着的。例如，产生于我国新石器时代的彩陶艺术，有动物、植物和人面花纹，却没有任何超自然力膜拜的图纹。因此，学者们在彩陶艺术起源问题上，尽管有不同的看法，却没有人认为它起源于宗教，因为在这方面提不出任何有力的证据；1875 年在西班牙发现的阿尔塔米拉洞穴画和 1904 年在法国发现的拉斯柯克斯洞穴壁画，是至少在三万年前冰河时期的原始人的作品，这些洞穴壁画中最重要的主题是动物，却没有象后来埃及的人面狮身的神话画象，更没有发现任何宗教的痕迹；1871 年，达尔文在火地岛上考察时，发现那里找不到宗教的遗迹，但岛上的原始民族有舞蹈、有歌咏、有纹身艺术，在劳动工具和武器上带有一些原始的装饰、雕刻艺术。这些事实说明把艺术的起源同宗教不可分割地联系在一起，认为艺术一定源自宗教的看法是缺少根据的。

当然，我们也不能从上面几个事实就得出一般的或相反的结论，即任何艺术的起源都同宗教无关，或者认为宗教是起源于艺术的。实际上，在起源问题上，艺术与宗教之间并不存在必然的、内在的联系，在一定意义上说，它们是两种相互独立的意识形态，宗教不一定起源于艺术，艺术也不一定起源于宗教。当然，这并不排除宗教有时是源自艺术的，而艺术有时又是源于宗教的。例如，历史上的有些艺术的产生，就常常与宗教有密切联系，我国历史上的有些壁画的产生与宗教有着密切联系，这是人所共知的，而中国最早的版画也是佛经上的释迦说法图。至于纹身艺术，与宗教的关系更为密切。普列汉诺夫对于纹身的目的及意义曾有这样的论述，认为它一是为了不让死者阴魂认出来，二是作为表现财富的招牌，三是一种图腾崇拜的表现，四是用来表示氏族关系，五是出于医疗目的，六是想表现自己有忍受肉体苦痛的能力。可见，纹身艺术的起源与宗教有一定的联系。但是，现代自然科学的某些研究成果，却从另一个侧面，支持了这样一种观点，即从理论上说，艺术的历史比宗教更悠久，艺术比宗教起源更早。美国哥伦比亚大学人类学家霍洛韦在对化石肉膜等研究中发现，人类的语言发生得很早，而随着语言和劳动工具的产生，作为艺术的文化也就产生了，而宗教不可能产生在人类语言和劳动工具之前。这就说明，虽然在有些地区，有些民族，某种具体艺术的产生可能与当时的宗教有密切的联系，但作为人类历史上的艺术，它不一定得起源于某一种宗教，甚至从某种意义上说，它的产生比宗教更早。

看来，在起源问题上，从宗教方面去寻找艺术的源头与从艺术方面去说明宗教的产生，同样都是缺乏根据的。按照历史唯物主义的基本观点，宗教与艺术作为两种社会意识形态，它们产生的根源不在意识形态自身，而在社会的物质生活条件，正如马克思在《1844年经济学哲学手稿》中所说的："宗教、家庭、国家、法、道德、科学、艺术等等，都不过是生产的一些特殊的方式，并且受生产的普遍规律的支配"。[①] 恩格斯在《马克思墓前的讲话》中进一步指出："正象达尔文发现有机界的发展规律一样，马克思发现了人类历史的发展规律，即历来为繁茂芜杂的意识形态所掩盖着一个简单事实：人们首先必须吃、喝、住、穿，然后才能从事政治、科学、艺术、宗教等等。所以，直接的物质的生活资料的生产，因而一个民族或一个时代的一定的经济发展阶段，便构成为基础，人们的国家制度，法的观点，艺术以至宗教观点，就是从这个基础上发展起来的，因而，也必须由这个基础来解释，而不是象过去那样做得相反。"[②]马克思和恩格斯的这些论述是符合历史上宗教与艺术产生的实际情形的，作为一种历史现象，二者都不是与天地并生，从来就有的，而是人类社会发展到一定历史阶段的产物。它们的产生，受一定社会历史条件的制约，它们的内容，更是现实物质生活条件的反映，尽管二者的反映形式有所不同，一个是歪曲的反映，一个是正确的反映，但它们的最深刻的根源，都存

① 《马克思恩格斯全集》第42卷，第121页。
② 《马克思恩格斯选集》第3卷，第574页。

在于现实的物质生活条件之中。

值得一提的是，宗教与艺术在反映现实生活方面有一个很重要的共同点，即都采取幻想和想象的方式。宗教的观念和信仰没有人类的幻想活动是无从产生的，而艺术创作离开幻想和想象也无法进行。还在最古朴的宗教形式，譬如巫术中，便可清楚地看到幻想的作用。原始人在举行巫术活动时，在自己的心目中把这种活动同他们所希望得到的结果通过一种虚构的幻想形式联系在一起。往后的宗教，更进一步创造赋有意识和意志的超自然物的虚幻形象，即精灵和诸神。所有宗教的主要标志就都是相信超自然物，相信真实地存在着人类幻想所创造的各种实体、特性和关系。艺术创作也有类似情形，任何一个艺术品——雕像、图画、小说、歌曲、史诗、抒情诗、交响乐——都不是"照相机式的"或"镜子式的"对现实的简单的再现。艺术家总是以自己的想象力来改铸对生活的印象、观察和映象，因此，尽管陀思妥也夫斯基和托尔斯泰的作品都是反映同一时代的俄罗斯生活，但两人笔下的形象是迥然有异的。

当然，宗教的幻想和艺术的幻想又不完全相同，或者说具有重要的区别，从所幻想的形象看，艺术也经常描绘、刻画一些纯属于子虚乌有的形象（如民间故事、神话小说中的艺术形象），但这些形象即便在艺术范围内也不会信以为真，而只是作为刻画真实的人及其关系、性格和行为的一种艺术手法。宗教则不同，宗教幻想不仅创造虚幻的形象和观念，同时还相信这些形象的真实性。实际上，如果不相信超自然现象的实在性，也就不会有宗教。对于宗教与艺术的这一种差别，费尔巴哈曾经有所论述，他说："艺术并不把自己的创作冒充某种跟它们的本来面貌不同的东西，即某种跟艺术创作不同的东西。

而宗教则把自己的虚构的实体冒充真实的实体。”①

全面论述宗教与艺术的异同不是本书的任务，所以简要地指出二者在起源及其他一些方面的相互联系及其异同，旨在进一步看看二者之间的相互影响。

二、宗教对文学艺术的影响

由于宗教与文学艺术有许多共同点，诸如注重情感体验，采取幻想形式，塑造虚幻形象等，因此，历史上常有许多文艺作品以宗教为题材，而宗教也经常利用文艺作品来为自己服务。特别是在宗教泛滥、神学盛行的时代，宗教徒们更是竭尽所能地把精湛的艺术技巧运用到宗教事业上，使神圣的偶像又增添了艺术的光辉。与此同时，也一定程度地促进了当时文学艺术发展。下面我们着重看看历史上的宗教是如何影响当时的文学艺术的。

众所周知的《圣经》，既是基督教的最基本的经典，又是一部内容极其丰富的文学作品，其中既有神话、传说，又有诗歌、小说等。《圣经》中的许多神话、故事、寓言、格言在基督教流传的地区，渗透到社会生活的各个领域，成为西方传统文化的一个重要方面；取材于《圣经》故事而完成的但丁的《神曲》、拉裴尔的画像、弥尔顿的诗歌、莫扎特、贝多芬的音乐等，都是世界名作；欧洲文艺复兴时期的许多作品，也是从宗教和神话中吸取题材的；在语言文字方面，《圣经》的翻译对于保加利亚语、俄语、摩拉维亚语、英语、德语的形成和发展都起过重大作用；

① 《费尔巴哈哲学著作选集》第2卷，俄文版，第693页。

在艺术表现手法上,《圣经》也有许多值得借鉴的地方。总之,仅就《圣经》而言,对整个西方文化的影响就十分巨大。

伊斯兰教的基本经典《古兰经》对于伊斯兰世界也有着重大的影响。实际上,《古兰经》本身就是一部散文巨著,其中的许多故事、寓言,从修辞学到音韵学都成为当时世界的典范;《古兰经》对于阿拉伯语文的形成更具有巨大的作用,司腾迦斯博士曾不止一次地指出了《古兰经》在这方面的功绩。他说:《古兰经》的“文体将永远成为最优美最纯洁的文学作品的典型”;[①]欧洲的许多著名作家对于《古兰经》在文学史上的贡献曾给予高度的评价。赛尔说:“《古兰经》的文体,通常最优美而且流利的,……是庄严而且堂皇的,它能迷惑听众,连穆罕默德的敌人,也有承认其魔力的,由此可以想见他的成功到了什么程度”。[②] 巴麦也说:“阿拉伯最优秀的作家,对于阿拉伯文学的功绩,绝没有能与《古兰经》相提并论的”。[③] 著名的歌德则说:“《古兰经》是百读不厌的,每读一次,起初总觉得它更新鲜了,不久它就引人入胜,使人惊心动魄,终于使人肃然起敬,其文体因内容与宗旨而不同,有严正的,有堂皇的,有威严的——总而言之,庄严性是不容否认的……。这部经典,将永远具有一种最伟大的势力。”[④]《古兰经》在文学、语言等方面的成就,使得它在阿拉伯文学史上占有十分重要的地位,并对整个伊斯兰文化产生深远的影响。

另一个世界性宗教——佛教对于亚洲许多国家和地区的

---

① 转引自马坚的《古兰简介》。
② 转引自马坚的《古兰简介》。
③ 转引自马坚的《古兰简介》。
④ 转引自马坚的《古兰简介》。

文化的形成和发展也曾起过重要的作用。其中，尤以对印度、斯里兰卡、缅甸、泰国、中国、日本等国家古代文化的影响为最大。下面，准备着重从佛教对中国古代文学艺术的影响这样一个侧面，来看看宗教在古代文化发展中的作用。

佛教对于中国古代文学艺术的影响，几乎可以说无处不在。从诗歌、小说到书法、绘画，从语言、文学到音乐、舞蹈，从木刻、雕塑到建筑艺术，每一个领域，许许多多的作品，都留下了佛教的深刻印痕。

（一）佛理与诗歌

对于佛法，久来有教与理之分。汤用彤先生在其名著《汉魏两晋南北朝佛教史》中曾指出：佛法之被中华，约有两端，一曰教二曰理。或偏教，或偏理。言教则生死事大，笃信为上，最重净行、皈依，理则通于玄学。也就是说，所谓佛理，主要指佛教的义理学说和理论。以下所谈的影响中国古代文学艺术的，主要指佛理而不是一般的佛教信仰。

至于中国古代的传统文化，向来以“诗、书、画”为冠冕。其中，尤以诗为三者之最，因此先谈谈佛理与诗歌。

中国古代的诗歌，历史悠久，内容弘富，这是举世公认的。但是，当人们一步入古代的诗苑文坛，马上就会发现，从魏晋的玄言诗，到南北朝的山水诗，从唐诗到宋词，都受到佛教的深刻影响。

在北魏中期以后，道家思想曾是玄言诗的主要内容。但在西晋之后，由于二陆三张等绮丽诗风的崛起，玄言诗一度销声匿迹。但是，时隔不久，以佛教般若学的流行传布为契机，玄言诗又死灰复燃，至东晋出现了以《兰亭诗序》为代表的玄言诗。玄言诗的著名作家如许珣、王羲之等都与名僧支遁交游，《世说新语·文学》记载他们“因论《庄子·逍遥游》,支作数千言,才藻新奇,花烂映发”,遂使王羲之“流连不能已”;又载支道林、许珣、谢安等共聚王蒙家,各人借《庄子》“以写其怀”,“支道林先通,作七百许语,叙致精丽,才藻奇拔,众咸称善”。这样,在东晋就出现了一个佛理渗入诗歌领域的局面;有时单说佛理,有时糅合老、庄,有时兼写山水,郗超《答傅郎》诗“森森群象,妙归玄同”、“遂登慧场”,“绵绵虚宗”之类是佛老兼糅的,王羲之《念佛三昧诗四首》、鸠摩罗什的《十喻诗》、慧远的《庐山东林杂诗》等是专说佛理的;最突出的是支道林,他不但是玄理诗的杰出代表,而且开两晋南北朝山水诗之先河。清诗人沈曾植说:“康乐(谢灵运)总山水老庄之大成,开其先支道林”。由支道林而谢灵运,是佛理诗的一大发展,谢灵运对佛教义理有很深的造诣,以改译《大般涅槃经》为南本著名,除了写有专门的佛学文章,如《与诸道人辩宗论》,《和从弟惠连无量寿颂》、《佛影铭》等外,在诗歌方面,更是进一步把山水和佛理相结合,开一代诗风。《石壁招提精舍》、《过瞿溪山僧》是这方面的代表作。当时流行的山水诗的诗句,意境颇受佛教般若学的影响,如“野旷沙岸净,天高秋月明”,“池塘生春草,园柳变鸡禽”等,就多寓佛理于山水风物之中。

中国古代的佛教与诗歌,均以李唐一代为最盛,在唐代诗园内,百花竞放,奇才辈出。李白、杜甫、白居易,堪称一代诗圣,王维、孟浩然、柳宗元则各具特点;而唐代佛教也是中国佛教的鼎盛期。天台、华严、唯识、禅宗四大佛教宗派既各立门庭、自造家风,又兼收并蓄,糅合百家。自汉魏以来深受中国传统文化影响而逐步走上中国化道路的佛教,这时开始反过来影响中国传统文化,唐代诗人的诗作深受佛教的影响则是其中一个重要的方面。

唐代的几位大诗人均多涉足宗教,李白以耽道著名,又传有"宴坐寂不动,大千入毫发"之句;杜甫虽然崇儒,却也有"身许双峰寺,门求七祖禅"之咏;白居易则佛、道兼修。早年白居易不信佛、道,但自江州之贬后,深知仕途艰险,于是寄情于山水诗酒之间,借旷达乐天以自遣,转而炼丹服食,继而皈依佛教,以"香山居士"自许,正如他在《赠杓直》诗中所说的:"早年以身代,直赴《逍遥篇》,近岁将心地,回心南宗禅。"

在唐代诗国中,崇佛最甚者,大概无过于王维、柳宗元。王维崇佛,史料凿凿,毋庸为讳,他的许多作品,包含着浓厚的佛家思想,这也是众所周知的事实,他作诗常用佛典入句,既多又巧,这是要相当熟悉佛教典籍才能做到的,如"因缘法"、"次第禅"、"雁王"、"鹿女"、"三贤"、"七圣"、"青莲"、"水田"、"初地"、"化城"等等,还写了一些纯粹宣扬佛教义理的诗作,如"了观四大因、根性何所有","妄识皆心累,浮生定死媒","空虚花聚散,烦恼树稀稠","眼界今无染,心空安可迷……"。此外,王维还写了一部分艺术性较高的"禅诗",这类禅诗多能遥契南宗"但睹性情,不立文字"之旨,不滥发议论,反对"以文字为诗,以议论为诗,以才学为诗",而把自己所理解的禅理,所感受的禅境,注入诗的意境之中,与清秀灵异的山水景物融合在一起,既含蓄隽水,神韵超然,又平淡自然,深入人心,犹如花落香浮,月印水底,又如"羚羊挂角,无迹可求,非有妙悟,难以领略"。

不妨先看一看王维的一篇著名禅诗《终南别业》。诗云:"中岁颇好道,晚家南山陲。兴来每独往,胜事空自知。行到水穷处,坐看云起时。偶然值林叟,谈笑无还期"。这首诗以自在安闲口吻表现了作者与大自然，林中叟亲切交流的态度。“行到水穷处”，一般人可能要兴阑而返，或大为扫兴，王维则不然，“水穷”就坐下来“看云”，并不因此一“穷”而扰乱心中的自在平静。也就是说，一切都不在意，任运自然、随遇而安。如果比较一下同样喜欢啸咏于山林的阮籍的态度，我们更能体味王维任运自然之心。据史料记载，阮籍往往“率意独驾，不由径路，车辙所穷，辄恸哭而返”，王维、阮籍的兴趣大致相同，一是“独往”，一是“独驾”，一是“兴来”，一是“率意”，一是“水穷”，一是“车辙所穷”，但所取态度却迥然有别，一是“恸哭而返”，一是坐下“看云”，可见阮籍虽言寄情自然，但心中之世情却时时放不下，一遇行路不通，便触发出“世路维艰”之感慨，不由“恸哭而返”，王维呢？“水穷”则“看云”，心中无所滞碍，真正是寄逸兴于山水，一任听其自然。王维所以能如此超然，不仅仅是个性恬淡所致，更主要是吸取了南宗“任性”、“无住”之旨。徐增《唐诗解读》卷五云：“行到水穷处，去不得处，我亦便止，尚有云起，我便坐而看云起，坐久当还，偶遇林叟，便与谈论山间水边之事。相与流连，则不能以定还期矣。于佛法看来，总是个无我，行无所事。行到是大死，坐起是得活，偶然是任运，此真好道人行履，谓之好道不虚也”。徐增把王维这种任运自然的态度和佛教思想联系起来，实非私心臆造。王维自南阳遇神会后，便倾心南宗，身体力行。南宗最重要的思想之一是“任运自然”、“无住”、“无念”。所谓“无住”、“无念”，正如六祖惠能所说：“于一切法不取不舍”，“若见一切法，从不染著，是为无念。”也就是说，对一切外境外法都不生忧乐悲喜之情，执著取舍之意；所谓“任运自然”，即是随缘任运，听其自然，饥食困眠，不加造作。正如惠海禅师在回答门人问“和尚修道，还用功否?”时所说的:“饥来吃饭,困来即眠”,又如百丈怀海所作诗句:“放出沩山水牯牛,无人坚执鼻绳头,绿杨芳草春风岸,高卧横眠得自由。”王维把禅学南宗这一思想融合到诗境之中,通过“行到水穷处,坐看云起时”的形象画面,表现他默契“任性”、“无住”之旨的生活态度,人们既可以从中欣赏形象本身的悠然韵味,又可以由此去体味其中所蕴含的哲理、情趣。

王维的《过香积寺》诗也是一首“字字入禅”之作。诗云:“不知香积寺,数里入云峰。古木无人径,深山何处钟?泉声咽危石,日色冷青松。薄暮空潭曲,安禅制毒龙”。从表面上看,这是一次“过香积寺”的游览活动,实际上乃是一次求法参禅的过程。且不论诗的末后两句借用佛典,以表现闻法悟道后身心宴然,降伏妄念之意,前面六句也分别从视、听、触觉等几个方面形象地写出了因“不知”而寻,闻钟声而悟的过程。特别是诗的第三、四句,以深山之中传来的隐约钟声,表达佛教的召唤,写得空灵超脱,如野云孤飞,不着痕迹,特别富于禅味。王维的许多诗作,都富有这个特点,从表面上看,他所写的多是“空山”、“日色”、“青松”、“翠竹”、“鸟啼”、“花笑”、“流水”、“钟声”……,实际上所表现的多是一个圆满自在、和谐、空灵的“真如”境界。特别是他的山水田园诗,更是“诗中有画,画中有诗”(如苏东坡所评:“味摩诘之诗,诗中有画;观摩诘之画,画中有诗”),言有尽而意无穷。意像的空间是有限的,但所蕴含的意味是无穷的。

除王维外,柳宗元的许多诗作,如《巽上人以竹间自采新茶而见赠酬之以诗》、《法华寺石门精舍三十韵》、《巽公院五咏》等,也都是佛理与情景交融,造语精妙且韵味无穷的佳作。此外,唐初王梵志还首创以通俗诗作说佛理的诗风,“城外土馒头，馅草在城里，一人吃一个，莫嫌没滋味”一诗，更颇受后人推赞称道。王梵志的这种通俗佛理诗对后来的寒山、拾得的诗产生了深刻的影响。而寒山、拾得的诗，对王安石、苏东坡、黄庭坚、陈师道等人的诗风又产生了深远的影响。这些诗作都有一个特点，以佛理为诗，风格上达到“皮肤脱落尽，唯有真实在”的境地，降及近代，佛理入诗，范围更扩大。沈曾植的《病僧行》一诗，运用佛语佛理自我刻画形象，如瓶泻水，淋漓尽致。陈衍《石遗室诗话》说：“读此作，谁谓蔬笋酸馅之可与言诗哉！”提倡诗界革命的黄遵宪，其名篇《以莲菊桃杂供一瓶作歌》，梁启超以为它“半取佛理，又参以西人植物学、化学、生理学诸说，实足是诗界开一新壁垒”。又一名篇洋洋万言之《锡兰岛卧佛》，梁氏更赞叹为“有诗以来所未有也，……有诗如此，中国文学界足以豪矣。”

值得一提的是，后期禅宗所谓“看话头”、“文字禅”的禅风，对唐宋以后的诗歌也产生了深刻的影响。

唐宋之后的禅风，有两种显著变化，一是文字禅，一是看话禅。二者互相渗透。他们善于“绕路说禅”，专在语言文字技巧上用功夫，有时走向词藻修饰的道路，采用了偈颂、诗歌等文人学士所喜爱的形式。这种诗偈对于语言的运用尤其透彻洒脱、生动活泼，简要精通，兼而有之，尝谓“有解可参之句，乃是死句；无解可参之句，才是活句。”这对诗论之启发，尤为深远。

唐宋以降，名士谈禅，高僧唱偈，蔚成风气。史有苏东坡共聪觉“论无情话”而献偈；山谷之参晦堂，闻木樨香而悟道；见秀师“以艳语动天下人淫心”被呵；王荆公谓“吾只以雪峰一语作宰相”等佳话。及至近代，晚清诗人仍与八指头陀抹月批风，唱酬甚盛。禅家之说偈悟道方式的流行，大大地为诗人们打开了吟风弄月、寻诗觅句的新路。朱熹《春日绝句》所云："等闲识得东风面，万紫千红总是春"与《鹤林玉露》上所载某尼悟道诗："尽日寻春不是春，芒鞋踏遍陇头云，归来笑捻梅花嗅，春在枝头已十分"一绝，异曲同工，春意盎然；东坡诗"谁言一点红，解寄无边春"，杨诚斋诗"不须苦问春多少，暖暮晴帘总是春"，意亦同此。正如僧达观撰惠洪《石门文字禅序》所云："禅如春也，文字则花也。春在于花，全花是春，花在于春，全春是花"。

禅家转语，作偈翻进一层，此法亦为诗坛所采用。神秀以树、镜为喻，而曰："时时勤拂拭，莫使惹尘埃"，惠能则曰"本来无一物，何处惹尘埃"。后来的一些诗人，亦竞相仿效，谓为翻案法。白香山《寄韬光禅师》云："东涧水流西涧水，南山云起北山云"，苏东坡《游西菩寺》略翻其意："白云自占东西岭，明月谁分上下池。"

唐宋之后，禅师与文士诗客交游甚密，禅风、诗风相互交涉，禅师看话头，有时也取诗人名句来接引。如袁觉尝对客曰："东坡云：'我持此石归，袖中有东海'。山谷云：'惠崇细雨芦雁，坐我潇湘洞庭，欲唤扁舟归去，旁人谓是丹青'。此禅髓也。"又杜牧"深秋帘幕千家雨，落日楼台一笛风"，崔护"人面不知何处去，桃花依旧笑春风"等诗句，尤为禅师所乐引。

当然，禅与诗的交涉、沟通，从实质上看，主要是禅对诗的渗透，正如元好问在《赠嵩山隽侍者学诗》所云："诗为禅客添花锦，禅是诗家切玉刀"。亦即诗赋予禅的只是形式，而禅赋予诗的却是内省功夫以及由内省带来的理趣、意境。从历史上看，禅对诗的渗透，主要有两个方面，一是以禅入诗，一是以禅喻诗。

以禅入诗，可以苏东坡的《琴诗》为代表。诗云："若言琴上有琴声，放在匣中何不鸣？若言声在指头上，何不于君指上听？"这是借《楞严经》的"譬如琴瑟琵琶，虽有妙音，若无妙指，终不能发"等禅语，来表达耐人寻味的理趣。

以禅喻诗则不同，它们或写田园山水，或写花鸟树木，或吟闲适，或咏渔钓，没有直接谈禅，但在言表笔外，却寓有禅意。以上我们所举王维的《终南别业》及《过香积寺》二诗就是以禅喻诗的佳品。

禅所以能入诗、喻诗，这决非诗客或禅僧的主观爱好，而是因为禅与诗有着某种内在的必然的联系。大凡作诗，旨在言志、言情，重言外之意。如若一首诗平铺直叙，表露无遗，必将失去诗的特有风格，读起来势必味同嚼蜡。禅也有这个特点，宗密曰："经是佛语，禅是佛意"，所谓意者，多属只可神会，而不可言传，故禅重"但睹性情，不着迹象"，"直指心源，不落文字"。因此，禅之与诗，多可相交涉，相沟通。汤显祖所说的："诗乎，机与禅言通，以若有若无为美"，正是这个意思。

另外，诗禅还有一个更大的共同点，即二者均妙重悟。严羽的《沧浪诗语·诗辨》云："大抵禅道惟在妙悟，诗道亦在妙悟。"此一语点破诗禅之共通处。所谓"妙悟"，指特别的悟性、觉性。大凡作诗，离不开形象思维，形象思维的东西，实非理性分析可及其致，往往得借助于直观体会之顿悟，因此，对于诗歌，"惟悟乃为当行，乃为本色"。此外，诗往往是多义的，常常通过有限的字句给人以无尽的遐想、启示。此又非妙悟所能胜任。妙悟之诗，好处在于"透彻玲珑，不可凑泊，如空中之音，相中之色，水中之月，镜中之像，言有尽而意无穷"。严羽在评价孟浩然与韩退之的诗作时，曾把妙悟作为诗的第一要素。他说：就学力而言，孟浩然比韩愈差得很远，但孟浩然的诗却远在韩愈之上，原因何在呢？“一味妙悟而已”。他不否认学力的重要性，但认为更重要的是妙悟，妙悟是第一位的，学力是第二位的。

（二）佛教与书画、雕塑及建筑艺术

佛教对于中国古代文化的影响，还表现在书法、绘画、石刻、石窟、雕塑、建筑艺术等方面。

中国书法，源远流长，自六朝以书法名家后，千百年来，代有传人。在历代书法家中，不少高手出自释门或深受佛教的影响。具有“书圣”之称的王羲之与佛徒交谊甚深，曾为西天达摩多罗舍宅建归宗寺；狂草怀素本身就是一名佛教徒；释门之中，各代都有善书之人。据僧传、史料记载，释贯休，工草隶，时人比之怀素；释䛒光亦善书，陆希声谓其“笔下龙蛇似有神”；释梦龟作颠草，奇怪百出；释景云善草法，学张旭有意外之妙；释文梵喜草书，学智永有自得之趣；宋元明清，缁流能书者益众。如宋之言法华，苏轼赏其放逸；政禅师，秦观叹其纯美；元释雪庵善直行草隶，尤工榜书，一时禁匾皆出其手。释觉隐喜作狂草，极雄宕之致。明释雪峰洒翰作草，龙掀凤舞，时人誉为诗禅草圣。清代的八大山人、石浪、石涛，都既是名僧，又是著名书法家……

释门多书家，佛教能影响书法，并非因为佛门无事，僧徒多暇，故能殚虑专精，极于所指，更重要的在于书法与佛理禅道多有相通之处。人们知道，佛法虽广，其要者无出于戒、定、慧三学。夫戒以收束身心，定以专志凝神，慧以穷妙极巧，三者都与书法之道相通。其中，尤以禅定之功与书法之道为最近。

汉蔡邕《笔论》云:“夫书,先默坐静思,随意所适,言不出口,气不盈息,沉密神采,如对至尊,则无不善矣”。晋王羲之也说:“夫欲书者,先凝神静思,预想字形,令意在笔前,然后作字。”这些议论,都深契佛家禅观之旨。可见,佛理、禅道与书法之间是存在着一定的内在联系的。

与书法比,绘画与佛教更有不解之缘。在历史上,不管是壁画,还是版画,不论是画家,还是名作,都与佛教有一定的联系。且不说中国最早的版画是佛经上的释迦牟尼说法图,现存的大量壁画,也几乎都存在佛教寺院之中。至于画家、名作,自三国时的曹不兴首创佛画之后,佛像、菩萨像一直是历代画家的热门画题。据史料记载,三国时的曹不兴见到康僧会所设佛像,便仪范写之;其后,其弟子卫协(时称“画圣”)又画有七佛图;卫协的弟子顾恺之于晋哀帝时在江宁瓦官寺内画维摩诘像,时人以十万钱争取一观,顾为寺院募集百万钱。据说他所作的维摩诘画像,“清羸示病之容,隐几忘言之状”,极是形象逼真;南朝梁画家张僧繇创作了大批的寺院壁画,相传他在安乐寺作四条龙壁画,均栩栩如生,其中两条龙点睛后即飞去,由此衍出“画龙点睛”之典故;自南朝起,擅长佛画者,代有传人。齐有曹仲达,隋有展子虔,唐初有尉迟一僧等。到唐开元中著名画家,吴道子集诸家之大成,为古代佛画第一人。大画家阎立本也是以擅长佛画闻名于世的;中唐德宗时周昉创作水月观音之体;五代时贯休以画罗汉知名。从绘画的风格看,五代以前的佛画,多为庄严妙好,从形容仪范中体现诸佛菩萨的清净端庄,慈悲静穆,宋之后随着文人画的兴起,佛画开始分为两个流派,其一继承隋唐风格,严守规矩,不失尺度,如宋之李公麟、马和之,明之丁云鹏、仇英、商喜,清之禹之鼎、丁观鹏等;其一则不拘绳墨,以古朴奇谲为高,如宋之梁楷,明之陈洪绶,清之金农、罗聘等。从佛画的种类说,有佛像、菩萨像、明王像、罗汉像、天龙八部像、高僧像、曼陀罗像、佛传图、本生图、经变图、故事图、杂类图、水陆图等等。总之,在中国绘画史上,画与佛教一直有着十分密切的联系,如果把佛教徒的画以及有关佛教题材的画排除在外,那么,中国古代的绘画艺术将顿时为之减色。

绘画与佛教的关系,正如书法与佛教的关系一样,不仅表现在佛徒多有画家,名作常取材佛教,更重要的是佛教之禅与绘画的方法有着某种内在的联系。日本学者铃木大拙在其《禅学讲座·禅的无意识》中对禅与艺术创作的关系曾有过这样的论述,他说:绘画等艺术作品,是艺术家的一种重新创造,这种重创的渊源,就是禅的无意识。他以一位禅寺的住持与一位画家关于画龙的一段对话,对禅的无意识在艺术中的作用进行了论述:据说某一禅寺的住持,想叫画家在法殿的天花板上画一条龙,但画家因从没看见过龙而有所为难,住持就对他说:重要的不在于你是否看到龙这东西,而在于你自己首先得变成一条活生生的龙,把自己的心集中在上面,当你觉得非画不可的时候,你就为它赋形。画家照着住持的话去做,结果在他的无意识中,见到自己化身的龙,并把它画了出来,这就是现存于京都妙心寺法殿天花板上的那条龙。由此,铃木说:"只是看是不够的,艺术家必须进入物体之内,从里面去感觉它"。铃木这里所说的,实际上是宗教与艺术创作的一种关系,一个共同点,亦即二者都须通过幻想,通过形象思维,借助于直觉。能不能说,这就是历史上的绘画总是与宗教联系在一起的其中一个重要原因。

当然,绘画与宗教经常联系在一起,还有其他方面的原因,这有如某些神学家所说的:“圣像画要比语言更能服务于宗教,神借助于彩色的绘画来说话”。正因为这样,绘画与宗教的联系几乎具有世界性的特点。在欧洲,许多传世的名作是宗教画,例如,米开朗琪罗的《创世纪》、《最后之审判》;达·芬奇的《最后的晚餐》、《岩间圣母》;乔多的《基督从十字架上放下》、《犹大的亲吻》;安琪里谷的《圣母加冕》、《报知》;迦尔提的《圣母初入圣殿》;凡罗契奥的《耶稣受洗》;班鲁琴的《圣母与圣者》;拉斐尔的《西斯廷圣母》、《童贞女的婚礼》等等。

除了绘画之外,宗教对于人类历史上的石刻、石窟、雕塑、建筑艺术等,也有着广泛的深刻的影响,从我国历史上说,佛教的石刻、石窟艺术在世界上享有极高的声誉。其中,以敦煌石窟最为著名,是由绘画、雕塑、建筑组成的综合体,现存壁画总面积达四万五千多平方米,彩塑达二千四百多身,是世界上现存规模最大的佛教艺术宝库。其他如龙门石窟、云冈石窟,麦积山石窟、大足石刻、克孜尔千佛洞、库木吐喇千佛洞等,也都是中国古代佛教的艺术宝库。

在建筑艺术方面,宗教也一直有着十分巨大的影响。中国古代建筑艺术的精华,许多保存在寺院宫观之中。著名的西藏布达拉宫,青海的塔尔寺,新疆的喀什大清真寺等都是我国古代建筑艺术的宝贵遗产;在西方,古代的教堂建筑艺术,如“罗马式教堂”,“拜占庭式教堂”,“哥特式教堂”,都一定程度地代表和影响着当时的西方建筑艺术。

宗教对于古代艺术的影响,一一列举既无可能,也无必要。以上所说的几个方面,足以说明这种影响不但是广泛的而且是深刻的。当然,如果人们深入一步去探讨这种影响的实质，就会发现，宗教之影响于艺术的，决不是信仰或教义本身，而是其形式，或者是修行的方式，或者是思维的方式，或者二者兼而有之。因此，我们在评价宗教的文化艺术功能时，应把它的内容与形式分别开来，或者准确点说，应把它的信仰、教义同思维的方式、修行的方式区别开来。

（三）佛教与中国古代的其他文学艺术形式

宗教对于文学艺术的影响，还可以从佛教对中国古代的小说、戏曲、文字等方面得到说明。

在中国古代文学史上，秦以前的所谓“小说家者流”，由于著作已佚、文献阙如，无从揣测其内容。保存在《山海经》中的神话传说，距离小说的标准尚远。从六朝开始，才有志怪小说出现，发展到唐人传奇，宋人话本，元明以后的章回小说，小说作为一种文学形式才逐步登上文学舞台。

六朝时代的志怪小说，在故事来源、教理、构思、体裁等方面，都深受佛教的影响。就故事来源说，鲁迅在《中国小说的历史变迁》一文中曾指出：“还有一种助六朝人志怪思想发展的，便是印度思想的输入，因为晋、宋、齐、梁四朝，佛教大行，当时所译的佛经很多，而同时鬼神奇异之说杂出，所以当时合中印两国的鬼怪到小说里，使它更加发达起来。”梁吴均《续齐谐记》中所记阳羡鹅笼书生故事，据鲁迅在《中国小说史略》中考证，“此类思想，盖非中国所固有，段成式已谓出于天竺。《酉阳杂俎》（《续集》《贬误篇》）云：‘释氏《譬喻经》云，昔梵志作术，吐出一壶，中有女子与屏，处作家室。梵志少息，女复作术，吐出一壶，中有男子，复与共卧。梵志觉，次第互吞之，拄杖而去。余以吴均尝览此事，讶其说以为至怪也。’所云释氏经者，即《旧杂譬喻经》，吴时康僧会译，今尚存；而此一事则复有他经为本,如《观佛三昧海经》(卷一)说观佛苦行时白毫毛相云:'天见毛内有万亿光,其光微妙,不可言宣。于其光中,现化菩萨,皆修苦行,如此不异,菩萨不小,毛亦不大。当又为梵志吐壶相之渊源矣。魏晋以来,渐译释典,天竺故事亦流传世间,文人喜其颖异,于有意或无意之中用之,遂蜕化为国有。如晋人荀氏作《灵鬼志》,亦记道人入笼子中事,尚云来自外国,至吴均记,乃为中国之书生。"这里,鲁迅先生详细地考证了六朝志怪小说与某些佛经故事的关系。实际上,不仅六朝小说受印度佛教的影响,中国历史上的许多古典小说,也受到佛教的深刻影响。如《封神演义》中的哪吒太子故事,也出自佛书。《五灯会元》卷二有这样一段话:"哪吒太子,析肉还母,析骨还父,然后现本身,运大神力,为父母说法。"沈曾植在《辛丑札记》中也指出:"哪吒太子,见《宣律师传》,称毘沙门天王太子。"《西游记》记菩提祖师于半夜传法术给孙悟空,也似是从弘忍五祖半夜传衣钵给惠能六祖的故事演变而来。

其次,在中国古代小说中,不仅个别故事是来源于佛教的,有些共同性的故事背景,也与佛教有关。如出现在唐人段成式《酉阳杂俎》、裴铏《传奇》、袁郊《甘泽谣》用的韦行规、昆仑奴、聂隐娘、红线女等剑侠故事,就和唐中叶以后密宗经典的大量输入和广泛传布有一定的关系。

再次,佛经中大量奇幻故事的描写,对小说的艺术创作也有很大帮助。固然,先秦道家的哲学著作如《庄子》以及后来出现的《列子》等书,也有不少幻想寓言,但比之佛经的上天下地的想象驰骋,则是小巫见大巫。《大方广佛华严经》所写的善财童子五十三参,丰富奇幻的描写,就为《西游记》中的九九八十一难,《封神演义》中的三十六路诸侯伐西岐,开了先路;《观佛三昧海经》中写阿修罗王进攻帝释宫的神奇故事，可能对《西游记》中的孙悟空大闹天宫的构思有启示。

复次，在文学体裁方面，佛教的有些修习、传教、布道方式，对于一些新文学形式的形成也有很大帮助。例如，唐代出现的“变文”，就是从晋、宋以来僧徒转读经文、讲唱佛经故事中进一步发展起来的通俗新文体。变文故事，多本于佛经。敦煌石窟所保存的变文有数十种之多，对后代的小说影响极大。如《降魔变文》写舍利弗和六师斗法，《西游记》、《封神演义》各种斗法的描写，多少受到它的启示。变文对唐代文学的影响，主要在于它有说有唱，诗文合体。此种形式引起文人们竞相仿效。白居易作《长恨歌》，陈鸿便作《长恨歌传》。元稹作《莺莺传》李绅便作《莺莺歌》。宋元间产生的诸宫调、戏文、杂剧等，都是韵散结合的文体，是变文形式的发展。至于以唱为主的宝卷、弹词、大鼓词等民间通俗文学作品，更是变文的直接继续。如《香山宝卷》、《鱼篮宝卷》、《目连三世宝卷》等，宣传佛教故事，作用正与变文相同。

唐代僧徒的讲唱世俗故事，又影响唐人的说话。元稹说白居易“尝于新昌里说‘一枝花话’，自寅至巳，犹未毕词。”这“一枝花话”的题材，正是白居易弟弟白行简所写的传奇小说《李娃传》。

由唐人“说话”再发展宋代的“话本”，这是白话短篇小说的开端，元明清以后，才出现章回小说。

第五，佛教对于戏曲方面的影响，也是不可忽视的。这主要表现在两个方面。一是佛教故事被引入戏剧，如金院本有《唐三藏》，元杂剧有吴昌龄《西游记杂剧》，明杂剧、传奇有《双林坐化》、《哪吒三变》、《观世音修行香山记》、《观世音鱼篮记》、《目连救母劝善戏文》等;杂剧中的有些情节,也取自佛经,如元杂剧《沙门岛张生煮海》,有类于晋译《佛说堕海者著海中经》所述佛与五百力士入海求珠故事;李行道《包侍制智勘灰阑记》,与北魏所译《贤愚经·檀腻𩋾品第四十六》所记阿婆罗提目结案故事相仿。二是佛曲对于戏曲音乐的影响。佛曲是佛教徒在举行宗教仪式时所歌咏的曲调,这种曲调自曹魏时期陈思王曹植在东阿县制成鱼呗后,历代均有所发展,到唐代已有几十种之多,据陈暘《乐书》记载,当时的“胡曲调”有“普光佛曲”、“弥勒佛曲”、“阿弥陀佛曲”、“观音佛曲”、“烧香佛曲”、“观法会佛曲”等二十六种曲调。中国的僧徒制造佛曲,自然免不了受中国传统的音乐曲调的影响,但佛曲的广泛流行,又必然要反过来影响传统的戏曲音乐。

第六,中国古代的语言文字,从日常用语到常用典故,不少源自佛经,如“天女散花”、“现身说法”、“天龙八部”。“口吸西江”、“井中捞月”、“一切皆空”、“隔靴搔痒”、“拖泥带水”、“五体投地”、“大慈大悲”、“六根清净”、“功德圆满”、“心猿意马”、“快马一鞭”、“骑驴觅驴”、“冷暖自知”、“唯我独尊”、“立地成佛”等等。唐宋以后,许多诗客词人常常用这些典故和语言入诗入词,赋予新的含义,使人读来别有情趣。如苏东坡的“溪声便是广长舌,山色岂非清净身”;李商隐的“昔去灵山非拂席,今来沧海欲求珠。楞伽顶上清凉地,善眼仙人忆我无?”“苦海迷途去未因,东方过此几微尘;何当百亿莲花上,一一莲花现佛身”;黄庭坚的“张了耽酒语蹇吃,闻道颍州又陈州。形模弥勒一布袋,文字江河万古流,”龚自珍的“小别胡山劫外天,生还如证第三禅。台宗悟后无来去,人道苍茫四十年。”等等。

以上我们主要谈佛教与中国古代文学艺术的关系，俗语说，尝一滴而知海味，从这个侧面，我们可以窥探到宗教对古代文学艺术的影响。现在看来，说不懂得佛教，就无法写出一部科学的文学史、艺术史，一点也不夸张。同样，不懂得人类历史上的宗教，世界文学史、艺术史也根本无法写。

第四节 宗教与道德

宗教的社会功能和历史作用还表现在它对人类社会的另一种意识形态——道德有着深刻的影响。如果说，宗教对于哲学、科学、文学艺术的影响，往往只是局限于人类文化的某一个侧面，那么，宗教对道德的影响则更具有社会的性质——因为宗教与道德都是一种普遍的社会现象，因此二者的联系十分广泛，而且经常相互影响，宗教既影响道德，道德也影响宗教；宗教既有与道德相协调、相一致的一面，也有与道德相对立、相斗争的一面。所以会出现这种情况，是因为宗教与道德之间既存在某些内在的联系，又有着一些原则的区别。

一、宗教与道德的联系与区别

对于宗教与道德的相互关系，人们往往追溯到它们产生的源头。在二者的起源问题上，宗教界、学术界存在着两种不同的或者说正相反对的看法：一种意见认为，宗教先于道德存在，道德植根于宗教；另一种意见认为，道德是比宗教更古老的一种社会现象和意识形态，远在宗教产生之前，早已存在某些作为调整原始氏族内部相互关系的道德观念和行为规范。

例如，历史上有不少神学家、宗教学家和哲学家就认为，道德是“神的意志决定的”，是上帝或神借助于某种“启示”，通过圣人或皇帝定下来的规矩。没有宗教的神灵，就没有道德的产生与存在。古希腊哲学家柏拉图就说，道德是神把善的理念放到人的灵魂中的结果，由于人的灵魂不同，等级不同，由之产生不同等级的道德；中国汉代的神学家董仲舒也把封建的道德规范说成是出于上天的意志；所谓“王道之三纲，可求于天，天不变，道亦不变。”在神学统治的中世纪，神学家们几乎都把道德的根源归诸宗教，即便是已经进入现代化的今日西方，仍有不少宗教学家把宗教看成是伦理学的基础。但是，在西方哲学界以及前苏联学术界，不少学者从另外一个角度对宗教与道德的起源进行了深入的探讨，他们认为，在人类早期的历史上，道德的产生早于各种原始形式的宗教，理由是，人类刚出现时，面临的最大问题是生存问题。原始人为了生存，首先得调整好内部关系，只有这样，才能更有效地同大自然与野兽进行斗争，这种氏族社会各成员之间的共同劳动和合作关系，使原始人逐渐产生责任、守信、荣辱、善恶等观念。因此，最初的道德观念的产生，完全是原始人在求生存的劳动过程中自然而然形成的，无须借助于任何宗教信仰。

马克思主义的历史唯物主义认为，宗教与道德都是社会意识形态的一种，都是一定的社会历史条件下的产物。在它们之间，不存在谁决定谁的问题。如果说，人类学、考古学和比较人种学的大量研究成果业已表明，宗教作为一种社会历史现象，它是人类发展到一定历史阶段的产物，那么，考古学、民族学、民俗学和文化人类学的许多资料也早已证明，道德作为一种意识形态，同样是人类在长期社会实践中逐步形成的。在远古时代，当人脱离了动物界以后，就在同大自然的斗争中逐项形成劳动的集体，为了协调和调整劳动集体各成员之间的相互关系，道德就以萌芽的形式产生了。随着社会分工的出现，各成员之间以及各成员与劳动集体之间在利益方面的矛盾就日益明显起来，于是，在原始人群中，逐渐产生调整个人利益之间以及个人利益与集体利益之间相互关系的自觉要求，因之逐步形成最原始的道德意识、道德信念、道德感情等。由于这些道德意识、信念和感情在原始人的社会实践中，经常能起着协调行动、解决矛盾的作用，因此，逐渐变成一种习惯而成为人们共同遵循的行为准则。这就是人类最早的道德意识、道德规范的产生和形成的过程，其中，既没有神的“启示”也没有宗教的痕迹。因此，说道德植根于宗教是毫无根据的。

实际上，不仅道德的起源无须以宗教为基础，而且道德在其往后的发展过程中，与宗教也是相对独立的两种意识形态，它们在思想内容、表现形式、社会作用等方面都存在着重要的区别。

首先，与宗教比，道德对社会生活的反映更真实和直接。

其次，道德与宗教的另一个不同点是，道德的产生先于宗教，当人类摆脱动物界并开始意识到自己同他人的关系时，道德意识就自然而然地产生了，而这时的人类还没有任何神灵观念和宗教意识。许多研究资料表明，没有宗教的人类共同体是可能存在的，而没有道德的人类共同体则是不可能存在的，因为任何共同体的生活都必须有全体成员共同遵循的行为准则。普列汉诺夫说：“在道德观念同神的存在的信念相结合的过程开始以前，道德就已经产生了”。[①]

第三，道德与宗教的社会作用不同。在原始社会，宗教主要用以处理原始人与某些超自然力的关系，原始人往往通过巫术或祈祷的方式祈求超自然力的恩赐与护佑，对人的社会关系很少注意；道德则不然，原始社会的道德主要借助于社会舆论与传统的力量，调整人与人之间以及人与社会之间的关系。

总之，宗教与道德作为两种不同的意识形态，之间是存在着明显差别的。当然，这些差别并不是绝对的，例如，在阶级社会里，道德与宗教之间就有着明显的共同点，二者都带有鲜明的阶级性，都是为本阶级的利益服务。原始社会里的宗教与道德之间也存在着多方面的密切联系。虽然从时间上说，原始宗教后于原始道德产生，但原始宗教产生之后，就以各种观念对原有的风俗习惯作出神秘的解释，从而强化了原始道德的社会作用。例如，许多原始部落都有杀婴和弑亲的风俗。这种道德观念主要根源于当时的物质生活条件。原始部落极其低下的生产力水平和动荡不定的游猎生活，一个家庭不可能同时哺育许多幼儿和老弱病残者。因此，杀害某个婴儿被认为是为了让别的婴儿得到生存，杀死丧失劳动力的老人是为了使社会劳动力得到保障。原始宗教的灵魂不死的观念出现之后，杀婴和弑亲的风俗得到更完善的解释：杀死婴儿，只是推迟了婴儿的出生而已，他的灵魂可以回到管生育的神灵那里再次安排投胎出生；杀死老人，他们的灵魂照样活着，而且可以回到祖先那里同死去的亲友团聚。这种解释实际上从宗教的角度

① 《普列汉诺夫哲学著作选集》第3卷，第344—345页。

论证了某些原始道德规范的合理性，从而使得这些道德规范更有效地发挥作用。再如原始社会的祖先崇拜、图腾崇拜与作为增强原始部落内部团结的某些道德观念和道德规范之间，也存在十分密切的联系。另外，宗教中的有些禁忌、戒条等，也常常与社会上的一些道德观念和道德规范相通。例如，“不要娶自己的亲人为妻”这类宗教禁忌，与禁止氏族内部或胞族内部通婚的道德规范就有相通之处。至于像“不偷盗不邪淫”这类戒条，更是各种社会的一种带普遍性的社会公德。可见，宗教与道德之间虽然存在着许多明显的区别，但也存在着多方面的密切联系。这种联系的内在根据是，宗教虽然所关注的是彼岸世界，但它的内容在人间；它所处理的虽然是人与神的相互关系，但这种关系本身就是现存社会关系，包括人与人关系的反映。

二、宗教对道德的影响

宗教与道德的联系，为宗教对道德的影响提供了内在的根据，正因为宗教与道德都植根于现实社会，都是现实的社会关系的反映，因此，宗教能对道德产生影响。例如，在原始社会，宗教和道德就分别从不同的侧面，来调整和处理人与人之间的相互关系。宗教可以用灵魂不死的观念来说明杀婴、弑亲等现象并非不道德。进入阶级社会之后，宗教更为各种统治阶级的道德披上神圣的外衣，把统治阶级的道德说成是神的旨意，是代表全体社会成员利益的全民的道德。例如，在奴隶制时代，宗教为奴隶主阶级的道德披上神圣的外衣，为奴隶主阶级对奴隶的各种残酷压迫和野蛮的统治作辩护。当时的神权是奴隶主阶级的专有物,他们往往把自己打扮成神的化身,上帝在人间的代理人,因此,维护他们的利益和统治,就是维护上帝的旨意,因而是“天经地义”的,于是,各种名目繁多的人殉人祭,诸如祭某神要杀奴隶当祭品,某个奴隶主死了,要多少奴隶殉葬等等,也被认为是“合乎道德”的。至于在被称为“信仰的时代”的中世纪,道德更被合并到神学中去了,成为神学的一个分支,其时,宗教几乎成了全社会的道德规范。这种宗教道德从表面上看,是把服从上帝作为衡量人们一切行为的道德准绳,实际上,它所服务的,是封建地主阶级。

资本主义社会的宗教道德,仍然是为资产阶级利益服务的。罗马教皇列奥八世于1891年的文告中,要信徒们坚信,私有制和人剥削人的现象是自古就有的,并将永远存在下去,甚至说:“上帝创造世界,就是要使一些人成为工人,另一些人成为老板。”因此,“任何想减少底层人民穷困的意图都必须从一个根本原则出发,则不应该触动私有制”。1931年,另一位教皇庇护十九世,在其《致工人及雇主》的特别文告中呼吁:“工人们要毫无怨言地接受神给他们安排的位置”。凡此种种,都表明资本主义时代的宗教道德是为维护私有制和资本主义制度服务。

在阶级社会中,由于宗教能够给统治阶级的道德罩上神圣的光圈,把统治阶级的道德打扮成“全民的道德”,所以历代统治阶级和许多神学家都竭力宣传和扩大宗教对道德的作用。他们声称上帝是道德的师表和立法者。一个人如果不信上帝,那他就失去了约束自己不去做坏事和犯罪的内在力量,而信仰宗教,则可以制约产生任何罪恶欲念并有足够的精神支柱。因此,他们说:“宗教能使人更有道德”,宗教已成了最有普遍意义的道德准则，也许成了人类最大幸福的源泉”。

指出在阶级社会中宗教道德具有鲜明阶级性同时，丝毫不排除宗教的某些教义与戒条在某些信徒身上能产生积极的作用。历史上和社会上有些宗教徒的行为和人格十分感人，他们把见义勇为、救死扶伤作为死后进入天堂的阶梯，并且在神灵无所不在、无所不知的思想支配下，无论在什么时候，什么场所都严格要求自己，这在客观上对于调整人与人之间的相互关系是有某种积极作用的；有些信徒在“多做善事，诸恶莫作”的思想影响下，积极地、无代价地从事各种社会福利事业，如赈灾救难、收养孤儿、植树造林、架桥铺路等，受到社会舆论的赞扬称道；有些信徒恪守“不妄语”、“不可作假见证诬陷人”的戒条，宁愿自己吃苦受难，也不诬陷他人，这种为人品格，无疑是应该赞扬肯定的；特别是在外敌入侵国难当头的时候，许多宗教界人士也常常有出色的表现，他们或暗中支持人民抗战，或公开号召教徒投身救亡运动，这些当然与爱国主义的品德是相一致的。凡此等等，我们都应该实事求是地给予历史的肯定，而不应该对他们采取虚无主义的态度，一概否定。

三、宗教的道德化与宗教道德的抽象性

鉴于宗教与道德之间存在着广泛的、密切的联系，鉴于宗教对道德能产生多方面的重大的影响，历史上的许多神学家和统治者都千方百计地把宗教与道德挂起钩来，一方面使宗教道德化，另一方面使道德宗教化，这种倾向在近代的西方社会表现得尤为明显。

进入近现代之后，由于自然科学的发展和社会生活条件

的变化，加上科学社会主义及各种科学思潮的出现，宗教受到了来自各方面的冲击，传统神学面临着信仰的危机，为了适应形势的变化，延续宗教的存在，教会也纷纷表现出“改革”的姿态。他们尽力使自己“现代化”、“世俗化”，去掉过时的观念，创立各种与现代科学技术与社会生活条件相适应的新理论。这种情况正如英国伦理学家宾克莱所指出的，神学家们已经意识到，传统的宗教再不能按古老的方式宣传下去了，“如果宗教要对现代人有任何价值，它必须适合他们生活环境的需要”[①]。为适应现代西方的社会环境，基督教方面主要发生了这样一些变化：

首先是作为宗教基础与核心的“神”的观念发生了很大的变化。从 20 世纪开始，特别是五、六十年代以来，无论是天主教，还是新教各教派的神学家们，都力图用“新的世界观”，用现代科学知识，来建立新的上帝和神的观念。他们不再宣传人格神的上帝和能创造一切、主宰一切、超然于世外的万能的上帝，而是把神抽象化为“绝对的实体存在”（如新托马斯主义的实在论），或“存在的根据”（如保罗·蒂利希的存在神学）。有的人甚至公开宣称“上帝已死”，并把耶稣当作人效法的榜样。新教神学家保罗·蒂利希认为，宗教就是被一种“终极关怀紧紧把握住的状态”，而这种关怀本身就包含着对人生意义的解决。[②] 一些世俗神学家更进一步认为，在当今时代，无论是以传统的《圣经》方式还是以新的“形而上学”方式谈论上帝，都是不可能，因此主张用现世范畴取代宗教范畴。他们或提出：在现代科学技术的威慑下，上帝已“不在场了”，“隐遁了”，“消

① 宾克莱：《理想的冲突》商务印书馆 1983 年版，第 287 页。
② 保罗·蒂利希：《基督教与世界宗教的遭遇》，第 4 页。

失了";或认为,由于现今人类已经成熟,即长大成人了,因此作为"父亲形象"的上帝已经死了。现世的人只能依靠现实社会来满足自己的需要,解决自己的问题,而不能再依靠上帝。这样,在世俗神学家那里,神已不再是先验的彼岸的东西,而是现实社会中人与人之间的关系,因此,他们的神学已不是对神的存在的论证,而是把重点放在人的社会生活上,放在宗教伦理学上。

第二,宗教的研究对象及内容也发生了明显的变化,从注重对宗教教义的论证,变为重视现实社会生活中的道德问题。不管是新教各教派还是天主教罗马教廷,都开始不同程度地关心世俗生活,特别是注意对当代社会的伦理道德问题的探讨,并利用现代科学技术成果去解释道德问题。各教派的神学家、宗教哲学家吸收了现代自然科学的成果(如生物学、进化论等)以及社会科学的某些理论(如实用主义、存在主义、现象学、精神分析法等)去解释基督教义和基督教道德,创立新的学说,使之适合西方世界人们精神生活的需要。现在西方的教会及神学家,特别关注战争与和平、家庭与婚姻、异族与种族等社会问题,并且把精神病、自杀等现象也都当作道德问题,认为只有依靠道德才能解决。教会为了解决家庭婚姻问题,常常与医生和精神分析家合作,也有些医生在教会的影响下,宣传宗教治疗法的价值。许多西方学者认为,宗教、医生、教育工作者的联合,是 20 世纪道德运动的重要成就。在这种情况下,宗教研究的对象已不再只是人与神的关系,而往往是实实在在的人与人之间的关系,即现实的社会道德问题。同时,伦理学研究受到神职人员的重视,并出现了以神学家为领导,有科学家、医生、律师等参加的伦理学研究中心,如美国的生命伦理学研究中心。

第三，特别强调宗教道德在现实社会中的作用。在现代西方随着宗教的“现代化”、“世俗化”，宗教不再把主要精力集中于彼岸的天国，而重视人的现世生活的意义；不再只重视对上帝永恒的道德戒条的遵守，而开始考虑人的个性发展和意志自由。为适应现代西方社会生活的需要，社会统治阶级和教会力图把宗教道德当作维护现存社会制度的精神支柱。新托马斯主义者乔治·柯洛宁认为，社会问题主要是道德和宗教问题，因此，要改善社会生活秩序，就必须巩固和加强基督教的道德原则；许多天主教和新教的神学家都认为，西方社会的道德危机，不是资本主义制度的产物，而是由于人的“原罪”，由于人的真实本质的“外化”，或是由于人们不信仰上帝，宗教感情淡漠的结果。因此，教皇保罗二世宣称，要“凭借那种公认为属于教会的道德权威，来帮助我们拯救受威胁的文明，来帮助我们对世界进行改造，来帮助新的秩序的降临”。①

值得一提的，现代西方有不少颇有成就的自然科学家也十分注重宗教在道德中的地位，并极力夸大宗教道德的作用，如诺贝尔物理奖获得者海森堡认为：“宗教是伦理学的基础，而伦理学则是生活的先决条件”。② 量子力学的创始人普朗克也说：“人需要自然科学是为了认识（世界），而人需要宗教则是为了行动”，宗教是“行动的准绳”，是“衡量事物价值的尺度”；相对论的创始人爱因斯坦则提出，只要把宗教中的上帝和神灵去掉之后，宗教“所留下来的就是培养道德行为的最重

① 约翰·保罗二世：《人类的救世主》。
② 海森堡：《科学真理与宗教真理》。

要的源泉”。[1] 他把“普遍的道德观念同宗教结合起来”，看成是人类最初的精神力量的来源，[2]认为宗教的目的就是通过宗教的美德向人类灌输“爱的教育”、“真善美的教育”和理性的教育，从而提高人们的道德水准，改造人类社会。

我国的宗教，近一个历史时期来，也出现一种伦理化的趋势，其中，尤以基督教为最明显。在教堂的礼拜中，牧师的讲道常常劝导教徒在世要“作光作盐”，即在社会上要有良好的道德行为。基督教有关组织出版的《讲道集》，1984 年共登出 35 篇讲章，涉及这方面内容的便有 11 篇。在社会生活各个领域，基督教也向教徒宣传宗教道德，在家庭道德方面，基督教的教规规定教徒应严肃对待婚姻和家庭问题，并在家庭成员之间、邻里之间实行和睦共处；在职业道德方面，基督教教义认为，教徒的工作与劳动是神所安排的天职，必须努力做好，才能讨得神的喜悦，因此，各级基督教组织鼓励教徒要努力做好自己的本职工作；在社会公德方面，基督教强调“爱人爱己”，鼓励教徒在社会上要互助友爱，积极参加各种社会福利事业。基督教认为，教徒的道德行为是在为神“作见证”，教徒有好的道德行为，在今生能达到“荣神益人”的目的，来世还可以获得神的奖赏。

总之，宗教的道德化是当今宗教发展的一个重要趋势，所以会出现这种趋势，主要是因为把宗教道德化有助于发挥宗教的诸多社会作用和教会的诸多职能。任何社会的道德都具有阶级性与非阶级性即全民性的两方面的内容。某些道德规范的这种全民性质，为神学家提出具有“超历史”、“超阶级”、

---

①② 《爱因斯坦文集》第 3 卷，第 294 页、156 页。

"绝对性"、"永恒性"的宗教道德创造了条件。因此,历史上的神学家总是把宗教道德说成是适合一切历史时代,适合社会上的一切人(包括相互敌对的阶级)的超历史、超阶级的抽象的道德规范。

实际上,一切宗教道德都具有特定的时代性和阶级性,而且从宗教方面说,不同的宗教,往往有不同的宗教道德。例如,佛教主张不杀生,而基督教与伊斯兰教则没有这一道德戒条;佛教规定出家教徒不能结婚,天主教也规定神职人员不能结婚,但基督教新教则允许教徒有配偶;天主教、新教规定只能有单一配偶,而伊斯兰教则允许男子可同时娶数个妻子,等等。实际上,不但不同宗教有不同宗教道德,而且即便是同一宗教、不同教派、不同地区,具体的宗教道德也多有不同。可见,把宗教道德说成是超历史、超阶级的永恒的道德规范,显然是缺乏根据的。

按照历史唯物主义的观点,宗教与道德作为两种社会意识形态,它们都是一定社会物质条件、一定社会生产关系的反映它们的产生,是人类社会发展的产物,它们的发展,受着社会历史条件的制约,它们的内容,深深地扎根于人类的现实生活之中。宗教道德作为人类道德发展史上的一种特殊形式,它将随着人类社会的发展而发展,随着物质条件的变化而变化。

第六章　宗教与社会主义社会

宗教作为一种社会意识形态，它是特定社会历史条件的产物，并将随着社会历史条件的变化而不断变化，这是历史唯物主义的一条基本原理。进入社会主义社会以后，由于社会之政治制度、经济条件、文化背景等发生了一系列深刻的变化，宗教自然也会相应地发生许多变化，其中那些不适应社会主义社会或与社会主义社会明显对立的东西会逐步被淘汰，而那些与社会主义社会相适应的东西会将不断得到发展——这是一个不以人的主观意志为转移的客观规律，是一个自然而然的历史发展过程——因为，根据历史唯物主义的基本原理，理论(其中包括宗教在内的一切意识形态)在一个国家的实现程度，最终决定于理论满足这个国家的需要程度。

这里有一个问题，亦即以往的宗教都产生于旧的社会历史条件，是旧时代的产物，进入社会主义社会之后，它能够与新的时代相适应吗？如果能适应，其根据何在？以下拟对这个问题做一些力所能及的探讨。

第一节　宗教与社会主义社会相适应问题

毋庸讳言，作为一种世界观，举凡宗教，多属唯心主义，这与以辩证唯物主义为理论基础的社会主义是截然不同的，有时甚至是对立的，但这种差别与对立并不妨碍宗教能够与社会主义社会相适应，这是因为，无论在哪一个时代，社会意识形态都不可能是纯粹单一的，而是多样并存的，尽管有些意识形态是附属的、非主流的，有些意识形态居于统治地位，是社会的指导思想，但是，不管哪一种意识形态，如果它想得到生存并企盼获得进一步的发展，它就必须与当时的社会相适应。社会主义时期的宗教亦然，虽然它已不是社会的主流思想，但作为一种社会意识，丝毫不妨碍它能够并可以与社会主义社会相适应，这是其一。

其二，我国建国以后的数十年历史事实证明，在社会主义社会里，广大的信教群众是拥护共产党，热爱祖国，热爱社会主义的，是可以也能够同广大人民群众结成广泛的爱国统一阵线，积极地建设为社会主义强国而共同奋斗的。正如周恩来同志曾经指出的，“现在我们只把宗教信仰肯定为人民的思想信仰问题，而不涉及政治问题。不管无神论者，还是有神论者；不管唯物论者，还是唯心论者，大家一样拥护社会主义制度”。①在党和各级政府的领导下，广大教徒积极投身社会主义建设事业，为祖国的繁荣和昌盛作出了自己的努力。周恩来同志曾经举了一例子，他说：“我曾遇过这样的医生，技术是第一流的，是为社会主义服务的，但脑子里有上帝，这并不妨碍他为社会主义服务。”②这种例子在社会上屡见不鲜。许多信教的工人、农民、知识分子，并不因为他们信仰宗教，就影响了他们的劳动和工作，事实上，这些人在各自的工作岗位上多是勤勤恳恳、兢兢业业的，都在不同的领域和部门为社会主义大厦添砖加瓦。“不信仰宗教的人应当尊重信仰宗教的人，不信仰宗教的人，和信仰宗

① 《周恩来选集》下卷，第 267 页。
② 《周恩来选集》下卷，第 333 页。

教的人都可以合作。”[①]“他们思想上还有宗教信仰这并不妨碍我们整个人民民主统一战线的扩大和团结，并不妨碍我们祖国的社会主义建设。”[②]

第三，在社会主义时期，某些宗教道德与社会主义道德之间不存在根本性的矛盾，尽管二者的出发点，内涵和旨归不同，但在一定范围内是可以相互协调的。如各种宗教几乎都有不偷盗、不邪淫、尊敬长者、帮助弱小等戒律，这些戒律就其目的说，是“修来世”的，属于宗教道德的组成部分，但就其具体内容而言，与社会公德是相一致的；再者，举凡宗教，多提倡忍耐、饶恕、平等、博爱。如佛教讲“忍辱”，伊斯兰教讲“服从”，基督教讲“爱人爱己”；在社会的主要矛盾主要是人民内部矛盾的社会条件下，这些道德规范无疑有利于解决人民内部矛盾；还有，在一些案件中，在一些社会生活问题上，有些宗教界人士本着“不妄语”、“不可作假见证陷害人”的宗教戒条，宁可自己受苦受难拒绝编造谎言“检举揭发”他人或作伪证诬陷他人，这种行为无疑是值得称道的；在社会调查中，还发现一些宗教信仰者家庭，由于受着宗教道德的影响，比较妥善地处理婆媳、夫妻、妯娌之间的关系，颇受邻里及社会舆论的赞扬。

第四，社会主义时期的宗教界能够积极参加社会公益事业，为社会主义的物质与文化建设服务。很多宗教都把“诸恶莫作”、“多做善事”作为进入“天堂”、“佛国”的必要条件。在社会主义社会里，宗教界所做的许多“善事”与人民群众的利益是一致的。例如，一些宗教团体和宗教信徒集资修桥造路，举办社会福利事业，为残疾人募捐，举办文化补习班，保护文物，

---

① 《周恩来选集》下卷，第270页。
② 《周恩来选集》下卷，第401页。

绿化山林等等，这些“善事”对社会主义事业无疑是有利的。我国古代的许多文化遗产，如石刻、雕塑、壁画、经书等，多保存在宗教的寺庙宫观之中，解放以后，广大宗教徒在保护这些文化遗产方面是有积极贡献的；再者，中国古代宗教有一个特点，多喜欢占据名山大川，所以有“天下名山僧占多”一说，解放以后，佛教徒在这些名山中做了大量植树造林工作，绿化了祖国的山林。例如，福建省宁德县金贝寺的僧人，近几年来就植树造林十二万多株；霞浦县香阁寺的佛徒，仅1983年就造林二百五十余亩，被评为县林业先进单位；柘荣县福泉寺的和尚，逐年造林一千多亩，寺庙周围变成了绿色长城，1983年被评为地区林业先进单位。浙江省天台山国清寺的僧人，在保护山林方面，更有许多动人事迹，他们把山林看成是“全体人民的财富”，认为保护这些山林，“就是最大的善事”，因此，对这些山林日夜巡逻，精心护卫，使得今日的天台山古林参天、层林叠翠。

此外，建国以来的宗教界在发展国际交往、促进中外文化交流、维护世界和平等方面也做出了一定的贡献。

从以上几个方面看，社会主义时期的宗教确实在许多方面发生了根本性的变化，出现了许多与社会主义社会相适应的现象。之所以会出现这种现象，其中最主要的原因是：

第一，在社会主义社会里广大的宗教信徒是爱国的，拥护社会主义制度的，这是宗教与社会主义的关键所在。

中国人民，包括信仰群众在内，有爱国主义的优良传统，特别在外敌入侵，国难当头时，这种爱国主义表现得尤其突出。例如在抗日战争与抗美援朝期间，宗教界的许多人士都有杰出的表现。新中国成立以后，广大信徒群众从实践中体会到，只有社会主义才能救中国，因此，衷心拥护中国共产党的领导，衷心拥护社会主义制度，提出了“爱国爱教、荣神益人”等口号，与全国人民一起积极投身于社会主义事业。

第二，党和国家对宗教采取正确的政策，这是宗教与社会主义社会相适应的重要保证。

宗教与社会主义社会相适应不是一个“自然而然”的过程，无产阶级政党对社会主义国家的有关政策，特别是宗教政策的正确与否，对二者的是否能相适应有时具有决定性的作用。解放以来，由于党和国家对宗教采取了一系列正确的政策，其中包括把一般的信仰群众同宗教界的败类区分开来，把宗教信仰作为思想认识问题的“个人的私事”，群众有宗教信仰的自由，建立广泛的爱国统一战线等等，使广大宗教徒消除不必要的思想顾虑，调动广大信徒建设新中国的积极性。虽然在某些历史时期由于极左路线的干扰和破坏，党和国家的宗教政策受到很大歪曲，但后来都由执政党自身纠正过来，这就为广大信教群众团结在党的周围，为四化建设奋斗创造了条件。

第三，剥削制度的废除，宗教信徒与广大人民群众之间不存在根本的利害冲突，这是宗教与社会主义社会相适应的基础和根据。

由于社会主义社会消灭了人压迫人，人剥削人的现象，社会主义国家中的广大人民群众，包括信教与不信教的，唯心论者与唯物论者，都成为社会的主人，他们的现实利益是一致的，不存在根本的利害冲突。列宁曾经指出：“被压迫阶级为创造人间天堂而进行的这种真正革命斗争的一致性，要比无产者关于天堂的意见的一致性更为重要。”正是现实政治经济利益的一致性，为信教群众与不信仰宗教群众结成统一战线，为宗教与社会主义社会相适应提供了现实的可能性。

此外，在宗教与社会主义社会相适应问题上，除了能否适应问题外，还有一个要否适应问题。而要否适应问题中又有"要我适应"？还是"我要适应"问题。

有一种看法认为，宗教与社会主义社会相适应问题，主要是因为政府、国家要求宗教必须与社会相适应，因此，宗教不得不去适应，完全是一种被动、乃至被迫的行为。诚然，无论是哪个时代的当权者，都希望当时的意识形态能与社会相适应，以利于社会的稳定与发展，但这仅仅是事情的一个方面；事情还有更为重要的一方面，这就是无论是哪一种意识形态，如果它企图在特定的历史条件下能够生存下去并不断取得发展，那它自身首先就有一个如何适应其所处的时代的问题，道理很简单，整个人类社会的历史发展表明，各种意识形态（此中当然包括各种文化乃是各种宗教）在历史上的盛衰兴亡，完全遵循"适者生存"的原则，能够适应，与社会需要相一致，与社会的发展相协调，它就能得到生存和发展，反之，即便是统治者如何加以扶持，它最后还是难逃失落、衰败的命运。从这个意义上说，宗教与社会主义社会相适应问题，与其说是"要我适应"，勿宁说是"我要适应"——因为从归根结底有意义上说，能否适应时代的需要，乃是宗教能否继续生存和不断取得发展的根据所在。

第二节　社会主义时期党的宗教政策

由于社会主义社会是一个长期存在的、复杂的社会现象，能不能正确处理好宗教问题，直接关系到社会主义事业的成功与否，因此，对于宗教问题，一定要采取十分慎重的态度。既要有一个正确的宗教政策，又要使这种政策得到认真的贯彻执行，这样才能保证社会主义事业的顺利进行。

我国是一个多民族、多宗教的国家，有些宗教甚至是全民族的共同信仰，如藏族、蒙古族群众基本上都信仰藏传佛教；回族、撒拉族、哈萨克族群众基本上都信仰伊斯兰教。汉族是一个大民族，有些群众信仰佛教、道教；有些群众信仰天主教、基督教。宗教在我国人民的社会生活和精神生活中至今仍占有一定的地位，因此，党和国家历来十分重视宗教问题，制定了一系列的宗教政策，这些政策最核心的东西，就是我国2018年通过的宪法明确规定的“公民有宗教信仰自由。任何国家机关、社会团体和个人不得强制公民信仰宗教或者不信仰宗教，不得歧视信仰宗教的公民和不信仰宗教的公民”。

所谓信仰自由，主要有这样一些含义：每个公民既有信仰宗教的自由，也有不信仰宗教的自由，有信仰这种宗教的自由，也有信仰那种宗教的自由；在同一宗教里，有信仰这个教派的自由，也有信仰那个教派的自由；有今天信仰明天不信仰的自由，也有今天不信仰明天信仰的自由，等等。

尊重和保护信仰自由，这是党和国家长期的基本的政策。过去如此，现在也如此，将来只要有人信教，也将仍然如此。

早在民主革命时期，信仰自由就是我党的一项重要政策。在《红军长征时期的民族政策》中，就明文规定：“念经敬佛当喇嘛听其自愿”，“准许人民信菩萨，不愿当喇嘛的准许还俗”，“反对强迫信教，强迫当喇嘛”。“不论土司、头人、活佛、喇嘛，不论夹马模、阿訇……都可以联合共同奋斗”。抗日战争前夕，中华苏维埃中央政府在《对回族人民的宣言》中明确规定："我们根据信仰自由的原则，保护清真寺，保护阿訇，保护回民信仰的绝对自由。"在延安时期，毛泽东同志在《论联合政府》的报告中对信仰自由的政策作了系统的阐述，指出："根据信仰自由的原则，中国解放区容许各派宗教存在。不论是基督教、天主教、回教、佛教及其他宗教，只要教徒们遵守人民政府法律，人民政府就给以保护。信仰的和不信仰的各有他们的自由，不许加以强迫或歧视。"

解放以后，党和政府继续执行这一政策。1949 年公布的《中国人民政治协商会议共同纲领》等五十三条规定："各少数民族均有发展其语言文字、保持和改革其风俗习惯及宗教信仰自由"。1954 年公布的《中华人民共和国宪法草案》第八十八条规定"中华人民共和国公民有信仰宗教的自由"，在以后历次人民代表大会上通过的宪法中，都有宗教信仰自由的明确规定。

党的信仰自由的宗教政策，是马克思主义的宗教学说与我国实际情况相结合的产物，它既是公民宗教信仰的法律保证，又是我们做好宗教工作的主要依据。半个多世纪以来，正反两个方面的经验证明，这一政策是行之有效的，完全正确的。

诚然，共产党人及其所坚持的马克思主义是主张无神论的，并且要在人民群众中进行无神论的宣传。但是，共产党人同时也懂得，对待人的思想认识问题，对待精神世界的问题，特别是对待宗教信仰的问题，用简单的、强制的方法去处理，不但不会有收效，而且十分有害。因此，马克思主义者对待宗教问题历来采取既正面宣传，又尊重和保护信仰自由的态度。

在马克思主义创始人所处的时代。由于宗教是资产阶级维护反动统治的工具，因此，马克思、恩格斯、列宁一直十分重视对于宗教的批判和斗争，明确指出："我们应当同宗教作斗争。这是整个唯物主义的起码原则，因而也是马克思主义的起码原则。"[①]但是，马克思主义经典作家反对"抽象地提出反宗教斗争问题"，[②]认为"必须善于同宗教作斗争"。[③] 这种"善于斗争"，既指出在与宗教斗争的时候，除了"必须特别慎重"，不能伤害群众的宗教感情外，更强调应把对宗教的斗争"同消灭产生宗教的社会根源的阶级运动的具体实践联系起来"，[④]而反对用强制的、行政的手段来消灭宗教，反对"在任何情况下都要对宗教开战"，认为这些都是"最愚蠢的举动"。

在马克思主义经典作家看来，宗教信仰完全是个人的事，每个人应该有充分的自由。"每个人不仅应该有相信随便哪种宗教的完全自由，而且有传布随便哪种宗教和改信宗教的完全自由。哪一个当官的都管不着谁信的是什么教：这是个人信仰问题，谁也管不着。"[⑤]"每一个人都应当有可能实现自己的宗教需要，就象实现自己的肉体需要一样，不受警察的干涉。"[⑥]列宁、斯大林还把这种思想贯彻到苏联共产党的政策之中，指出："党赞成宗教信仰自由，赞成人们有信奉任何宗教的权利。"[⑦]可见，宗教信仰自由一直是马克思主义学说的一个重要组成部分，一直是无产阶级政党的一项基本政策。

① 《列宁选集》第 2 卷，第 378 页。
② 《列宁选集》第 2 卷，第 380 页。
③ 《列宁选集》第 2 卷，第 378 页。
④ 《列宁选集》第 2 卷，第 378 页。
⑤ 《列宁选集》第 6 卷，第 354 页。
⑥ 《马克思恩格斯选集》第 3 卷，第 23—24 页。
⑦ 《斯大林全集》第 2 卷，第 384 页。

以马克思主义为指导思想的中国共产党人，在长期的革命斗争实践及社会主义建设中，也一直坚持信仰自由的思想与政策。在民主革命时期，信仰自由的宗教政策帮助中国共产党人建立了广泛的爱国统一战线，为民主革命的胜利创造了条件；进入社会主义社会之后，党和政府一再强调实行宗教信仰自由的重要性，并在国家的宪法中多次作出明确的规定。毛泽东同志在《关于正确处理人民内部矛盾的问题》等著作中及对和平解放西藏的批示中，也反复指出："共产党对宗教采取保护政策，信教的和不信教的，信这种教的或信别种教的，一律加以保护，尊重其信仰。今天对宗教采取保护政策，将来也仍然采取保护政策。"①这一政策在调动广大信教群众的积极性，从而保证社会主义建设的顺利进行也作出了积极的贡献。

当然，应该看到，在我们党和国家的历史上，曾经出现过一些违背和破坏信仰自由的宗教政策的现象，其中尤以林彪、"四人帮"反革命集团企图用强制手段消灭宗教为最严重。在"文化大革命"中，林彪、"四人帮"极力鼓吹"全面专政"，打倒一切。在他们的指使和影响下，不少地方严重混淆两类不同性质的矛盾，粗暴干涉群众的宗教信仰和宗教活动，不少群众因信仰宗教而遭受歧视和迫害，有的还因为信教而被划为反革命分子判刑；有些地区，在所谓天主教是"地主党"、"帝国主义别动队"的口号影响下，把信教群众划为地主分子，实行"专政"；宗教界的许多人士也被打成"牛鬼蛇神"，成为"专政"对象；在林彪、"四人帮"的支持和庇护下，造反派们和一些不法分子到处砸寺庙、盗文物，不少重点文物保护单位被毁坏，国

---

① 《西藏致敬团对西藏地方政府僧俗官员和全体藏族僧俗同胞的广播词》。

家财产受到严重损失；在有些少数民族地区，一些宗教信仰和风俗习惯被看成是封建迷信，强行加以干涉或禁止，甚至强迫回民养猪吃猪肉等等。凡此种种，给我国的宗教工作造成极大的混乱和破坏。事实证明他们这么做不但没有把宗教消灭掉，相反，社会上有些人趁机挑拨离间，煽动宗教狂热，有些地区的宗教努力因此出现了比较大的反复。“文化革命”以后，有些地区的宗教有较大的发展，这在某种意义上说是对林彪、四人帮推行的极左路线的惩罚。正如列宁所指出的向宗教宣战“是提高人们对宗教的兴趣，妨碍宗教真正消亡的最好手段。”[①]

历史的和现实的，正面的经验和反面的教训都充分说明，信仰自由是对待宗教问题的唯一可行的、正确的政策。但是，这里我们碰到这样一个问题，社会主义国家是马克思主义为指导思想的，马克思主义是无神论，在世界观上与宗教是对立的，那么，为什么在社会主义社会还应该实行信仰自由的宗教政策呢？其理论和实践的根据何在呢？

首先，社会主义社会在相当长的一个历史时期内，宗教的存在是一个不依人的主观意志为转移的客观事实，共产党人是马克思主义者，当然不信仰任何宗教，但马克思主义者理所当然应是唯物主义者，唯物主义的起码要求是要尊重客观事实，因此，共产党人及其政党对宗教不应采取视而不见的态度，而应该正视它，正确对待它。

第二，宗教信仰问题，是思想认识问题。思想领域的问题，不论是正确还是错误的，是真理还是谬误，不能用强制的办法，行政命令的手段去解决。而只能采取说理的办法，宣传教

① 《列宁全集》第2卷，第376页。

育的办法去解决。加之，社会主义时期信仰宗教的绝大多数是劳动人民，宗教问题上的矛盾主要是人民内部的矛盾，对于人民内部的思想问题，尤其不能用压服、强制的手段去解决，这正如毛泽东同志在《关于正确处理人民内部的矛盾》一文中所指出的："对待人民内部的思想问题，对待精神世界的问题，用简单的方法去处理，不但不会收效，而且非常有害。""我们不能用行政命令去消灭宗教，不能强制人们不信教，不能强制人们放弃唯心主义，也不能强制人们相信马克思主义。"所以，只要还存在宗教，党和政府就只能实行信仰自由的宗教政策，让人民群众自己去决定是否信教问题。

第三，宗教具有群众性，在有些地区，宗教问题又往往与民族问题交织在一起，有些宗教是全民族的共同信仰，它与该民族的风俗习惯等紧密地结合在一起，宗教问题是否处理得当，对于国家安定和民族团结，常常具有不可忽视的重要意义，因此，对于宗教问题一定要采取极其慎重的态度。

第四，宗教具有国际性，对待宗教信仰问题，不仅要从我国的实际出发，而且要着眼于世界，从国际形势、世界现状出发。在当今世界上，宗教在各国人民的社会生活中占有重要的地位，有些国家还把某一宗教定为国教，宗教的动向，往往对这些国家政治形势和对外政策具有重要的影响。同时，我国现在几个比较大的宗教与世界各国的宗教组织及信徒有着广泛的联系，坚持信仰自由的宗教政策，对于加强各国人民的友好往来，增进各国人民的团结，反对霸权主义，维护世界和平，都具有积极的意义。

为什么要实行宗教信仰自由的政策，这在某种意义上说，是一个理论问题，而作为一种政策，更重要的在于实践，因此，如何正确贯彻执行这一政策，有时显得更为重要。

这里，有几个政策界限应该首先搞清楚。

其一，如何理解“宗教是私人的事情”？

列宁在《社会主义与宗教》一文中曾说过这样一句话：“应当宣布宗教是私人的事情”，“这句话通常是用来表示社会主义对待宗教的态度的。但是这句话的意义必须正确的说明，以免引起任何误解。就国家而言，我们要求宗教是私人的事情，但是就我们自己而言，我们无论如何也不能认为宗教是私人的事情。”①列宁在这里讲得很清楚，所谓“宗教是私人的事情”，主要是对国家而言，是指“国家不应当同宗教发生关系，宗教团体不应当同国家政权发生联系”，②亦即政教必须分离，宗教不得干涉行政、教育、婚姻等；是指作为国家公民，每个人都有信仰的自由，既有信仰宗教的自由，又有不信仰宗教的自由，但是对于共产党员来说，宗教信仰就不是“私人的事情”。

其二，如何区分宗教与封建迷信？

在现实生活中，常常出现这样两种情况：一是把正常的宗教活动误认为是封建迷信活动横加干涉、强行取缔；二是把封建迷信当成宗教，认为劝告、禁止封建迷信活动是“干涉公民的正常宗教活动”，“侵犯宗教信仰自由”，对于光天化日之下的大规模的封建迷信活动不闻不问。这两种做法无疑都是错误的，而其主要原因则是不能把宗教与封建迷信区分开来。

诚然，宗教与迷信是有一定的共同性的，例如，从思想本质上说，二者都相信和崇拜超自然、超人间的神秘力量，从理

①② 《列宁全集》第10卷，第63页。

论上说，二者都是唯心主义，但是，不能由此得出结论："宗教和封建迷信是一回事"，"一切迷信都是宗教"。实际上，宗教与封建迷信之间存在着严格的区别。

首先，宗教是一种世界观，对世界和人类本身有着一套完整的看法，并形成一种相对独立的思想体系；而封建迷信则主要是某些人自觉不自觉地利用它来谋取钱财的一种手段。

所谓封建迷信，主要指神汉巫婆、占卜算命、揣骨相面、风水阴宅、驱鬼治病、神水仙药、扶乩降神等。社会上从事这些活动的人，多是利用它来谋取钱财，有些"封建迷信职业者"，本身就知道这是骗人的，因而封建迷信的实质不是世界观问题，而是一种诈骗、剥削现象，因而党和政府对它采取坚决取缔的政策。我国刑法第一百六十五条还规定："神汉、巫婆借迷信进行造谣、诈取财物活动的，处二年以下有期徒刑、拘役或者管制；情节严重的，处二年以上七年以下的有期徒刑。"当然，不是所有搞迷信活动的人都是以骗取财物为目的，有些群众在婚丧嫁娶、建宅迁居的时候也搞些迷信活动，这种自发的迷信活动，由于不存在诈骗剥削的问题，因此属于一般的迷信思想和迷信活动，与封建迷信活动是两码事。对于这种迷信活动，一般应采取劝告、说服的办法，对于当事人则应进行科学普及和思想方面的教育工作。

其次，宗教特别是流传下来的几个较大的宗教，一般都有较完整的教义、经典、宗教制度、宗教仪式和较系统的宗教学说，它们定期进行宗教活动，有相对固定的宗教活动场所和较严格的教规，等等。封建迷信则不然，一般多是漫无组织的，即便有秘密的小型团体，也多是地方性的，有些甚至同反动会道门结合在一起，更谈不上有完整的教义、经典、规范化的活动仪式和系统的学说。

再次，从社会功能看，二者的作用也不同。历史上的宗教曾经在一定条件下起过某种积极作用，特别作为一种社会文化现象，宗教的历史作用是不可忽视的；在社会主义时期，宗教主要是思想认识问题，信教群众与广大人民群众之间不存在根本的利害冲突，在经济利益政治目标上是一致，因此，宗教能够与社会主义社会相适应。但是，封建迷信活动对社会则具有直接的、现实的危害性。如一些封建迷信职业者在进行迷信活动时大多是装神弄鬼、散布谣言。有些谣言一经传布，搞得人心惶惶，影响极坏；有些封建迷信职业者以驱鬼治病、消灾去祸为名，骗取财物及进行各种刑事犯罪活动。封建迷信活动对社会、对人民有百害而无一利。

其三，如何正确处理宗教信仰自由与国家对宗教活动进行管理的关系？

有人把宗教信仰自由与国家对宗教活动进行管理对立起来，认为既然宗教信仰是私人的事情，国家就无须对宗教活动进行管理，否则就会影响宗教信仰自由政策的落实。这种看法当然是不正确的。

首先应该明确，所谓国家对宗教活动进行管理，决不是用行政手段去对教徒的信仰和正常的宗教活动进行无理的干涉，而是通过适当的方式对信教群众和神职人员进行党的方针政策、法律知识、爱国主义等方面的教育，使他们能正确理解和贯彻党的宗教政策及其他的政策、法令，把宗教信仰与爱国守法结合起来，把个人的宗教生活、教派的利益和国家、民族的利益统一起来。同时，党和政府在生活上、工作上关心信教群众，尽量帮助他们解决生活上、工作上的困难，对他们正常的宗教活动提供方便,给予支持。显然,这种管理不但不妨碍宗教信仰自由,相反保证了宗教信仰自由。

其四,如何正确处理宗教信仰自由与宣传无神论的关系?

有人认为,要贯彻宗教信仰自由的政策,就不能宣传无神论,宣传无神论必然影响宗教信仰自由。这种看法显然是片面的。人们知道,宗教信仰自由包括有信仰宗教的自由,又有不信仰宗教的自由。信仰宗教必然要有宗教活动,如讲道、传教、念经、做法事等,这在某种意义上说,是在进行宗教宣传,宗教信仰自由的政策,保证这种正常宗教活动的自由。同时,不信仰宗教的人,他们也有权利去选择自己的信仰,其中包括信仰马克思主义,也有权利去学习和宣传马克思主义,宣传无神论,这同样是受国家的法律保护的,符合信仰自由政策的。因此,宣传无神论与宗教信仰自由政策,二者并不矛盾,而应该是统一的。

附　录

主要参考文献

《马克思恩格斯列宁斯大林论宗教》　中国社会科学院世界宗教研究所编

《宗教的本质》　〔德〕费尔巴哈著

《基督教的本质》　〔德〕费尔巴哈著

《古兰经》　马坚译

《新旧约全书》　中国基督教协会印

《弘明集》　僧祐编

《广弘明集》　道宣编

《伊斯兰教简史》　〔巴基斯坦〕赛义德·菲亚兹·马茂德著

《汉——唐佛教思想论集》　任继愈　著

《基督教史纲》(上册)　杨　真　著

《中国道教史》　傅勤家　著

《中国道教思想史纲》(第一、二卷)　卿希泰　著

《中国佛性论》　赖永海　著

《中国古代宗教研究》〔台湾〕　杜而未　著

《中国古代宗教系统》〔台湾〕　杜而未　著

《中国宗教思想史大纲》　王治心　著

《中国古代宗教初探》		朱天顺　著
《原始宗教》		朱天顺　著
《中国古代宗教与神话考》		丁　山　著
《中国少数民族宗教初编》		宋恩常　编
《中国少数民族宗教概览》		覃光广　编
《原始思维》	〔法〕	列维—布留尔　著
《巫术科学宗教与神话》	〔英〕	马林诺夫斯基　著
《精神分析引论》	〔奥〕	弗洛伊德　著
《宗教学》	〔日〕	岸本英夫　著
《人论》	〔德〕	卡西尔　著
《论德国宗教与哲学的历史》	〔德〕	海　涅　著
《禅与心理分析》		铃木大拙　弗洛姆　著
《宗教与哲学》	〔台湾〕	罗　光　著
《宗教与科学》	〔英〕	罗　素　著
《科学与宗教的斗争》	〔苏〕	普罗科菲也夫　著
《艺术与宗教》	〔苏〕	乌格里诺维奇　著
《世界各民族历史上的宗教》	〔苏〕	托卡列夫　著
《新教伦理与资本主义精神》	〔德〕	韦　伯　著
《各国宗教概况》		中国社会科学院 世界宗教研究所　编
《苏联宗教政策》		中国社会科学院 世界宗教研究所　编
《民族宗教政策问答》		李耕砚　著
《人的发现》		李平晔　著
《宗教史》	〔苏〕	克雷维列夫　著
《萨满教研究》		秋　浦　主编

《法苑谈丛》 周叔迦 著
《宗教学原理》 陈麟书 编著
《宗教的历程》 陈荣富 编著